Patrick J. Geary
Die Merowinger

Patrick J. Geary

Die Merowinger
Europa vor Karl dem Großen

Aus dem Englischen von
Ursula Scholz

Verlag C. H. Beck München

Mit 1 Karte

Titel der amerikanischen Originalausgabe
Before France and Germany
The Creation and Transformation of
the Merovingian World

© Oxford University Press, New York – Oxford 1988

Die Deutsche Bibliothek – CIP-Einheitsaufnahme

Geary, Patrick J.:
Die Merowinger : Europa vor Karl dem Grossen / Patrick J.
Geary. Aus dem Engl. von Ursula Scholz. – München : Beck,
1996
    ISBN 3 406 40480 4

ISBN 3 406 40480 4

© C.H. Beck'sche Verlagsbuchhandlung (Oscar Beck), München 1996
Satz: Fotosatz Otto Gutfreund, Darmstadt
Druck und Bindung: Ebner, Ulm
Gedruckt auf säurefreiem, alterungsbeständigem Papier
(hergestellt aus chlorfrei gebleichtem Zellstoff)
Printed in Germany

Inhalt

Vorwort

Die germanische Welt war vielleicht die großartigste und dauerhafteste Schöpfung des politischen und militärischen Genies der Römer. Daß sie ihre Schöpfer später ablösen sollte, kann die Tatsache nicht verschleiern, daß sie ihre Existenz römischer Initiative, den jahrhundertelangen geduldigen Bemühungen römischer Kaiser, Generäle, Soldaten, Grundherren, Sklavenhändler und einfacher Kaufleute verdankte, die aus römischer Sicht chaotische Welt der Barbaren politisch, gesellschaftlich und wirtschaftlich so umzugestalten, daß sie sie verstehen und beherrschen konnten. Die Barbaren ihrerseits waren in den meisten Fällen begierig, an dieser Entwicklung teilzuhaben und „richtige" Völker zu werden, das heißt Strukturen zu schaffen, die innerhalb der verführerischen Welt der antiken Kultur zu bestehen vermochten. Diese Bemühungen waren so erfolgreich, daß es Goten, Burgundern, Franken und anderen „Völkern", die im Weströmischen Reich die Herrschaft übernahmen, bereits in der Spätantike unmöglich war, sich selbst und ihre Vergangenheit anders als in den römischen Kategorien von Ethnographie, Politik und Recht zu verstehen, wie es ihnen auch unmöglich war, ohne die landwirtschaftlichen und kommerziellen Traditionen der Römer zu prosperieren oder unter Verzicht auf die römischen Traditionen von Politik und Recht Macht auszuüben. So stellten auch antike Geschichtsschreiber, wie Plinius und Tacitus, die Geschichte der barbarischen Völker in den griechisch-römischen Kategorien von Stämmen, Völkern und Nationen dar und beschrieben ihre religiösen und sozialen Sitten entweder im Vergleich oder im Gegensatz zu den Wertvorstellungen und Schwächen der römischen Gesellschaft. Als im 6. Jahrhundert Autoren wie Cassiodor und Gregor von Tours die Geschichte der inzwischen siegreichen Barbarenvölker niederschrieben, benutzten beide ebenso wie ihre romanisierten barbarischen Informanten noch dieselben Kategorien zur Erklärung der Gegenwart und der Vergangenheit.

Da sowohl die Geschichtswissenschaft als auch die Ethnologie bzw. die Soziologie, die heute die Forschung dominieren, unmittelbare Nachkommen dieser Traditionen sind, fiel es den neuzeitlichen Historikern schwer, bei ihrer Rückschau den Ursprung der europäischen Gesellschaft anders als in diesen Begriffen und Strukturen zu erfassen. Erst in den letzten Jahrzehnten haben Ethnologen, die die inneren Strukturen nichtwestlicher, traditioneller Gesellschaften erforschten, gezeigt, wie Gelehrte sich aus den spezifisch westlichen Wahrnehmungsmustern lösen können, um nicht nur fremde Gesellschaften, sondern bis zu einem gewissen Grade auch die Anfänge unserer eigenen zu verstehen. Diesen Prozeß unterstützt die Arbeit der Archäologen, deren Funde die einzige Quelle für das Verständnis der schriftlosen Welt der Barbaren darstellen, die nicht von der Sprache und damit von den Wertvorstellungen der griechisch-römischen Kultur getrübt ist. Ihre Erkenntnisse haben unser Verständnis davon, wie die spärlichen Zeugnisse der spätantiken Barbarenwelt zu interpretieren sind, allmählich verändert.

Aber auch wenn wir diese Welt im Lichte der modernen Ethnologie und Archäologie neu zu verstehen beginnen, werden wir doch ständig daran erinnert, wie tief die römische Kultur lange vor der römischen Eroberung und der Völkerwanderung bereits in sie eingedrungen war. Die Gestaltung der barbarischen Welt durch die Römer war nicht nur ein Prozeß der Wahrnehmung, bei welchem die Römer ihre aus Kontakten mit Barbaren gewonnenen Erkenntnisse nach römischen Wertvorstellungen ordneten. Auch wenn die Römer diese Welt zu verstehen suchten, veränderten und strukturierten ihre Wahrnehmung und ihre Einflußnahme sie in einer sowohl aktiven als auch passiven Weise, deren Ausmaß man erst in neuerer Zeit zu erkennen beginnt. Dies gilt besonders für die Franken, deren Ursprung und Frühgeschichte das Thema des vorliegenden Buches sind. Ihre gesamte Existenz wie jede einzelne Phase ihrer Geschichte ist nur im Kontext der römischen Präsenz nördlich der Alpen zu verstehen, denn ihr Zusammenwachsen zu einem Volk und ihre allmähliche Verwandlung in die Eroberer großer Teile Europas waren von Anfang an Teil der römischen Erfahrung. Aber diese römische Geschichtserfahrung ist meilenweit von dem entfernt, was sich die meisten Menschen unter dem antiken Rom vorstellen. Sie war Teil einer provinzialrömischen Welt, besonders derjenigen der Spätantike, einer Welt, die der neuzeitlichen Vorstellungskraft in mancher Hinsicht weit fremder ist als die der Barbaren.

Die Geschichte der barbarischen Königreiche und besonders die der Franken ist daher die Geschichte der Umgestaltung der provinzialrömischen Welt, einer Entwicklung, die zwar gelegentlich von gewalttätigen Episoden begleitet wird, welche sich tief in das westliche Geschichtsbewußtsein eingegraben haben – wie die Plünderung Roms 410 oder die Niederlage des letzten römischen Befehlshabers in Gallien 486 –, die aber weit mehr die Geschichte einer allmählichen und gelegentlich fast unmerklichen Verschmelzung vielfältigster Traditionen ist. Dieser historische Prozeß verlief keineswegs immer in einer einzigen Richtung, und seine römischen und barbarischen Protagonisten unterscheiden sich in der Regel nicht voneinander. Die Veränderung läßt sich sehr viel besser anhand zufälliger Einzelheiten und Beispiele als durch die Betrachtung der großen Ereignisse nachvollziehen. Unsere Untersuchung setzt mit einem Zeitpunkt ein, der in gewisser Weise ebenso willkürlich gewählt ist wie ihr Ende. Wir beginnen mit dem 1. Jahrhundert und der Frühphase der Gestaltung der Barbarenwelt durch die Römer, und wir schließen mit einem Ausblick auf das Jahr 800, als die barbarische Welt sich schließlich gezwungen sah, die römische wiederzubeleben.

Die Darstellung der Merowingerzeit

Im frühen 9. Jahrhundert beschuldigte Florus von Lyon in einem außerordentlich heftigen akademischen Streit seinen Gegner, den Bischof Amalarius von Metz, der größten Sünde des mittelalterlichen Geisteslebens, der Originalität. In seinem Bericht über die Synode, bei der der Bischof verurteilt wurde, erklärt er: „Sie fragten ihn, wo er diese Dinge gelesen habe. Daraufhin antwortete dieser, gehemmt in seiner Rede, er habe sie weder aus der Schrift noch aus den überlieferten Lehren der Kirchenväter und auch nicht von Häretikern übernommen, sondern... sie im Inneren seines Herzens gelesen." Die versammelten Väter antworteten: „Hier ist wahrhaft der Geist des Irrtums."[1]

Der Autor des vorliegenden Buches würde von Florus und der Synode sicherlich freigesprochen. Die diesem Buch, das als Einführung in die Geschichte der Merowinger gedacht ist, auferlegten Sachzwänge sind so groß, daß es nur wenige Anmerkungen und kurze bibliographische Hinweise enthalten kann. Wer sich in der Literatur über das merowingische Europa auskennt, wird hier wenig Neues finden; ich beziehe mich ständig auf einen umfangreichen Bestand an Literatur, die zum größten Teil von europäischen Wissenschaftlern veröffentlicht wurde. Hier soll keine neue Theorie über den Ursprung der europäischen Kultur vorgelegt, sondern das umfangreiche Schrifttum über die Spätantike und das Frühmittelalter, das aus vielerlei Gründen einer breiteren Leserschaft meist verschlossen bleibt, zugänglich gemacht werden.

Spezialisten der Merowingerzeit scheuen sich noch stärker als andere Mediävisten davor, für jemand anderen als sich selbst zu schreiben. So verharrte das Verständnis dieser entscheidenden Epoche weitgehend in jenen Klischeevorstellungen, die es vor über fünfzig Jahren unter dem zweifachen Einfluß der nostalgischen Betrachtung der antiken Hochkultur und des von den deutsch-französischen Kriegen entfachten nationalistischen Eifers geprägt hatten. Den Franzosen galt die Merowingerzeit allzu häufig als die erste von mehreren Perioden, in der ungehobelte und treulose germanische Horden in Gallien einfielen, das Land besetzten und diese kultivierte städtische Welt in drei düstere Jahrhunderte stürzten. Für einige deutsche Gelehrte der Vergangenheit verkörperten die Merowinger den Triumph eines neuen und kraftvollen Volkes über die dekadenten Nachfolger Roms. Jedes einzelne Versatzstück dieser Vorstellungen wurde nach und nach aus dem alten Geschichtsbild herausgebrochen, und heutzutage ist davon wenig übriggeblieben. Doch die Kunde davon ist kaum über akademische Kreise hinausgedrungen, und noch weniger die Nachricht, daß ein neues Verständnis dieser entscheidenden Epoche an seine Stelle getreten ist. Ich hoffe, die Ergebnisse dieser wichtigen Neubewertung einer größeren Leserschaft darlegen zu können, die mit dieser Periode der europäischen Geschichte wenig oder gar nicht vertraut ist.

Zwar stütze ich mich dabei in großem Umfang auf bedeutende Gelehrte, unter anderem auf Eugen Ewig, Friedrich Prinz, Karl Ferdinand Werner, Michael Wallace-Hadrill, aber bei der Interpretation, der Beurteilung und der Auswahl von Teilen ihrer Arbeiten war ich sehr wählerisch. Kein Bereich der Geschichte der Merowinger ist unumstritten, und jedes einzelne der in diesem Buch behandelten Themen verdiente eine Ergänzung durch eine eigene historiographische Abhandlung und könnte mit zahlreichen Argumenten, die unsere Schlußfolgerungen in Frage stellen, angegriffen werden. An einigen Stellen weise ich auf solche Gegenargumente hin, an anderen habe ich wegen Platzmangels darauf verzichtet. Insgesamt sind die Einzelheiten zum überwiegenden Teil durch andere Forscher geklärt worden, als einigermaßen neu und gewiß kontrovers wird sich wohl die Synthese erweisen. Im besten Falle bleibt mir die Hoffnung, daß andere Spezialisten über die Fehler, Lücken und Fehleinschätzungen, die sie hier vorfinden werden, so erbost sind, daß es sie zur Abfassung ihres eigenen, besseren Berichts über Europa vor Karl dem Großen drängt.

Peter Brown gab mir den ersten Anstoß, dieses Buch zu schreiben; ihm danke ich für seine Ermutigung und seinen Rat. Maria Cesa, Friedrich Prinz und Falko Daim haben Teile des Manuskripts gelesen und mir wertvolle Anregungen gegeben. Meine Studenten an der Universität von

Florida, unter denen ein früher Entwurf des Manuskripfts zirkulierte, gaben ebenfalls nützliche Hinweise. Barbara Rosenwein und Edward Peters lasen das gesamte Manuskript und berichtigten zahlreiche Fehler und Widersprüchlichkeiten. Diejenigen, die jetzt noch vorhanden sind, habe allein ich zu verantworten.

Gainesville, Florida, im August 1987   P. J. G.

I. Das Weströmische Reich am Ende des 5. Jahrhunderts

Um das Jahr 30 n. Chr. kaufte ein römischer Händler namens Gargilius Secundus eine Kuh von dem Barbaren Stelus, der in der Nähe der heutigen niederländischen Stadt Franeker lebte. Sein Dorf lag jenseits des Rheins, der damals die Grenze zwischen der römischen Provinz Germania inferior und jenem Gebiet bildete, das die Römer das freie Germanien nannten. Wahrscheinlich versorgte Secundus die auf solche Kleinhändler angewiesene örtliche Garnison mit Frischfleisch und Leder. Römische Soldaten ernährten sich gut, und Rindfleisch war ihre Lieblingsspeise. Außerdem beweisen archäologische Funde aus anderen Orten entlang der römischen Befestigungsanlagen in Nordeuropa, daß Gerbereien in der Nähe römischer Standorte in großem Umfang Leder für Schuhe, Zelte, Rüstungen und andere Waren von manchmal hoher Qualität nicht nur für die Soldaten herstellten, sondern auch für die Zivilisten, die an diesem äußersten Rand der Zivilisation zusammen mit dem Militär den Glanz Roms repräsentierten. Der Handel, der den Römer 115 Silbermünzen kostete, wurde von zwei Zenturionen aus der ersten und der fünften Legion bezeugt und von zwei römischen Veteranen namens Lilus und Duerretus garantiert, die sich nach Beendigung ihres Militärdienstes in der Nähe ihrer früheren Einheiten niedergelassen hatten.[1] Der Kauf eines einzelnen Tieres war ein kleiner und alltäglicher Handel, wie er sich zweifellos am Limes ständig wiederholte, entlang der römischen Reichsgrenze, die im heutigen Schottland am Firth of Clyde begann, Großbritannien durchzog, wenige Meilen westlich von Franeker an der Rheinmündung wieder einsetzte und dem Rhein durch das heutige Holland und Deutschland bis in die Schweizer Alpen folgte. Dort bog der Limes nach Osten und verlief an der Donau entlang durch die große Pannonische Tiefebene, das heutige Österreich, Ungarn und Rumänien bis zum Schwarzen Meer, insgesamt über eine Entfernung von fast 5000 Kilometern.

Mehr als 400 Jahre später und mehr als 1600 Kilometer von Franeker entfernt versuchte eine andere Gruppe römischer Kaufleute, mit den Barbaren Handel zu treiben. Im späten 5. Jahrhundert, etwa um die Zeit, als der römische Feldherr Odoaker den letzten Kaiser des Weströmischen Reiches, Romulus Augustulus, zum Rücktritt zwang, traten in

Passau am Inn Kaufleute an einen heiligen Mann namens Severinus heran, der sowohl als Beschützer der Römer als auch als Freund der Barbaren galt, und baten ihn, er möge Feletheus, den König des benachbarten Stammes der Rugier, auffordern, einen Markt zu errichten, auf dem die Römer mit den Rugiern Handel treiben könnten. Bei der barschen, aber vorausschauenden Antwort des Heiligen wird es den Passauern geschaudert haben: „Die Zeit ist für diese Stadt gekommen, wo sie wie die übrigen von ihren Bewohnern verlassenen Kastelle am Oberlauf öde daliegen wird. Wozu soll man also für die Orte Waren vorsehen, wo künftig ein Kaufmann gar nicht erscheinen kann?"[2] Gegen Ende des 5. Jahrhunderts waren die Legionen von den alten Grenzen abgezogen oder sollten bald ganz zurückbeordert werden; die jahrhundertealten Handelsverbindungen, die ihnen gefolgt waren, lösten sich schnell auf; außer in einem Bruchteil des Westens waren die politischen und militärischen Strukturen des Imperiums überall zusammengebrochen.

Der Gegensatz zwischen diesen beiden Verhandlungen an den Reichsgrenzen könnte als beispielhaft für den Niedergang und den Zerfall der antiken Welt angesehen werden. Die Römer von Passau waren im Begriff, von barbarischen Horden des Feletheus überrannt zu werden; zwei fremde Welten standen kurz vor einer Auseinandersetzung, die im Westen die Zivilisation für fast ein Jahrtausend ersticken sollte. Tatsächlich lagen diesem Gegensatz ganz andere Realitäten zugrunde. Gegen Ende des 5. Jahrhunderts hatten sich 25 Generationen von Barbaren und Römern gegenseitig so tiefgreifend beeinflußt, daß die Welt des Severinus aus Noricum dem Gargilius Secundus unbegreiflich erschienen wäre, genau wie die des Feletheus den Stelus verwirrt hätte. Die beiden Welten waren weitgehend zu einer verschmolzen, da innerhalb des Imperiums das Barbarentum die römische Welt verändert hatte, während die Barbaren ihrerseits romanisiert wurden, bevor sie auch nur einen Fuß über die Reichsgrenzen gesetzt hatten. Bedenkt man, daß der Vater des Kaisers Romulus Augustulus im Gefolge des Hunnen Attila gedient hatte und daß ausgerechnet der römische Kaiser Zeno die Rugier anstiftete, das römische Königreich Italien anzugreifen, so leuchtet ein, daß in der spätantiken Welt die alten Kategorien von Zivilisation und Barbarentum keine Geltung mehr besaßen. In dieser letzten Konfrontation fungierten die „barbarischen" Rugier als Handlanger der zentralen, imperialen Macht, während die Bedrohung der Stabilität des Imperiums von den „Römern" des Königreiches Italien unter der Führung des Patricius Odoaker ausging.

Damit verständlich wird, wie diese Umformung vonstatten ging, werden die ersten beiden Kapitel des vorliegenden Buches den Spuren der an den geschilderten geschäftlichen Transaktionen Beteiligten folgen, und zwar zunächst den römischen Händlern und Soldaten und dann den barbarischen Herdenbesitzern, und dabei die Welten untersuchen, die sie und ihre Nachfolger vom 1. Jahrhundert bis zum Ende des 5. Jahrhunderts bewohnten. Aufgrund der beiden unterschiedlichen Perspektiven werden sich die Darstellungen gelegentlich überschneiden oder sogar einander widersprechen, da die jeweilige „Wirklichkeit" einer Zeit von den darin lebenden Menschen bestimmt wird. Unser Ziel ist es, die Umrisse der gesellschaftlichen und kulturellen Entwicklung darzulegen, die im Laufe dieser Jahrhunderte Europa verändert hat. Erst auf diesem Hintergrund können wir allmählich erfassen, wie die Franken und ihre Nachbarn in der neuen Welt des 6. bis 8. Jahrhunderts lebten.

Die weströmischen Provinzen

So unbedeutend er auch war, spiegelt der an der Rheinmündung abgeschlossene Handel doch exemplarisch die Beziehungen zwischen Römern und Barbaren entlang der schier endlosen Grenze, die in erster Linie beide Welten nicht voneinander trennte, sondern vielmehr ihre wechselseitigen Beziehungen prägte. Diese Beziehungen bestanden weder im 1. Jahrhundert noch in den wirren Zeiten des 4. und 5. Jahrhunderts vorwiegend aus Feindseligkeiten. Weit typischer als die Jahre des Krieges waren die Jahrzehnte und sogar Jahrhunderte des Friedens, in deren Verlauf die beiden Gesellschaften sich so stark einander anglichen, daß sie schließlich untereinander mehr Gemeinsamkeiten als mit ihrer jeweils eigenen Vergangenheit hatten.

Auf der römischen Seite dieser Grenze war seit über einem Jahrhundert ein Prozeß der Zivilisierung durch Romanisierung in Gang, der sich noch über drei Jahrhunderte hinweg fortsetzen sollte. Hier, am Rande der Welt, wo, wie die Römer immer wieder klagten, die Menschen so primitiv waren, daß sie nicht einmal Wein tranken, bedeutete Zivilisierung keineswegs anspruchsvollen Kulturtransfer. Sie wurde vielmehr von Menschen wie unserem Viehhändler und den von ihm belieferten Soldaten vermittelt. Für solche Menschen, meist Bauern aus dem dichter besiedelten Westen, die hofften, nach Beendigung ihrer Dienstzeit im Umkreis ihres Standorts wohlhabende Bauern zu werden, war Zivilisation gleichbedeutend mit der Beherrschung der groben Züge einer Sprache, die für den

Militärdienst ausreichte, mit der in den Rhetorikschulen gelehrten Sprache aber nur ganz entfernt verwandt war. Zivilisation bestand in erster Linie in der Einführung von Annehmlichkeiten, die den grauen, nordischen Winter erträglich machten, dem Bau von Bädern, Arenen und dergleichen. Und sie bedeutete den Genuß der Privilegien der Macht, in den hier nicht nur die Wohlhabenden, sondern auch die einfachen Soldaten ebenso wie die Händler und die Veteranen kamen, die bei den Lagern ihrer ehemaligen Legionen angesiedelt waren.

Über diese materiellen Aspekte römischer Lebensart hinaus kultivierten die Angehörigen der Oberschicht in den Provinzen, die Rhetoriker in den Schulen von Bordeaux, Lyon, Trier und anderen Städten und die Spitzenbeamten der römischen Verwaltung, weiterhin viele der traditionellen römischen Werte und Errungenschaften. Dazu zählte an erster Stelle das römische Rechts- und Justizwesen. Zu diesen Werten gehörte auch die Pflege der römischen *pietas*, das heißt die hingebungsvolle Ein- und Unterordnung in Familie und Religion und die Pflichterfüllung. Und sie umfaßten die Liebe zur lateinischen – oder gar griechischen – Literatur, welche die müßige Oberschicht der Provinzen förderte und pflegte, um an einem Kernstück römischer Kultur teilzuhaben, aber zunehmend auch in dem Bestreben, sich selbst davon zu überzeugen, daß die Essenz, das Wesentliche dieser Kultur niemals untergehen werde. Keine dieser Wertvorstellungen wurde in den westlichen Provinzen des Imperiums jemals vollständig aufgegeben.

Die Eroberung dieses riesigen Gebietes war planlos verlaufen, und seine Grenzen waren eher das Ergebnis römischer Niederlagen als systematischer Zielsetzung. Innerhalb von Gallien, dessen Verwaltung in die dem römischen Senat unterstellte Provinz Gallia Narbonensis und die dem Kaiser unterstellten Provinzen Gallia Lugdunensis, Aquitania und Belgica aufgeteilt war, durchdrang die Romanisierung von den administrativen Zentren aus das keltische Umland. Die Städte mit ihren Bädern, Monumenten und Theatern sowie mit ihren Schulen und Tempeln boten dem römischen Verwaltungspersonal die Annehmlichkeiten des zivilisierten Lebens, während sie die eingeborene keltische Bevölkerung dem Sog des römischen Kulturkreises aussetzten. Wie überall in der römischen Welt besaßen diese Städte ihr eigenes öffentliches Leben, dessen Mittelpunkt der örtliche Senat oder die *curia* bildete, die aus den führenden Köpfen der Stadtverwaltung bestand und aus deren Reihen *decuriones* gewählt und mit öffentlichen Ämtern beauftragt wurden. Die Stadtverwaltung der Stadt war meist nur für die Instandhaltung der Straßen und Brücken verantwortlich, während einzelne Kurienmitglieder eine

Vielzahl anderer öffentlicher Aufgaben wahrnahmen; sie besorgten etwa die Einziehung von Steuern und Gebühren, der *munera*, organisierten die Bereitstellung von Pferden für den Postdienst und die Versorgung von durchreisenden Beamten.

Zwar gab es in ganz Gallien ein keltisches Handwerk, das traditionell feine Metallwaren und Textilien herstellte, sowie eine erst in jüngerer Zeit entdeckte Keramik- und Glasproduktion, die sich an Vorbildern aus Italien und den östlichen Reichsteilen orientierte. Dennoch waren die gallischen und germanischen Provinzen überwiegend von der Landwirtschaft geprägt. Die Grundlage für die Organisation der Landgebiete lieferten römische Vermessungstechnik und Landteilungen, deren Flurgliederungen in großen Teilen Südfrankreichs heute noch aus der Luft zu erkennen sind. Im größten Teil Galliens war das wichtigste Produkt Getreide, obwohl sich auch der von den Römern eingeführte Weinbau derart stark verbreitete, daß Kaiser Domitian (81–96 n. Chr.) zum Schutz der italienischen Weinproduktion eine weitere Ausdehnung zu verhindern suchte. Insgesamt übte Gallien jedoch keinen bedrohlichen Konkurrenzdruck auf die übrigen Reichsteile aus. Zwar konnte man hier durchaus ein Vermögen erwerben, aber nur mit der Warenerzeugung für den lokalen Bedarf und in zunehmendem Maße durch die Belieferung der an den Grenzen stationierten römischen Armeen, die von der Nordsee bis zum Schwarzen Meer Menschen und Material aus Gallien bezogen.

Jede Stadt war eng mit der ländlichen Umgebung, in der die Oberschicht ihre Güter und Landhäuser besaß, verbunden. Diese Landgüter, die von Sklaven aus den Grenzgebieten und von freien keltischen Bauern bewirtschaftet wurden, konnten Tausende von Morgen umfassen und bildeten die wirtschaftliche Grundlage der wohlhabenden Senatorenfamilien, die das Provinzleben beherrschten. Der örtliche Adel bestand aus denen, die im Dienste des Imperiums Wohlstand und Ansehen erworben hatten, sowie aus einigen ortsansässigen Kelten, die in der Zivilverwaltung und im Militärdienst Karriere gemacht hatten und denen es gelungen war, in die römische Oberschicht einzuheiraten. Voraussetzung solcher sozialen Mobilität waren die Übernahme der römischen Religion und der Erwerb einer klassischen Bildung. Auf diese Weise wurden beide Enden des keltischen Gesellschaftsspektrums in die römische Kultur hineingezogen; am unteren Ende wurden die Bauern der Dörfer und Weiler in das römische Landwirtschaftssystem integriert, an der Spitze sorgte die keltische Oberschicht dafür, daß sich ihre Söhne die römische Kultur aneigneten und sich damit die Möglichkeit eröffneten, am römischen Lebensstil teilzuhaben.

Innerhalb dieser sich romanisierenden Welt war das Militär allgegenwärtig. Nach der Niederschlagung des von Vercingetorix angeführten Aufstandes im Jahre 52 v. Chr. hatten die gallischen Provinzen ihre Eingliederung in das Imperium weithin akzeptiert, ja sogar begrüßt. Je weiter man jedoch nach Norden und Osten, zum Rhein oder zur Donau hin kam, wurde der Einfluß der Festungen oder *castra* im Vergleich zu dem der zivilen städtischen oder dörflichen Siedlungen immer stärker. Die Provinzen Ober- und Niedergermanien wurden anders als die gallischen Provinzen unmittelbar von den dort stationierten Militärbefehlshabern verwaltet, ein Beweis für die fortdauernde Bedrohung der *Romanitas* – ein umfassender Begriff für alles, was mit Rom zusammenhängt – durch die Völker jenseits des Rheins. Hier war überall Militär – nicht zufällig waren die beiden Zeugen des oben erwähnten Kuhhandels Zenturionen –, und diese Präsenz war darauf angewiesen, aus den stärker besiedelten Gebieten Galliens Truppenverstärkungen und Handwerkserzeugnisse wie Kleidung und Waffen zu beziehen, die nicht vor Ort hergestellt werden konnten. Die Legionen und Veteransiedlungen am Rhein und an der Donau beschützten römische Kaufleute wie Secundus, die mit den Barbaren Handel trieben, und sicherten die im Entstehen begriffene römische Agrarstruktur in den Grenzregionen gegen einzelne antirömische Aufstände und blitzartige Überfälle junger Barbaren, die begierig auf Ruhm und Beute waren. Vor allem aber sollte die Anwesenheit der Legionen die Gefahr umfangreicher, organisierter Angriffe auf die Grenzen abwehren, die für die besiedelten Gebiete Galliens und die Donauprovinzen bedrohlich werden konnten.

In der mehr als fünf Jahrhunderte währenden Epoche römischer Vorherrschaft im Westen lagen Britannien, Gallien und Germanien am Rande der römischen Interessensphäre. Das Römische Reich war im wesentlichen mediterran geprägt und blieb es bis zu seinem Ende; dafür sorgten Italien, Spanien und Nordafrika als westliche Kerngebiete. Aber die kulturellen, wirtschaftlichen und volkreichsten Zentren des Imperiums waren die großen Städte des Ostens, Alexandria, Antiochia, Ephesus und später Konstantinopel. Der Westen hatte nur eine einzige wirkliche Großstadt aufzuweisen, lange Zeit allerdings die größte von allen – Rom. In den ersten Jahrhunderten des Imperiums konnte Rom sich noch den Luxus leisten, die *Romanitas* des Westens aufrechtzuerhalten. Diese Regionen versorgten zwar die Legionen an den Grenzen mit Rekruten und Waffen und verhalfen den örtlichen Senatoren zu jenem *otium*, jener weitgehend arbeitsfreien Existenz, die eine zivilisierte, gebildete Lebensführung erst ermöglichte; aber ansonsten trugen sie wenig zum kulturellen und wirtschaftlichen Leben des Imperiums bei.

Der kritischste Grenzabschnitt des Weströmischen Reiches war die Nordgrenze entlang der Donau. Während in Britannien nur drei Legionen auf Dauer stationiert waren und vier die Rheingrenze sicherten, standen elf Legionen an der Donau, und das aus gutem Grund. Die Große Pannonische Tiefebene, die – mit Unterbrechung durch die Karpaten – von den Steppen Zentralasiens bis zu den Alpen reicht, ist eine der großen Einfallsrouten nach Europa; und die Donau, die ihrem Verlauf folgt, eignet sich weit besser als Wasserstraße zum Balkan und nach Italien denn als Reichsgrenze. Somit bildeten in der nördlichen Hälfte des Imperiums die zwischen den Alpen und dem Schwarzen Meer gelegenen Provinzen – Raetia, Noricum, Pannonia Superior und Inferior, Dacia und Moesia Superior und Inferior – eine lebenswichtige Verteidigungslinie. Bis weit in die zweite Hälfte des 2. Jahrhunderts hatte die Anwesenheit römischer Truppen entlang der Rhein-Donau-Grenze die Stämme des „freien Germanien" von Invasionsversuchen abgeschreckt; vereinzelte Versuche, die Grenzsicherung in Obergermanien und Rätien auf die Probe zu stellen, waren zwar schnell unterbunden worden, aber sie ließen doch Schlimmes für den Fall ahnen, daß die römische Präsenz verringert würde.

Ein solcher Truppenabbau erfolgte unter Marc Aurel (161–180), als sich die Aufmerksamkeit des Philosophenkaisers den militärischen Problemen im Osten des Imperiums zuwandte. Zur Fortführung des Krieges gegen die Parther verlegte er Truppen von der Rhône und der Donau nach Osten. Es waren nicht viele, wahrscheinlich nur drei Legionen, und diese wurden aus weit voneinander entfernten Regionen abgezogen, aber das genügte bereits. Während des Partherkrieges schlossen sich jenseits der Donau mehrere Barbarenstämme zu einem schließlich als Markomannen bezeichneten Verband zusammen und trafen militärische Vorbereitungen, die das Imperium bald bedrohen sollten.

Diesen Prozeß werden wir im nächsten Kapitel aus der Perspektive der Barbaren betrachten. Aus römischer Sicht war die rasche Veränderung in der barbarischen Welt vor allem deshalb bedeutsam, weil sie in die Markomannenkriege mündete, die 166 ausbrachen, als über 6000 Barbaren die Donau überschritten und das reiche pannonische Hinterland zu verwüsten begannen. Der erste Ansturm wurde zurückgeschlagen; Schwierigkeiten bereiteten dabei allerdings zum einen die Stärke der Barbaren, zum anderen eine Epidemie, vermutlich eine Art Pocken, welche die aus den Partherkriegen zurückgekehrten Legionen eingeschleppt hatten und die in den römischen Provinzen wütete. Als die Ordnung wiederhergestellt war, plante Marc Aurel eine größere Offensive, um die Barbaren vom Flußufer zu vertreiben und in den nördlich gelegenen Bergen eine leichter zu schützende Grenze zu errichten, aber die germanischen Stämme bewegten sich zu schnell. Im Jahre 170 überschritt eine riesige Streitmacht aus Markomannen und Quaden die Donau, kämpfte sich den Weg durch Pannonien frei, drang nach Noricum ein und erreichte schließlich sogar Italien, wo sie Aquileja belagerten und Oderzo nördlich des heutigen Venedig plünderten. Die Barbaren hatten Italien erreicht, und obwohl Marc Aurel und nach ihm sein Sohn Commodus sie schließlich besiegten und unterwarfen, sollte das Imperium nach diesem Ansturm nie mehr das sein, was es einmal gewesen war.

Das Imperium vom 3. bis zum 6. Jahrhundert

Die politische Geschichte des späten Imperiums ist allgemein bekannt und soll hier nur kurz skizziert werden, damit wir uns später bei der systematischen Analyse der westlichen Gesellschaft dieser Periode darauf beziehen können. Der Druck der Barbaren entlang der Donau und der Parther im Osten schwächte die ohnehin schon labile Binnenstruktur des Imperiums und leitete eine Phase politischer und wirtschaftlicher Unruhen ein, die rund 90 Jahre, von der Ermordung des Commodus 192 bis zur Thronbesteigung des Diokletian 284, dauerte und im allgemeinen als Krise des 3. Jahrhunderts bezeichnet wird. Während dieser Zeit erhob und stürzte das Militär einen Kaiser nach dem anderen, stets auf der Suche nach einem Befehlshaber, der der Armee Reichtum verschaffen und sie gegen den wiederkehrenden Druck der germanischen Stämme und der Perser zum Sieg führen konnte. Diese Zeit schwerer Konflikte zwischen Thronanwärtern und ihren Armeen, einer enormen Inflation und allgemeiner Unsicherheit endete mit den Reformen des Diokletian, eines Soldaten aus Dalmatien, der in der Armee bis zum Kommandeur der kaiserlichen Leibwache aufgestiegen war und schließlich selbst den Purpur angelegt hatte.

Diokletian regierte von 284 bis 305. Ihm gelang es, durch erfolgreiche militärische Unternehmungen und eine geschickte Diplomatie die Bedrohungen von innen und außen abzuwenden. Um das riesige Imperium effektiver regieren zu können, machte er seinen Stellvertreter Maximian zu seinem Mitregenten im Westen und verlieh ihm den Titel Augustus. Um 292 ernannte er zwei jüngere Mitregenten, Galerius und Constantius, gab ihnen den Titel Caesar und designierte sie zu Nachfolgern. Diese Aufteilung des Imperiums in ein Ost- und ein Westreich und die Errichtung der Tetrarchie waren nicht von Dauer, wiesen aber langfristig den Weg zu einer Teilung, die sich in den folgenden Jahrhunderten in Politik, Gesellschaft und Kultur immer deutlicher abzeichnete.

Diokletian benötigte mehr als ein Jahrzehnt, um die militärische Kontrolle über das gesamte Imperium wiederherzustellen. Gleichzeitig bemühte er sich um die Reorganisation der Verwaltungs- und Wirtschaftsstrukturen. Zu diesem Zweck teilte er das Imperium in mehrere Präfekturen für den Osten und den Westen ein und diese dann in insgesamt rund 100 Provinzen, etwa doppelt so viele wie zuvor; ferner trennte er die militärische von der zivilen Verwaltung, die er erweiterte, um die wachsende Last rechtlicher und finanzieller Aufgaben zu bewältigen. Auf diesen Verwaltungsapparat werden wir später ausführlicher eingehen.

Die Bemühungen Diokletians, die Wirtschaft durch Preis- und Gewichtskontrollen und durch eine Währungsreform zu erneuern, zeitigten weit weniger Erfolg als seine administrativen und militärischen Maßnahmen. Der Frieden unter seiner Regierung mehrte besonders in den Städten den Wohlstand, aber die gleichzeitige Steuererhöhung, die zur Finanzierung der umfangreichen Verwaltung und des Militärs notwendig war, belastete die Leistungsfähigkeit des Imperiums schwer.

Das erfolgloseste, wenn auch bekannteste Unternehmen Diokletians war die Christenverfolgung. Wahrscheinlich auf Betreiben des Caesars Galerius, eines der Mitregenten, erließ er 303 ein Edikt, worin er anordnete, daß alle Exemplare der Heiligen Schriften abzuliefern und zu verbrennen und alle christlichen Kultstätten zu zerstören seien. Er verbot den Christen jegliche Form von Versammlungen, nahm ihnen das Bürgerrecht und ordnete die Gefangennahme aller Bischöfe und Priester an. Die große Christenverfolgung, die im Osten nachhaltiger als im Westen betrieben wurde, erwies sich zwar letzten Endes als Fehlschlag, aber an ihren Folgen hatte die Christenheit noch lange zu tragen.

Die ursprünglich als eine Reformbewegung innerhalb des Judentums entstandene Christensekte war am Ende des 3. Jahrhunderts in allen städtischen Zentren des Imperiums vertreten. Bischöfe vereinten unter ihrer Führung Christen der unterschiedlichsten Berufe und Schichten, deren private und quasi geheime religiöse Gebräuche und Glaubensüberzeugungen zwar in scharfem Gegensatz zu denen ihrer Nachbarn standen, gleichzeitig aber auch den Zusammenhalt der Gruppen gewährleisteten. Ihr radikaler und ausschließlicher Monotheismus, ihr Glaube daran, daß die wenigen Erwählten in Glückseligkeit, der Rest der

Menschheit unter Qualen ewig weiterleben würden und daß nur die Anhänger dieses Kultes die Erlösung erlangen könnten, stießen verständlicherweise in der übrigen Gesellschaft auf Ablehnung. Jedoch trugen der unbeirrbare Glaube an ihren Gott, die eindrucksvollen Erzählungen von Wundern, die Christen vollbracht hatten, und die überzeugende Art, in der ihre Prediger solche Manifestationen auf den Inhalt des christlichen Glaubens bezogen, dazu bei, das Christentum in allen Städten auszubreiten und das Interesse derjenigen zu erwecken, die Macht am dringendsten benötigten, nämlich der aus den Wirren des 3. Jahrhunderts hervorgegangenen neuen Eliten, die sich einen weiteren Aufstieg erhofften.

305 dankten Diokletian und Maximian ab; ihnen folgten die Caesaren Galerius und Constantius. Das Prinzip der verfassungsmäßigen Nachfolge wurde jedoch von den Armeen des gesamten Imperiums bestritten, welche die Nachfolgeregelung für sich beanspruchten. Nach dem Tode des Constantius im Jahre 306 brachen neue Kämpfe aus, die bis 312 anhielten, als Konstantin in der Schlacht an der Milvischen Brücke in einem nördlichen Stadtteil von Rom Maxentius, den Sohn des Maximian und seinen Rivalen im Westen, besiegte und tötete. Später schrieb Konstantin seinen Sieg dem Christengott zu, und innerhalb eines Jahres gewährten er und sein östlicher Mitherrscher Licinius dem Christentum ebenso wie allen anderen Religionen volle Glaubensfreiheit.

Konstantin war nicht der Mann, der sich mit einer Hälfte des Imperiums begnügt hätte; um 324 marschierte er im Osten ein, besiegte bei Chrysopolis Licinius und dessen Caesar und ließ beide hinrichten. Kurz danach beschloß er den Wiederaufbau der am Bosporus gelegenen Stadt Byzanz, die die strategisch wichtige Verbindung zwischen dem Mittelmeer und dem Schwarzen Meer beherrschte. Er gab der prachtvoll wiederaufgebauten und vergrößerten Stadt seinen eigenen Namen und machte sie zu einem Denkmal des endgültigen Sieges des Christengottes. Konstantinopel war anfänglich nur eine kaiserliche Residenz wie Trier und Mailand im Westen und Serdica und Nicomedia im Osten, entwickelte sich aber bald zum „neuen Rom", zur Hauptstadt des christlichen Imperiums.

Die von Konstantin gegründete Dynastie wurde durch Rivalitäten und Morde ebenso zerrüttet wie die von Valentinian, einem pannonischen Soldaten, gegründete Dynastie nach dem Tode Julians im Jahre 363. Valentinian konzentrierte sich auf die Westhälfte des Imperiums, die damals von den Alemannen und den Franken bedroht wurde. Den Osten übergab er seinem Bruder Valens. Der Einfall der Hunnen im Gebiet des

Schwarzen Meeres 375 führte zu erneutem Druck auf Rom, und die östlichen und westlichen Kaiser gerieten in zunehmendem Maße unter die Kontrolle ihrer Heermeister, im allgemeinen Barbaren, die sich in den Armeen des Imperiums hochgedient hatten. Darüber hinaus schloß nach der Niederlage und dem Tod des Valens in der Schlacht von Adrianopel im Jahre 378 – einem entscheidenden Ereignis, auf das wir später noch zurückkommen werden – sein Nachfolger Theodosius mit den siegreichen Goten 382 einen Vertrag, der ihnen erlaubte, sich innerhalb des Imperiums anzusiedeln, ein verhängnisvoller Präzedenzfall. Zwar kam es im Osten um 400 zu einer Gegenreaktion gegen die Tendenz, sich auf barbarische Militärführer und ihre Gefolgschaft zu verlassen. Im Westen aber hatten die langanhaltende militärische Krise und die leere Staatskasse zur Folge, daß der Einfluß solcher Anführer und ihrer Truppen ständig wuchs. Als 476 Odoaker, Sohn eines Skirenfürsten und römischer Offizier, Kaiser Romulus Augustulus absetzte, hatte im Westen das Amt des Kaisers schon lange seine Bedeutung verloren, da es fast vollständig unter der Kontrolle barbarischer Könige stand, deren reale Machtfülle durch die römischen Titel, die ihnen die oströmischen Kaiser verliehen, unterstrichen wurde. Nach Auffassung der oströmischen Kaiser waren solche Barbarenführer besser legitimiert als „Römer“ vom Typ des Syagrius, der 486 von den Franken gestürzt wurde, oder sein Zeitgenosse, der halblegendäre Ambrosius Aurelianus, auf dessen Widerstand gegen die Sachsen in Britannien die Sage von König Arthur zurückgeht.

Die Umgestaltung der weströmischen Gesellschaft

Die Barbarisierung des Westens hatte weder mit der germanischen Siedlungsbewegung des späten 4. und des 5. Jahrhunderts noch mit der Krise des 3. Jahrhunderts oder gar mit den Markomannenkriegen begonnen. Sie bestand auch nicht ausschließlich aus dem Eindringen barbarischer Völker und ihrer Sitten in das Imperium. Der Westen war immer primär keltisch und germanisch gewesen, und vom 3. bis zum 5. Jahrhundert behaupteten sich die eingeborenen Traditionen wieder in zunehmendem Maße, während zugleich die Vorherrschaft Italiens in Politik und Kultur verfiel. Ferner beschränkte sich dieser Prozeß nicht auf den Westen, sondern er vollzog sich in weit ausgeprägteren Formen auch im Osten, wo die lateinische Kultur ebenfalls kein autochthones, sondern ein fremdes Element darstellte. Aber während die Renaissance vorrömischer Traditionen im Osten das Wiedererstarken alter Hochkulturen, besonders der griechischen, bedeutete, führte sie im Westen zur Erneuerung keltischer und germanischer Traditionen.

Die Barbarisierung war nur ein Teil der raschen Veränderungen, die sich im 3. und 4. Jahrhundert in der römischen Gesellschaft, Kultur und Verfassung vollzogen. Doppelt gefährdet durch innere Krisenfaktoren – Seuchen, fallende Geburtenraten, eine instabile Verfassung und die Unfähigkeit der römischen Welt, von einem arbeitsintensiven, vorwiegend auf Sklaverei beruhenden System zu einem effizienteren, merkantilen oder vorindustriellen System überzugehen – und den wachsenden äußeren Druck auf die überdehnten Grenzen, mußte das Imperium ein neues Gleichgewicht suchen. Das Ergebnis, das am Ende des 3. und zu Beginn des 4. Jahrhunderts zutage trat, war eine stark veränderte, aber dynamische Welt.

So wie die Armee die tragende Säule der Romanisierung im ganzen Imperium gewesen war, wurde sie vom 3. Jahrhundert an zur treibenden Kraft der Barbarisierung. Diese innere Umwandlung der Armee stand in engem Zusammenhang mit der allgemeinen Militarisierung der römischen Gesellschaft und Verfassung, so daß die Armee zur selben Zeit, als sie in steigendem Maße ein barbarischer Faktor im Imperium wurde, auch zur alles durchdringenden Kraft und zum Modell der Reichsorganisation avancierte.

Die Militarisierung

Die römischen Legionen, die die Grenzen schützten, waren aus vielerlei Gründen ein wirksames Mittel der Romanisierung gewesen. Erstens blieben sie verhältnismäßig lange, manche Legionen über Generationen und sogar Jahrhunderte hinweg, am selben Standort stationiert. Da ferner regelrechte militärische Aktionen entlang der Grenzen außerordentlich selten vorkamen, hatten die Soldaten, die in den ersten Jahrhunderten des Imperiums zum großen Teil aus der bäuerlichen Schicht Italiens rekrutiert wurden, reichlich Zeit und auch Kapital, sich an Landwirtschaft und Handel ihres Stationierungsgebietes zu beteiligen. Da es schließlich üblich war, den Veteranen Land an ihrem Dienstort zu übereignen, und weil zahlreiche Veteranen und Legionäre Frauen aus der ansässigen Bevölkerung heirateten, beherrschten aktive und ausgediente Soldaten das lokale Leben.

So führte die dauerhafte Anwesenheit römischer Soldaten zu einer grundlegenden Veränderung der Wirtschaft und der Gesellschaft einer

Region. Die Notwendigkeit, die Armee zu versorgen und den Veteranen Land zu verschaffen, stand bei der Organisation der Regionen im Vordergrund. Jede Legion besaß eine riesige Menge Land, das von Bauern-Soldaten bearbeitet, an Veteranen verliehen oder an Zivilisten verkauft bzw. verpachtet werden konnte. In der Nähe der Lager entstanden die unvermeidlichen zivilen Siedlungen, die jeder Militärposten hervorbringt. Sie wurden *canabae* genannt, was eigentlich Kneipen oder Weinstuben bedeutet und ihre wichtigste Aufgabe hinreichend erläutert. Diese wilden Ansiedlungen versorgten die Soldaten mit Getränken, Frauen und später auch in zunehmendem Maße mit Werkstätten, Herbergen und sonstigen Dienstleistungen und Vergnügungsangeboten.

Solange die Legionen ihre Mannschaften aus der romanisierten Bauernschaft der Provinzen rekrutierten, war der römische Charakter der militärischen Präsenz zumindest in bescheidenem Umfang gesichert. Von der Regierungszeit Hadrians an (117–138) wurden jedoch die Rekruten den in ihren Heimatprovinzen stationierten Legionen zugeteilt. Dies mag zwar die gewünschte Wirkung gehabt haben, die Zahl der Rekruten zu erhöhen und ihre Einsatzfreude zu steigern, da diese nun ihre eigene Heimat verteidigten, es begünstigte aber auch einen wachsenden Lokalpatriotismus sowie partikularistische Tendenzen in Religion, Kunst und Sprache und zunehmend auch in der politischen Identität. Im 4. Jahrhundert war der Militärdienst wie andere Berufe zur erblichen Verpflichtung geworden. Auf diese Weise wurden Legionen und Auxiliartruppen häufig zu sich selbst reproduzierenden Einheiten. Die Ehefrauen der Soldaten und Veteranen, die zwar theoretisch vor 197 in ihrer aktiven Dienstzeit nicht heiraten durften, aber schon damals seit Jahrzehnten Familien gegründet hatten, stammten, wie bereits erwähnt, überwiegend aus der örtlichen Bevölkerung. So wuchsen Generationen von Bauern-Soldaten und örtlichen Würdenträgern in der Umgebung des Limes in die ortsansässigen, nichtklassischen Sitten und Traditionen hinein. Vor dem 3. Jahrhundert wurden die Auswirkungen dieser Veränderung außerhalb der Grenzregionen jedoch kaum wahrgenommen, da die von ihr betroffenen Menschen für das Machtzentrum des Reiches eine verhältnismäßig untergeordnete Rolle spielten.

Die Ausübung politischer Macht im Römischen Reich war lange Zeit ein Jonglierakt gewesen, an dem sich der Senat, die Armee und natürlich der Kaiser beteiligten, aber bis zum Tode des Commodus im Jahre 192 waren diese drei Institutionen im allgemeinen von Italikern und Spaniern besetzt. Über die Hälfte der Senatoren stammte aus Italien, die übrigen kamen mit wenigen Ausnahmen aus den am stärksten latinisierten Provinzen – Spanien, Afrika und Gallia Narbonensis. Da sie außerdem einen beträchtlichen Teil ihres Vermögens in italischem Land anlegen mußten, verpflichtet waren, regelmäßig an Sitzungen in Rom teilzunehmen, Erlaubnis für Reisen außerhalb Italiens benötigten und dazu neigten, verstärkt untereinander zu heiraten, wurden senatorische Familien, die aus der Provinz stammten, rasch italisch, so wie auf einem niedrigeren gesellschaftlichen Niveau Soldatenfamilien provinziell wurden. Dieser Senat verdankte seine Bedeutung verfassungsmäßigen, wirtschaftlichen und sozialen Faktoren. Erstens verpflichtete die Verfassung den Kaiser, Senatoren das Kommando aller seiner Legionen – mit Ausnahme der ägyptischen Legion – sowie die Verwaltung der größeren Grenzprovinzen und das Oberkommando zu übertragen. Zweitens besaß der Senat zwar einen starken erblichen Kern, war aber in jeder Generation offen für eine bestimmte Anzahl von Kandidaten, die zusammen mit den alten Senatorenfamilien einen enormen Besitz, vorwiegend Grund und Boden, kontrollierten. Dies galt besonders für den Westen, wo selbst in Krisenzeiten die Armut des Staatsschatzes häufig in krassem Gegensatz zum privaten Reichtum einzelner Senatoren stand. Schließlich erstreckte sich der Einfluß der Senatoren durch ein Netzwerk politischer Abhängigkeiten und ihren über das ganze Imperium verstreuten Grundbesitz bis in die letzten Winkel des Reiches. Wenn er herausgefordert wurde, konnte der Senat selbst für den ehrgeizigsten Kaiser zu einem furchtbaren Gegner werden.

Vor dem 3. Jahrhundert wurde die militärische Macht, auf der die kaiserliche Stärke beruhte, hauptsächlich von der Prätorianergarde ausgeübt, einer Eliteeinheit von ungefähr 10000 Soldaten, die dem Kaiser und seinem Hofstaat dienten und ihn nicht selten wählten oder absetzten. Diese mußten römische Bürger sein und wurden wie die Senatoren bis zum Ende des 2. Jahrhunderts vorwiegend aus Italien rekrutiert. Auf diese Weise trugen auch sie zur Wahrung des im Kern italischen Charakters des Imperiums bei.

Es erstaunt daher nicht, daß lange Zeit alle Kaiser aus italischen oder spanischen Senatorenfamilien stammten. Gleich welche Auseinandersetzungen es zwischen Kaiser, Senat und Armee auch geben mochte und so unerbittlich, blutig und brutal diese auch oft ausgetragen wurden, sie fanden doch zwischen Parteien statt, die im wesentlichen dieselben kulturellen, sozialen und politischen Wertmaßstäbe besaßen.

Mit der Herrschaft des Septimius Severus (193–211), des Oberkommandierenden der Donauarmee, der von seinen Truppen zum Kaiser ausgerufen worden war, begann eine wichtige neue Phase der römischen

Geschichte. Die Verteidiger der Provinzen, besonders der Westprovinzen, kamen nun an die Macht; diejenigen, die das Imperium bislang geschützt hatten, die Grenzarmeen und ihre Befehlshaber, übernahmen nun die Kontrolle des Staatsapparats. Aus der Sicht der alten italisch-spanischen Senatorenaristokratie und der Bewohner der stärker besiedelten und zivilisierten Gebiete war dies ein Zeitalter des Unglücks und der Krise. Zahlreiche Offiziere aus der Provinz, die den Senat häufig unverhohlen verspotteten, wurden von ihren Armeen zum Imperator ausgerufen, kämpften gegeneinander um die Vorherrschaft und wurden meist ermordet, wenn sie sich als unfähig erwiesen, den Sieg gegen innere und äußere Feinde zu erringen oder ihre Anhänger angemessen zu bereichern. Alle Versuche des Senats, die Wahl des Kaisers zu kontrollieren, wurden durch die Neigung der Provinzarmeen vereitelt, die Nachfolgeregelung als ihr ererbtes Recht zu betrachten, besonders wenn der neue Kaiser aus dem Militär stammte. Aus der Sicht derer jedoch, die an der Grenze lagen, und besonders von Pannonien aus gesehen, war es ein goldenes Zeitalter. Die westlichen Legionen hatten ihre Stärke und Kampfkraft demonstriert, und als die afrikanischen Severer sich um die Festigung ihrer Position bemühten, suchten sie Rückhalt bei den Mannschaften und den Anführern ihrer Grenztruppen.

Anfangs war Severus selbst bereit, mit dem Senat, dessen Mitglied er gewesen war, zusammenzuarbeiten. Aber der Widerstand des Senats veranlaßte ihn, sich auf die Provinzarmee zu stützen, die er und seine Nachfolger mit beträchtlichen Solderhöhungen, Schenkungen oder Vergünstigungen und mit dem Recht zur Eheschließung belohnten. Die zusätzlichen Ausgaben, die solche Freigebigkeit verursachte, wurden aus dem Verkauf des riesigen Vermögens bestritten, das er von oppositionellen Senatoren konfiszierte. Sein der Nachwelt unter dem Beinamen Caracalla bekannter Sohn setzte die promilitärische Politik seines Vaters verstärkt fort und erhöhte den Sold der Soldaten um 50 Prozent. Zur Finanzierung ergriff er zwei Maßnahmen: Erstens wertete er, wie früher schon sein Vater, den Denarius ab, die Silberwährung, mit der die Truppen bezahlt wurden; innerhalb weniger Jahrzehnte führte dies zu einem vollständigen Zusammenbruch des Währungssystems. Zweitens verdoppelte er die traditionelle fünfprozentige Erbschaftssteuer, die alle römischen Bürger entrichten mußten. Darüber hinaus erhob er zur weiteren Steigerung der Steuereinnahmen alle Freien des Römischen Reiches zu römischen Bürgern. Damit erkannte er zwar lediglich eine längst bestehende Situation als rechtmäßig an, denn die Unterscheidung zwischen Bürgern und Nichtbürgern besaß bereits keine wesentliche Bedeutung mehr. Dennoch verstärkte er dadurch das Gewicht und das Selbstwertgefühl der Provinzbewohner im Imperium, die sich seitdem von Britannien bis nach Arabien als Römer mit denselben Rechten und Möglichkeiten wie die Italiker betrachteten. Wie die Erhöhung des Soldes zielten diese Maßnahmen darauf ab, die Stellung der Völker an der Peripherie des Imperiums auf Kosten derer im Zentrum zu stärken. Den größten Vorteil aus diesen Veränderungen zogen die Soldaten und die Veteranen.

Caracallas Politik führte zu einer wachsenden Militarisierung des Imperiums und vor allem der Provinzen, wo die Zivilverwaltung lange Zeit aus sich überschneidenden Ämtern und Zuständigkeiten bestanden hatte. Erstmals verfügten nicht nur Offiziere, sondern auch gemeine Soldaten über so beträchtliche Einkommen, daß die *canabae* und die zivilen Siedlungen am Limes aufblühen konnten. Gebiete wie Pannonien, die sich von den Markomannenkriegen noch kaum erholt hatten, erlebten plötzlich einen gewaltigen, geradezu explosionsartigen Aufschwung. In Aquincum zum Beispiel erhielt die alte *canaba* den Status einer städtischen *colonia*, und entsprechend der neuen Würde wurden die alten Holz- und Lehmhütten durch steinerne Häuser ersetzt und säuberlich entlang von gepflasterten Straßen aufgereiht. Diese neuen Häuser waren mit Heißluftheizungen, fließendem Wasser aus einer ausgedehnten städtischen Wasserversorgung und eleganten Fresken ausgestattet. Die Stadt erhielt eine Mauer und ein neues Forum, das mehr der Selbstdarstellung als dem Geschäftsleben diente, dem das alte noch vollkommen genügte. In Carnuntum, das ebenfalls zu einer *colonia* erhoben wurde, vollzog sich eine ähnliche Entwicklung; unter anderem wurden dort ein prachtvolles öffentliches Bad mit einer öffentlichen Säulenhalle von 143 x 103 Meter Ausdehnung und eine etwa 2,5 Meter hohe Mauer erbaut.

Dieser öffentlichen und privaten Bautätigkeit entsprach eine steigende Produktion von Luxusgütern und sogar ein allmählich prosperierendes lokales Kunsthandwerk, ein Zeichen dafür, daß diese Region zum erstenmal reich genug war, um Künstler zu ernähren, auch wenn die Qualität ihrer Arbeiten selten mit den gallischen, rätischen, syrischen und italischen Erzeugnissen, die sie nachahmten, konkurrieren konnte. Alle diese Formen der Prosperität standen in einem direkten Zusammenhang mit dem verbesserten Status und dem gewachsenen Wohlstand der Soldaten.

Die verbesserte Wirtschaftslage der Grenzprovinzen verschaffte dem Militär nun auch in den zivilen Angelegenheiten des täglichen Lebens eine dominierende Rolle. Die Provinzkurien wurden mancherorts zunehmend von Offizieren und Veteranen beherrscht, die es sich aufgrund ihrer Abfindungen leisten konnten, sich für den Senat zu qualifizieren. Die räumliche Trennung von Militärlager und Zivilsiedlung wurde aufgegeben, nachdem Disziplinlosigkeit, aber auch der für die Siedlungen benötigte Schutz beide immer stärker verschmolzen hatte. Als die Freigebigkeit der Severer zur ausufernden Anarchie der Soldateska führte, griffen die unter der stetig steigenden Besteuerung leidenden Bauern immer häufiger zu bewaffnetem Raub und sogar zu organisiertem Widerstand. Mit solchen „Briganten" konnte man nur fertig werden, wenn Soldaten den Frieden in den Provinzen aufrechterhielten und die Räuberbanden bekämpften, die im 3. Jahrhundert überall auftauchten. Der Einsatz von Soldaten als Polizei wurde zur Regel, wenn hohe Militärs in einer ihnen zunehmend feindlich gesinnten Gesellschaft wichtige Ämter bei der Eintreibung von Steuern und in der Justizverwaltung übernahmen.

Diese Krisen, in deren Verlauf das Militär eine noch größere Bedeutung gewann, waren ironischerweise von ihm selbst verursacht worden. Da die Severer sich nie auf die Unterstützung durch den Senat verlassen konnten, mußten sie Wege finden, um den Anspruch des Senats auf die Heereskommandos zu unterlaufen und sich die Loyalität der Armeen durch ständige Solderhöhungen zu sichern. Finanziert wurde diese Politik durch weitere Beschlagnahmungen von Senatoreneigentum wegen tatsächlicher oder vorgeblicher Verschwörungen und durch eine drastische Verminderung des Silbergehalts der Währung. Dies brüskierte den Senat natürlich noch mehr und gefährdete darüber hinaus die finanzielle Stabilität des Imperiums. Verschärft wurde die Situation zusätzlich dadurch, daß die Provinzarmeen Geschmack an ihrer Macht als Kaisermacher gefunden hatten und sie mit unerschöpflicher Energie dazu nutzten, Kaiser zu ermorden und einzusetzen. Zwischen dem Tod des Severus Alexander (235) und der Thronbesteigung des Diokletian (284) gab es mindestens 20 mehr oder weniger rechtmäßige Kaiser sowie zahllose Prätendenten, Usurpatoren und Mitregenten. Die längste Regierungszeit während dieser Periode war mit neun Jahren die des Prätendenten Postumus, der sich selbst zum Herrscher über Gallien, Britannien, Spanien und zeitweise über Teile Norditaliens aufwarf.

Die Wiederherstellung der Ordnung durch Diokletian festigte die Rolle des Militärs. Obwohl er bekanntlich die zivile und die militärische Verwaltung voneinander trennte, wurde unter ihm und seinen Nachfolgern die Zivilverwaltung den militärischen Bedürfnissen entsprechend neu geordnet, eine nicht weiter erstaunliche Entwicklung angesichts der

Tatsache, daß während des 3. und 4. Jahrhunderts der Weg zu einem hohen öffentlichen Amt normalerweise über den Militärdienst führte. Viele ehrgeizige Zivilbeamte kamen aus dem Militär oder dienten wenigstens zeitweise in der Armee. Zu Beginn des 4. Jahrhunderts waren die militärische Organisation und Struktur sowie die kulturellen und politischen Wertvorstellungen der Soldaten zum maßgeblichen Modell geworden, an dem sich die römische Gesellschaft orientierte. Aber diese Soldaten waren nicht mehr die italischen Bauern früherer Zeiten; immer häufiger waren es dieselben Barbaren, zu deren Abwehr sie angeworben worden waren.

Die Barbarisierung

Schon Marc Aurel hielt es für nötig, Sklaven und Barbaren zur Bekämpfung anderer Barbaren einzusetzen, und gliederte germanische Kriegergruppen in die römische Armee am Limes ein. Zwar geschah dies damals als außergewöhnliche Maßnahme, aber grundsätzlich war der Einsatz von Barbaren im Militär nichts Neues. Während in den Legionen und Prätorianerkohorten nur römische Bürger dienen durften, wurden schon seit längerer Zeit Fremde in Auxiliareinheiten eingesetzt. Als jedoch im 3. und 4. Jahrhundert der Druck auf die Grenzen im Osten und Norden sowie die zahlreichen inneren Spannungen mehr Soldaten erforderten, als das durch Seuchen und eine sinkende Geburtenrate geschwächte Imperium aufbringen konnte, wurden die Mannschaften immer häufiger mit Barbaren aufgefüllt.

Die ersten barbarischen Hilfstruppen im römischen Heer stellten benachbarte Stämme. Die römische Außenpolitik bemühte sich ständig, die Stammesführer entlang der Grenzen für Rom zu gewinnen. Man bot ihnen Geschenke oder das römische Bürgerrecht an und versprach ihnen militärische und wirtschaftliche Unterstützung, damit sie ihre eigenen Stämme ruhig hielten und die Römer gegen andere, feindlichere abschirmten. Mit den Anführern wurden Verträge geschlossen, die ihnen selbst meist Gold, ihrem Volk Getreide verschafften. Als Gegenleistung versprachen sie Rom Hilfstruppen. In der zweiten Hälfte des 3. Jahrhunderts griff diese Praxis immer weiter um sich, und römische Einheiten, die außerhalb der Grenzen des Imperiums rekrutiert worden waren, trugen die Namen barbarischer Völker. Wir finden Einheiten von Franken, Sachsen, Vandalen, Goten, Sarmaten, Quaden, Chamaven, Iberern, Assyrern und anderer Stämme. Normalerweise wurden diese Barbaren in Dienst gestellt, dienten eine Zeitlang, kehrten dann zu ihrem eigenen Volk zurück und wurden so zu den Gastarbeitern der antiken Welt. Für diese Menschen war der Kriegsdienst eine Gelegenheit, Reichtümer zu erwerben und die römische Welt aus erster Hand kennenzulernen. Aber der Einsatz fremder Truppen führte auch oft zu Spannungen und Streitigkeiten. Nicht selten löste der Druck bei der Aushebung der Rekruten Widerstand und Revolten gegen die Römer und ihre Helfer in der barbarischen Welt aus. Teilweise um solchen Widerstand zu vermeiden, dessen Ursachen im Kontakt zwischen den in Frage kommenden Rekrutierungsgebieten und feindlichen, im „freien Germanien" lebenden Stämmen vermutet wurden, begannen die Römer im Laufe des 3. Jahrhunderts, Barbaren innerhalb des Imperiums anzusiedeln.

Die ersten Barbaren, die mit ihren Familien im Imperium, und zwar in entvölkerten Gebieten Galliens und Italiens, angesiedelt und Laeten genannt wurden, waren kleine Gruppen von Flüchtlingen oder Kriegsgefangenen, die römischen Präfekten oder Grundbesitzern zugeteilt wurden. Diese Menschen dienten einem doppelten Zweck: Erstens bearbeiteten sie Böden, die durch Epidemien, allgemeinen Bevölkerungsschwund oder die Flucht der freien Bevölkerung vor der Besteuerung brachlagen. Zweitens trugen ihre Siedlungen unter dem wachsamen Auge Roms dazu bei, Rekruten für die Armee hervorzubringen und aufzuziehen; denn die Siedler und ihre Nachkommen waren zum Militärdienst verpflichtet.

Zwischen diesen Laeten und den Föderaten, den freien barbarischen Einheiten, lagen Welten. Letztere begannen seit dem Ende des 4. Jahrhunderts, das Militär und insbesondere die als *comitatenses* bezeichneten mobilen Eliteeinheiten zu beherrschen, die etwa unter Konstantin nicht an den Grenzen, sondern innerhalb der größeren Provinzstädte oder in deren Nähe stationiert wurden. Diese Einheiten konnten sofort aufmarschieren, um Eindringlingen an jedem Punkt der Grenze entgegenzutreten oder um ihr weiteres Vordringen zu verhindern, wenn diese bereits durchgebrochen waren, womit sie eine bedeutende strategische Neuerung darstellten. Ihre enge Nachbarschaft zu römischen Siedlungen, die sie ernähren und versorgen mußten, beschleunigte jedoch die Assimilation barbarischer Soldaten und römischer Zivilisten.

Diese Einheiten der *foederati* standen unter dem Kommando ihrer eigenen Anführer, die zwar häufig aus Familien stammten, die den Römern schon seit Generationen gedient hatten, deren Macht aber von ihren barbarischen Gefolgsleuten abhing. Archäologische Funde aus verschiedenen Barbarensiedlungen innerhalb des Römischen Reiches be-

weisen, daß die Siedlungen der *laeti* von den Wohnbezirken der einheimischen römischen Bevölkerung und noch stärker von denen freier Germanen deutlich getrennt waren, während die *foederati* nicht nur in
engem Kontakt mit der örtlichen Bevölkerung lebten, die sie kraft ihrer
militärischen Bedeutung nicht selten dominierten, sondern auch enge
und dauerhafte Kontakte zu den Stämmen jenseits von Rhein und Donau pflegten.

Die Anführer dieser Gruppen, die meist als „Reichsgermanen" bezeichnet werden, rückten im 4. und 5. Jahrhundert in die höchsten
Ränge des römischen Heeres auf. Angesichts der überragenden Bedeutung der germanischen Truppen und der fest verankerten Tradition des
sozialen Aufstiegs durch Militärdienst überrascht dies nicht. Bereits
während der Herrschaft Konstantins hören wir von einem Franken namens Bonitus, der römischer General wurde. Im Laufe des 4. Jahrhunderts bekleideten fränkische Befehlshaber viele Führungspositionen der
Armee im Westen und erlangten eine solche Macht, daß sie nach Belie-
ben Kaiser erheben und absetzen konnten: Arbogast, Bauto und Richomer waren unter Gratian und Valentinian II. Heermeister, *magistri militum*; Bauto und Richomer wurden sogar Konsuln. Die offizielle Lauda-
tio, die 385 anläßlich des Konsulats des Bauto, eines heidnischen Franken von jenseits des Rheins, gehalten wurde, verfaßte kein geringerer als
der heilige Augustinus, damals noch ein junger Rhetoriklehrer in der
Kaiserresidenz Mailand.

Die germanisch-römischen Befehlshaber waren alles andere als un-
gebildete und unkultivierte Barbaren. Sie bewegten sich in den höchsten
und gebildetsten Kreisen des Imperiums, einige waren sogar mit Männern wie Bischof Ambrosius von Mailand befreundet und korrespon-
dierten mit Rhetorikern wie Libanius. Gewiß, sie waren Heiden, aber ihr
Heidentum war das des senatorischen Adels, wie es am Beispiel der
Bekanntschaft Richomers mit dem Gelehrten Symmachus deutlich wird,
und nicht die Religion des freien Germanien. Nachdem Arbogast 392
Valentinian II. zum Selbstmord gezwungen hatte, ließ er einen Rhetoriker namens Eugenius zum Kaiser proklamieren, unter anderem weil er
dessen römisch-heidnische Wertvorstellungen teilte. Zwei Jahre später
wurden Arbogast und sein Strohmann von dem orthodoxen Kaiser
Theodosius besiegt. Aber den Sieg verdankten die Orthodoxen maßgeb-
lich einer anderen Gruppe von Barbaren, den arianischen Westgoten und
ihrem Anführer Alarich, der aus Unzufriedenheit mit der Belohnung,
die ihm Theodosius für seine Hilfe zuteil werden ließ, rebellierte und
sechzehn Jahre später Rom plünderte. Im späten 4. Jahrhundert waren

Kategorien wie Barbaren und Römer, Heiden und Christen viel komplexer, als man es sich oft vorstellt.

Die letzte, entscheidende und am häufigsten mißverstandene Phase barbarischer Präsenz im römischen Imperium war das Eindringen ganzer Völker, *gentes,* ein Prozeß, der mit dem Volk Alarichs eingesetzt hatte. Ausgelöst wurde die Wanderungsbewegung von den Hunnen, die um 375 die relativ stabilen unter gotischer Herrschaft rund um das Schwarze Meer lebenden Gemeinschaften barbarischer Völker zerstörten. Über ein Jahrhundert lang hatten diese Goten, über die wir im nächsten Kapitel mehr hören werden, in enger Beziehung mit dem Imperium gelebt und abwechselnd in der römischen Armee gedient oder gegen sie gekämpft. Das Königreich der *Greutungi* – oder später Ostgoten – wurde vernichtet, und ihr König Ermanarich opferte sich seinem Gott in einem rituellen Selbstmord. Seine heterogenen Völker gingen zum großen Teil in der hunnischen Konföderation auf. Die später Westgoten genannten *Tervingi* setzten angesichts des Zusammenbruchs und einer drohenden Hungersnot ihren obersten Richter Athanarich ab, baten unter der Führung der prorömischen Fürsten Fritigern und Alaviv Kaiser Valens um Aufnahme in das Römische Reich und boten ihm als Gegenleistung ihre militärischen Dienste an. Valens glaubte, auf diese Weise seinen Mangel an Soldaten beheben zu können, stimmte zu und versprach ihnen Land in entvölkerten Teilen Thrakiens.

Kurzfristig wie langfristig wirkte sich die Aufnahme eines ganzen Volkes in den Reichsverband verhängnisvoll aus. Zunächst wurden die Goten aufgeteilt. Einige wurden sofort zur Sicherung der Ostgrenze abkommandiert, andere bezogen ein Winterquartier bei Adrianopel, während die Mehrheit in Thrakien angesiedelt wurde, wo die lokalen römischen Behörden aus der verzweifelten Notlage der Menschen Profit zu schlagen suchten und die Goten zwangen, ihre eigenen Leute gegen Hundefleisch zu verkaufen. Der gängige Preis war ein Gote für einen Hund. Die daraufhin ausbrechenden Unruhen wurden verschärft, als Ostgoten, unzufriedene Goten aus dem Raum Adrianopel und andere, die in die Sklaverei verkauft worden waren, hinzustießen. Die Spannungen weiteten sich zu einem allgemeinen Aufstand aus, und als Valens diesen am 9. August 378 niederzuschlagen versuchte, wurde seine Armee zur allgemeinen Überraschung – auch der Goten selbst – vernichtet und er selbst zusammen mit zahlreichen höheren Offizieren getötet.

Die Goten, denen sich mehrere andere Barbarengruppen anschlossen, marschierten in Richtung Konstantinopel, aber in erster Linie auf der Suche nach Nahrung und nicht nach Beute; sie waren ohnehin nicht in der Lage, eine stark befestigte Stadt einzunehmen. Schließlich brachen auch noch Kämpfe zwischen den verschiedenen Gruppen aus. 382 schloß Theodosius mit den Westgoten einen förmlichen Vertrag, siedelte sie in Thrakien entlang der Donau an und gestattete ihnen, unter der Herrschaft ihrer eigenen Anführer zu leben und als *foederati* unter deren Kommando zu kämpfen. Diese Siedlungsphase hielt nicht lange an; kurz nach der Niederlage des Arbogast waren die Goten unter ihrem König Alarich wieder unterwegs und plünderten 410 Rom, bevor sie sich schließlich 418 in Südwestgallien niederließen.

Die Ansiedlung eines ganzen Volkes – manche Schätzungen sprechen von über 200000 Menschen – stellte ein Modell für die zukünftige Integration barbarischer Völker dar, die entweder über Donau und Rhein geflohen oder eingedrungen waren, aber aufgehalten oder gar besiegt werden konnten. Dazu gehörten die Ostgoten, Vandalen, Burgunder, Sueben und später die Langobarden. Lange Zeit glaubte man, bei der Ansiedlung sei den Barbaren unbesiedeltes Land oder konfiszierter Grundbesitz zugeteilt worden. Den Prozeß, in dessen Verlauf Westgoten, Burgunder und Ostgoten eine neue Heimat fanden, deutete man im allgemeinen als Ausweitung der *hospitalitas*, also des Systems, nach welchem Soldaten bei der Zivilbevölkerung einquartiert wurden, wobei ihnen ein Drittel des Grundbesitzes, auf dem sie untergebracht waren, zufiel. Ein solches Verfahren ließe vermuten, daß sich das wirtschaftliche und soziale Gefüge der Regionen, in denen Barbaren angesiedelt wurden, grundlegend veränderte. In neuerer Zeit hat man angenommen, daß den Barbaren anstelle von Grundbesitz Anteile am Steueraufkommen gewährt wurden, so daß die Grundbesitzer im ungestörten Besitz ihres Landes blieben.[3] Die Wirklichkeit lag wahrscheinlich irgendwo dazwischen und war von Gegend zu Gegend wohl sehr unterschiedlich. Zeitgenössische Autoren sprechen auch von Landzuteilungen an die Goten und andere Stämme, und die Ansichten, alle entsprechenden Belege seien Übertreibungen oder rhetorische Freiheit gewesen, sind noch zu diskutieren. Andererseits beweisen archäologische Funde, daß barbarische Krieger in bewohnten Gegenden Galliens und Italiens siedelten und meist in den Regionen, denen sie zugeteilt waren, nicht selbst Grundbesitz bearbeiteten. Sie tendierten zur Siedlung in Städten oder an strategisch wichtigen Punkten an den Grenzen der jeweiligen Region und lebten im übrigen wie viele römische Aristokraten von den Pachten und Abgaben aus den von ihnen erworbenen Ländereien. Römische Beamte mögen in ihrem Bemühen, wenigstens die Illusion von einem imperialen System aufrechtzuerhalten, diese Arrangements gelegentlich als Steuern verstanden haben; möglicherweise erhielten die verbündeten Barbaren den dritten Teil der Steuern, der zuvor für die Zentralverwaltung eingezogen worden war. Ob die Geld einnehmenden Barbaren und die zahlenden Römer diesen Unterschied zwischen Steuern und Pachteinnahmen machten, ist völlig offen. Fest steht jedoch, daß sich im 4. und 5. Jahrhundert das Steuersystem des Imperiums erheblich wandelte, was sich unmittelbar auf die Verteidigungsfähigkeit und die Gesellschaftsstruktur auswirkte.

Die Besteuerung

Der Unterhalt des Heeres erforderte enorme Aufwendungen, die nur dadurch gedeckt werden konnten, daß der Staat das System änderte, durch welches er seine Einnahmen sicherte. Bei seinem ungeheuren Reichtum hatte das römische Weltreich niemals ein System der Kreditaufnahme auf künftige Einnahmen, etwa in der Art von Schuldverschreibungen, entwickelt; diese sollten erst im Mittelalter erfunden werden. Statt dessen versuchten die Kaiser, ihren gewaltig angewachsenen Finanzbedarf durch eine radikale Umgestaltung des Steuersystems zu befriedigen – eine Veränderung, die nicht nur für die wirtschaftlichen, sondern auch für die sozialen und politischen Strukturen weitreichende Folgen hatte.

Von alters her bestand die jährliche Abgabe, welche die Reichsverwaltung von den Provinzen einzog, aus den verschiedenen Arten des *tributum*, offenbar Formen direkter Steuern oder „Kontributionen", zu deren Einziehung die Zentralregierung die örtliche Kurie ermächtigte. Wie diese Steuern eingezogen wurden, scheint ganz den jeweiligen Kommunen überlassen worden zu sein, nur die Gesamtsumme wurde von der Provinzverwaltung festgesetzt. Da es dem Ansehen in der Öffentlichkeit diente, seinen Gemeinsinn auf möglichst großzügige Weise hervorzukehren, wurden diese Steuern in guten Zeiten oft nahezu vollständig von den Wohlhabenden, von *curiales* oder Dekurionen, den Mitgliedern der örtlichen *curia*, gezahlt, womit letztere zugleich ihren Rang als führende Bürger unterstrichen. Auf Freiwilligkeit beruhten auch viele öffentliche Leistungen des Imperiums; die Reichen übernahmen Ämter, die Armen beteiligten sich am Straßenbau und anderen Arbeiten. Dieses System war für die Lokalgrößen vorteilhaft; denn es rückte die Gemeinde, in der sie eine führende Rolle spielten, in den Mittelpunkt des öffentlichen Interesses. Aber auch die Zentralverwaltung profitierte davon, weil der Einsatz der Dienste und des Vermögens der örtlichen Magistrate dem Staat Geld und Arbeitskräfte ersparte. Als ungünstig erwies es sich jedoch insofern, als es diesen prominenten Persönlichkeiten die Möglichkeit eröffnete, bei der Reichsregierung gelegentlich eine Absenkung der festgesetzten Steuersumme zu erwirken. Wenn dies häufiger geschah, wie etwa unter der Herrschaft Marc Aurels, war der Kaiser gezwungen, zur Vermeidung von Defiziten den Edelmetallgehalt der Münzen zu vermindern, weil ihm ja das Verfahren, Anleihen auf künftige Steuereinnahmen aufzunehmen, nicht zur Verfügung stand. Dennoch konnten diese festgeschriebenen Steuern in einer Zeit wachsenden Finanzbedarfs und galoppierender Inflation nicht einmal annähernd die Bedürfnisse der kaiserlichen Armee decken. Obwohl im 4. Jahrhundert das Realeinkommen der Soldaten und der Zivilbediensteten durch Geldentwertung auf die Hälfte dessen, was sie am Ende des 2. Jahrhunderts erhalten hatten, gesunken war, brachten die hohe Zahl von Soldaten und Zivilbediensteten, die Unregelmäßigkeiten in der Steuereinziehung, der Bevölkerungsschwund und die Zerstörungen durch Plünderungen und Kriege die Finanzen des Reiches vor allem im Westen in eine ernsthafte Krise.

Während der Krise des 3. Jahrhunderts erzwangen der Zusammenbruch der Währung und der ungeheure Finanzhunger des Militärs eine Reform dieses Steuersystems. Zunächst führte Diokletian die *annona* ein, im wesentlichen eine Steuer auf landwirtschaftliche Produkte, die ähnlich wie die Vermögenssteuer durch die örtliche Verwaltung eingezogen wurde. Um die Last dieser Steuer annähernd gerecht aufzuteilen, wurde im 4. Jahrhundert ein neues System eingeführt, das nicht die Kommunen als Ganzes, sondern den einzelnen erfaßte. Jedem Bürger wurde eine Steuerschuld auferlegt, die seiner Möglichkeit entsprach, zur *annona* beizutragen. Diese Steuerpflicht wurde nach der landwirtschaftlich nutzbaren Fläche – die Maßeinheit war das *iugum* – errechnet sowie nach der *capitatio*, die manche Wissenschaftler als Kopfsteuer, andere in einem weiteren Sinne als allgemeine Steuerpflicht eines Individuums oder eines Grundbesitzes verstehen. Anfangs basierte diese Besteuerung zwar noch auf dem persönlichen Besitz des einzelnen Bürgers, aber schon am Ende des 4. Jahrhunderts vollständig auf Anteilen am Ertrag, der für den gesamten vorhandenen Grundbesitz ermittelt worden war.[4] Schließlich aber konzentrierten sich die Bemühungen des römischen Fiskus darauf, diese Zahlungen von den Wohlhabenden in Form von Gold einzuziehen. Freie Pächter, die man *coloni* nannte, da sie selbst kein Land besaßen, waren verpflichtet, ein ihnen zugewiesenes Stück Land zu bewirtschaften, damit sie ihre Steuerverpflichtungen erfüllen konnten. Nach und nach wurde ihr Grundherr zu ihrem Steuereintreiber und errang so beträchtliche Verfügungsgewalt über ihre Person, womit sichergestellt wurde, daß sie aus ihrem Land das notwendige Einkommen erzielten.

Die auf dieser Basis erstellten Steuerlisten wurden anfangs regelmäßig auf den neuesten Stand gebracht, und die Einziehung der Abgaben besorgten wie zuvor die Magistrate der örtlichen Kurie. Als jedoch die Bevölkerung und die landwirtschaftliche Produktion abnahmen, als einzelne für sich die Befreiung von ihrem Steueranteil erwirken konnten und der Geldbedarf des Imperiums zur Finanzierung des Militärs zugleich immer größer wurde, machten sich ernsthafte und extrem belastende Ungerechtigkeiten im System bemerkbar. Gleichzeitig begann man, die Steuerveranlagungen als abstrakte Ertragseinheiten zu betrachten, die von einer Steuerliste auf eine andere übertragen werden konnten.

Die Auswirkungen dieses Steuersystems veränderten im 4. und 5. Jahrhundert die Rolle der örtlichen Eliten in der Reichsverwaltung. Manche *curiales*, die für die Zahlung des jährlichen Steueraufkommens garantieren mußten, selbst wenn es in ihrer Gemeinde nicht eingetrieben werden konnte, standen vor dem wirtschaftlichen Ruin. Damit schwanden das Ansehen und die Bedeutung des traditionellen freiwilligen Dienstes für die Allgemeinheit. Während einige Reiche durch eine Vielfalt von legalen und illegalen Steuererleichterungen ihre persönliche Belastung vermindern konnten, wuchs die Belastung derjenigen, die für die Gemeinde verantwortlich waren, unaufhörlich. Infolgedessen verlor die lokale *curia* ihre Bedeutung als Zentrum des öffentlichen Lebens, die Tradition des Prestigeerwerbs durch Dienst für die Allgemeinheit brach in sich zusammen. Die Belastung der *curiales* war so hoch, daß man sie jetzt zur Übernahme von Ämtern zwingen und ihnen verbieten mußte, sich ihren Pflichten durch Flucht aus den Städten zu entziehen. Diejenigen, die bereit oder sogar begierig darauf waren, die Steuereinziehung zu übernehmen – und davon gab es immer noch welche –, hofften offensichtlich, ihre Macht nutzen zu können, um sich durch Erpressung der Bevölkerung persönlich zu bereichern. Mit dem Niedergang der kommunalen Verwaltung wurde die Provinzverwaltung stärker an der Eintreibung der *annona* beteiligt, und nun erreichte der lange Arm der kaiserlichen Steuereintreiber zum ersten Mal die einzelnen Bürger, die zu schwach waren, um jene Privilegien zu erwirken, mit welchen sich die Starken schützten. Der Verfall des freiwilligen Dienstes für die Allgemeinheit, eine unmittelbare Folge der Steuerbelastung, blähte die Reichsbürokratie ungeheuer auf, was wiederum ein noch höheres Steueraufkommen erforderlich machte.

Die Gewinner: eine Aristokratie von Grundbesitzern

Die Hauptnutznießer dieses Wandels waren die senatorischen Groß-
grundbesitzer des Westens, die dank ihrer Verbindungen im gesamten
Imperium und ihrer privaten militärischen Macht von der ansteigenden
Steuerbelastung praktisch nicht betroffen waren. Auf diese Weise entwickelte sich im Westen eine paradoxe Situation, unermeßlicher Reichtum einzelner stand einem extrem armen Fiskus gegenüber. Man hat
geschätzt, daß um die Mitte des 5. Jahrhunderts die gesamten Jahresein-
nahmen der östlichen Reichshälfte etwa 270 000 Pfund Gold betrugen,
wovon 45 000 Pfund für das Militär bestimmt waren. Zur selben Zeit lag
im Westen das gesamte Jahresbudget bei etwa 20 000 Pfund Gold – eine
fast lächerlich anmutende Summe, wenn man bedenkt, daß ein einzelner
reicher italischer Senator mit Leichtigkeit ein jährliches Einkommen von
6000 Pfund erzielen konnte. Für solche Menschen bedeutete ihre Bindung an die *Romanitas* in erster Linie die Pflege einer elitären Kulturtradition und die Bewahrung der Freiheiten und Privilegien ihrer Schicht.
Diese waren ihnen lange Zeit wichtiger gewesen als die Ausübung der
Kontrolle über die Reichsverwaltung, in der sie im Gegenteil eher eine
Bedrohung ihrer Eigenständigkeit erblickten. Wenn Konstantinopel Barbaren einsetzte, um die wenigen Reichen wieder zur Übernahme von
Verantwortung zu zwingen, mußten diese bekämpft werden; wenn die
Barbaren und ihre Könige aber die Privilegien der senatorischen Aristokratie schützen konnten, waren sie willkommen. So verwundert es denn
auch nicht, daß um die Mitte des 5. Jahrhunderts ein aristokratischer
gallorömischer Grundbesitzer am Hof des Burgunderkönigs einem
christlichen frommen Mann, der schon lange den Untergang des römischen Imperiums vorausgesagt hatte, mit der spöttischen Frage entge-
gentreten konnte, warum seine Prophezeiung nicht eingetroffen sei. Das
Imperium als politisch-militärische Realität war in Burgund in der Tat
bereits untergegangen, aber da seine eigene Position davon nicht betroffen war, hatte der Grundherr dieses Ableben gar nicht wahrgenommen.[5]
    Dieser Römer, der nicht wußte, daß er nicht mehr im römischen
Imperium lebte, war repräsentativ für einen relativ neuen Adel, dessen
Entstehung höchstens bis in die Zeit Konstantins zurückreicht. Im
Westen war das 4. Jahrhundert eine besonders glückliche Ära für diejeni-
gen, die sich der kaiserlichen Gunst erfreuten. Dies waren ursprünglich
die Römer und die barbarischen Großen am Hof von Trier. Um die
Jahrhundertmitte konnte die Stadt Trier, die bis Ende des 4. Jahrhun-

derts kaiserliche Residenz und Sitz der Präfektur Galliens war, in überschwenglicher Weise mit Rom und Konstantinopel verglichen werden. Die von Ausonius und anderen lateinischen Dichtern gefeierte Stadt bildete einen Mittelpunkt der Zusammenarbeit und der Assimilation römischer und germanischer Eliten. Hier traten viele fränkische und alemannische Fürsten zum ersten Male in römische Dienste, und von hier aus konnten „Reichsgermanen" zurückgesandt werden, damit sie ihre Stämme in einer Weise regierten, die die Kooperation mit Rom sicherstellte.

Abgesehen vom Reichtum und der Größe Triers beruhte die Bedeutung der Stadt fast ausschließlich auf ihrer Funktion als Verwaltungszentrum. Ihr Niedergang begann denn auch unmittelbar, nachdem Kaiser Honorius in den letzten Jahren des 4. Jahrhunderts seine Residenz nach Mailand und schließlich nach Ravenna verlegt hatte. Der Reichsfeldherr Stilicho beschloß um 395, die Präfektur nach Arles zu verlegen. Die Familien, die durch kaiserliche Gunst zu Macht gekommen waren, folgten dem Kaiser und dem Präfekten nach Süden und nach Osten. Der Abstieg der Stadt wurde zusätzlich beschleunigt, als Barbaren die Stadt zwischen 410 und 435 nicht weniger als viermal plünderten, wenn auch offensichtlich nicht zerstörten.

Familien, deren Macht im Westen nicht nur auf kaiserlicher Gunst, sondern auch auf eigenen Einkünften beruhte, lebten weiter entfernt vom *Limes*. Besonders im Rhônetal, in Aquitanien und entlang der Mittelmeerküste knüpften große Familien wie die Syagrii, Pontii, Aviti, Apollinares, Magni und andere ein Netz von Heiratsverbindungen, Protektion und Grundbesitz. Hier hatte die römische Zivilisation ihre tiefsten und kräftigsten Wurzeln geschlagen, und die Mitglieder dieser großen Familien setzten die Tradition der römischen Kultur weit über die Zeit hin fort, als die kaiserliche Macht im Westen bereits erloschen war.

Der oben dargestellte Prozeß der Machtverlagerung hatte im Laufe der Zeit dazu geführt, daß sich innerhalb des Imperiums regionalistische Tendenzen ausbreiteten. Bereits im 3. Jahrhundert hatte die gallische Aristokratie den Übergang der politischen Kontrolle auf regionale Prätendenten begrüßt, mit dem Ergebnis, daß die im Lande stationierten Armeen eine Reihe von gallischen Kaisern erheben konnten. Und der Grund dafür, daß Stilicho die Präfektur an die untere Rhône verlegte, war eher die Bedrohung durch Usurpatoren aus diesen Regionen als durch Barbaren von der anderen Rheinseite.

Die Kultur, die diese Aristokratie kennzeichnete, unterschied sich in zunehmendem Maße von der des Ostreiches. Im Osten führte die Renais-

sance der griechischen Kultur unter der Patina des Lateinischen zu einer
wachsenden Bedeutung der Philosophie und – besonders innerhalb der
christlichen Elite – zu Streitigkeiten und Spannungen über die rechte
Lehre. Im Westen verzichtete man hingegen im 4. und 5. Jahrhundert
zunehmend auf eine ernsthafte Beschäftigung mit der griechischen Wissenschaft, hier wurde die Philosophie immer stärker von der Rhetorik
verdrängt. Die Erziehung, nach wie vor eine ausschließliche Domäne der
weltlichen Grammatik- und Rhetorikschulen, sollte den Nachwuchs der
Elite mit dem kulturellen Hintergrund und den rhetorischen Fähigkeiten
ausstatten, die er zur Bekleidung hoher Ämter benötigte. Diese von
staatlich angestellten und bezahlten Rhetorikern geleitete Erziehung war
ausschließlich literarisch und damit heidnisch. Die Kirche beteiligte sich
an der formalen Erziehung ihrer Mitglieder nicht; im Westen existierten
keine Theologenschulen wie zum Beispiel in Alexandria und Antiochia.
Daher blieben junge heidnische wie christliche Aristokraten nach wie
vor einem gemeinsamen kulturellen Erbe verbunden, das die unerläß-
liche Voraussetzung für den Aufstieg im Reichsdienst darstellte und in
einer Gesellschaft, die in wachsendem Maße in erbliche Berufe gegliedert
war, eine der wenigen Möglichkeiten sozialer Mobilität außerhalb des
Militärs bot, welches, wie wir gesehen haben, immer stärker barbarisch
geprägt war.

Diese Ausbildung in der literarischen und rhetorischen Tradition war
die große Gemeinsamkeit der römischen aristokratischen Gesellschaft;
die Wertvorstellungen der christlichen und heidnischen Römer des 4.
und frühen 5. Jahrhunderts waren nahezu identisch. Die entscheidende
Kluft bestand vielmehr zwischen der gebildeten Elite und allen anderen
Menschen. Nicht die Religion oder die politische Struktur, sondern die
Bildung trennte die römische Elite von den Barbaren, die in steigender
Zahl in ihrer Mitte lebten.

Einige der besonders privilegierten Aristokraten zogen sich vollständig in eine Welt von fast unvorstellbarem Luxus und Genuß zurück und
verzichteten auf eine Rolle im öffentlichen Leben, während sich andere
ganz der Literatur widmeten. So verbrachte etwa Symmachus, den wir
vorwiegend als Schriftsteller und Verteidiger der altrömischen heidnischen Traditionen kennen, lediglich drei Jahre seines Lebens im Staats-
dienst. Die Bereitschaft zum Dienst für die Allgemeinheit war jedoch
nicht vollständig geschwunden, und mit der Erosion der politischen
Zentralgewalt im Westen sowie der Macht örtlicher Kurien stiegen einige
Mitglieder der senatorischen Aristokratie in die entsprechenden Positionen jener beiden Institutionen auf, die an deren Stelle traten, der barbari-

schen Königshöfe innerhalb des Reiches und der Kirche. Der oben erwähnte Römer am burgundischen Königshof vertritt den Typus jener
Römer, die den Barbarenkönigen die administrative Fachkompetenz zur
Verfügung stellen konnten, welche sie zur Seßhaftmachung ihrer Völker
innerhalb der römischen Welt benötigten. Über solche Instruktoren verfügten die barbarischen Höfe auch schon, bevor sie in das Imperium
aufgenommen wurden. Namentlich bekannt sind einzelne wie Cassiodor
und Boethius am Hofe des ostgotischen Königs von Italien oder die
römischen Patrizier in Burgund. Viele andere Römer, die den Fiskus und
die Verwaltung der Barbarenkönige geleitet haben müssen, blieben an-
onym, haben aber ihre Spuren bei der Ausarbeitung der barbarischen
Gesetzeswerke hinterlassen, die sich in der Form und oft sogar im Inhalt
an spätrömische Gesetze anlehnen, sowie in den unterschiedlichsten Do-
kumenten und Verfahren der königlichen Verwaltungen, die vom spätrömischen System der Provinzverwaltung abgeleitet sind.

Auf lokaler Ebene füllte die Aristokratie durch die Übernahme der
Bischofsämter auch das durch die Auflösung der Kommunalverwaltung
entstandene Machtvakuum aus. Diese Entwicklung ist im 4. und 5. Jahrhundert in Gallien, wo die Bischöfe aus dem Hochadel stammten, weit
deutlicher ausgeprägt als in Italien und Spanien, wo die Bischöfe aus
großen, aber nicht aus den vornehmsten Familien hervorgingen, was
vermutlich darauf hinweist, daß in diesen Regionen andere Formen lokaler Machtausübung noch stärker ausgeprägt waren als nördlich der Pyrenäen und der Alpen.

Gegen Ende des 3. Jahrhunderts waren die Fundamente der kirchlichen
Organisation längst gelegt und die unbestrittene Vorrangstellung des
Bischofs etabliert. Obwohl dieser im Einvernehmen mit der örtlichen
Gemeinde ernannt und von einem Nachbarbischof geweiht wurde, amtierte ein einmal eingesetzter Bischof auf Lebenszeit und konnte nur von
einer Versammlung der Nachbarbischöfe abgesetzt werden. Damit besaß
er faktisch unbegrenzte Macht. Er weihte Priester, Diakone und Diako-
ninnen, er nahm neue Mitglieder in die Gemeinde auf, exkommunizierte
diejenigen, deren Glaubensansichten oder Lebenswandel er mißbilligte,
und er besaß die vollständige Kontrolle über die Finanzen der Diözese. In
der Regel deckte sich sein Sprengel mit dem weltlichen Verwaltungs-
bezirk. Dieser war im wesentlichen städtisch, denn normalerweise besaß
jede Stadt einen eigenen Bischof. Theoretisch erstreckte sich die bischöfliche Autorität auch auf das Umland, aber da die Christianisierung des
ländlichen Europa ein äußerst langsamer, erst im 10. Jahrhundert vollständig abgeschlossener Prozeß war, bildete die Stadt sein Machtzentrum.

Natürlich war die tatsächliche Macht des Bischofs vor der Zeit Konstantins sehr unterschiedlich, besonders im Westen, wo der Bischof außerhalb der christlichen Gemeinde wenig Ansehen genoß. Die kaiserliche Protektion durch Konstantin und seine Nachfolger veränderte diese Situation grundlegend. Erstmals war mit der Position des Bischofs so viel Einfluß verbunden, daß die Aristokratie sie als Instrument zur Erhaltung und Ausdehnung ihrer eigenen Macht nutzen konnte. Bischöfe erhielten kaiserliche Zuwendungen und Privilegien und übernahmen sogar Befugnisse römischer Magistrate, die früher den Provinzpräfekten vorbehalten gewesen waren. Der Besitz des Bistums dehnte sich auch durch fromme Schenkungen außerordentlich aus, zum großen Teil durch Schenkungen vornehmer Frauen, die im 4. und 5. Jahrhundert eine überaus wichtige, bisher aber wenig gewürdigte Rolle bei der Ausbreitung des Christentums im Westen spielten. Die neue Religion eröffnete Frauen einen der wenigen Wege, sich aus der normalerweise untergeordneten Stellung ihrer privaten Welt herauszubewegen und am öffentlichen Leben teilzunehmen. Als Wohltäterinnen, Pilgerinnen und in zunehmendem Maße dadurch, daß sie in gottgeweihter Jungfräulichkeit lebten, konnten Frauen einen Status erringen, den sie bislang in der ausschließlich männlich geprägten Welt der Antike nicht gekannt hatten.

Dennoch stellte die Wahl von Aristokraten in Kirchenämter im 4. Jahrhundert noch eine Ausnahme dar. Es löste einen Skandal aus, als ein reicher gallischer Senator namens Paulinus seine Karriere aufgab und seine Güter verließ, um Geistlicher zu werden, und tatsächlich Bischof wurde. Daß Ambrosius, der Sohn eines Prätorianerpräfekten, sich zum Bischof wählen ließ, war ebenfalls außergewöhnlich, obwohl es sich um einen so bedeutenden Bischofssitz wie Mailand handelte.

Aber im 5. Jahrhundert wurde es besonders in Gallien fast zur Regel, daß Aristokraten kirchliche Ämter besetzten. Die Bischöfe entstammten nun meistens der senatorischen Aristokratie und wurden oft nicht aus dem Klerus, sondern aus den Reihen derjenigen ausgewählt, die sich in Führungs- und Verwaltungsaufgaben bewährt hatten. Die Wahl zum Bischof wurde zum Höhepunkt der weltlichen Karriere, des *cursus honorum*, der mit der Kirche ursprünglich nichts zu tun hatte. Und es überrascht nicht, daß die Wertvorstellungen dieser Bischöfe denen ihrer Schicht und der weltlichen Gesellschaft entsprachen, in der sie Karriere gemacht hatten. Die Tugenden, für die diese Bischöfe häufig auf Epitaphen und in Grabreden gefeiert wurden, waren weltliches Prestige und weltliche Ehre und damit die traditionellen Werte der heidnischen römischen Gesellschaft und nicht so sehr ihre geistlichen Qualitäten. Und da

den meisten Bischöfen des Westens jeglicher religiöse und theologische
Hintergrund fehlte, äußerten sie sich auch kaum über theologische oder
geistliche Fragen.

Andererseits entsprach die Wahl solcher Männer damals vermutlich
exakt den Bedürfnissen ihrer Gemeinden. Als die Kommunalverwaltun-
gen immer weniger dazu in der Lage waren, den ständig steigenden
Forderungen der kaiserlichen Steuereintreiber, den barbarischen Ober-
befehlshabern, die aus dem entfernten Konstantinopel in die Provinzen
geschickt worden waren, den örtlichen Großgrundbesitzern, die oft reicher und mächtiger waren als die zivilen Magistrate, entgegenzutreten,
benötigten die Gemeinden neue mächtige Fürsprecher, die ihnen Schutz
gewähren konnten. Im Osten führten andersartige politische und religiöse Wertvorstellungen dazu, daß asketische Heilige, die außerhalb der
weltlichen Gesellschaft lebten, soziale und politische Bedeutung erlangten und aufgrund ihrer Neutralität als Beschützer und Schiedsrichter
anerkannt wurden. Ansehen und Einfluß auf weltliche Angelegenheiten
bezogen sie aus ihrer Stellung als Gottesmänner. Im Westen dagegen
hielt man Ausschau nach Männern, die bereits Macht und weltliche
Ehren errungen hatten, und setzte sie in hohe Kirchenämter ein. Obwohl auch hier gelegentlich heilige Männer auftraten, gelang es dem
gallorömischen Episkopat immer wieder, Geltung und Autorität dieser
Asketen dem Bischof strikt unterzuordnen. Der sicherste Weg hierzu
war es, die Verehrung der toten und nicht der lebenden Heiligen zu
fördern. Spätestens im 5. Jahrhundert wurde im Westen die Verehrung
von Märtyrern und Heiligen unter strenger bischöflicher Kontrolle zum
Kernstück der volkstümlichen Religiosität, und bischöfliche Propagandisten beeilten sich, mit der Abfassung von Heiligenviten und Wunde-
rerzählungen deren Unterordnung unter die Hierarchie zu betonen. Auf
diese Weise gelang es den gallorömischen Bischöfen, die Macht der
„Gottesfreunde" in den Dienst ihrer eigenen sozialen und religiösen
Vorherrschaft zu stellen, ohne deren Bedeutung zu verleugnen.

Die wichtigste Tugend dieser westlichen Bischöfe hatte ihre Wurzeln
nicht in der christlichen spirituellen oder asketischen Tradition, sondern
es war die *Pietas*, die zentrale Tugend, die seit der Antike mit der patriarchalischen Rolle des Kaisers als *Pater patriae* und seit Konstantin ganz
allgemein mit hohen Staatsämtern assoziiert wurde. Diese im wesentlichen konservative Tendenz stärkte darüber hinaus die Macht der senatorischen Aristokratie, die als einzige Schicht solche Persönlichkeiten
hervorbringen konnte und deshalb praktisch alle gallischen Bischöfe
stellte. Die Bischofssitze der gallischen Städte wurden über Generatio-

nen hinweg meist mit Angehörigen bestimmter mächtiger Senatorenfamilien besetzt, die mit Hilfe dieser Ämter die Interessen ihres Ge-
schlechts vorantrieben. Schon bevor die letzten Spuren der römischen
Verwaltung im Westen verschwunden waren, entstand ein System, das
man mit Recht als Bischofsherrschaft und als eines der dauerhaftesten
Merkmale der westlichen politischen Landschaft bezeichnet hat.[6]

Allmählich fanden jedoch unter dem Einfluß so außergewöhnlicher
Männer, wie Hilarius von Arles, sowie östlicher monastischer Traditionen, die über die Insel Lérins an der provenzalischen Küste nach Gallien
gelangt waren, asketische Ideale der östlichen Christenheit Eingang in
die bischöfliche Tradition, wenn auch nicht immer in der Praxis, so doch
zumindest in der Theorie. Das Bischofsamt war im 5. Jahrhundert so eng
mit der gallorömischen Aristokratie verbunden, daß die von diesen
neuen Werten ausgehende Wirkung im Westen nicht nur auf das Selbstverständnis des Bischofsamtes, sondern auch auf das der Aristokratie über-
griff. In zunehmendem Maße erblickte die Aristokratie im Episkopat ihre
zentrale Institution, und allmählich begann sie, sich selbst und ihre *Romanitas* im Sinne christlicher Wertvorstellungen neu zu definieren.

Die Verlierer: alle anderen

Unter diesen Umständen erstaunt es nicht weiter, daß sich die Position
des oben erwähnten gallorömischen Aristokraten am burgundischen
Hof so wenig verändert hatte, daß ihm die Auflösung des römischen
Imperiums entgangen war. Es verwundert auch nicht, daß der Grund,
der zu seiner Begegnung mit dem heiligen Mann geführt hatte, die Not
der Armen war. Sie waren die Opfer der kaiserlichen Besteuerung gewesen und waren nun Opfer des senatorischen Adels. Auch sie werden den
Zerfall des Römischen Reiches nicht wahrgenommen haben, und zwar
aus dem einfachen Grunde, weil sich die Beauftragten (*agentes*), die ihre
Abgaben eintrieben, ob sie nun Steuereinnehmer oder Grundherren hie-
ßen, von Regime zu Regime und von Jahrhundert zu Jahrhundert nur
wenig änderten. Wie wir sehen werden, wurden die im 4. Jahrhundert
eingeführten Steuern noch im 8. Jahrhundert in kaum veränderter Form
erhoben.

Die Wirtschaft des gesamten Imperiums beruhte natürlich überwiegend, besonders im Westen, auf der Landwirtschaft. Ursprünglich war
die Landarbeit außerhalb von Italien und Spanien nicht von Sklaven,
sondern meistens von freien, als *coloni* bezeichneten Pächtern geleistet

worden. Dies mag teilweise am Preis der Sklaven und ihrer relativ geringen Effizienz als Landarbeiter gelegen haben, ganz sicher aber auch daran, daß freie *coloni* anders als Sklaven wehrpflichtig waren und das Staatsinteresse die Aufrechterhaltung eines umfangreichen Rekrutenpotentials erforderte.

Selbst wenn Sklaven in der Landwirtschaft eingesetzt wurden, erhielten sie normalerweise ein Stück Land zur Bearbeitung, wofür sie Abgaben entrichteten. Häufig konnten sie nicht ohne ihr Land verkauft werden. Sie durften Eigentum erwerben, das sie an ihre Kinder vererben konnten, und oft heirateten sie in die unteren Schichten der freien Gesellschaft ein.

Im Laufe des 3. Jahrhunderts ließ sich der Status freier Landpächter oder *coloni* allmählich nicht mehr von dem der *servi* oder Sklaven unterscheiden. Unter Diokletian wurden Bauern, die kein eigenes Land besaßen, unter dem Namen ihres Grundherrn auf dem Grund registriert, den sie bearbeiteten, und so an das Land gebunden, für welches sie die *capitatio* und die *annona* entrichteten. Diese Regelung begünstigte die Grundbesitzer, denen auf diese Weise Arbeitskräfte erhalten blieben, aber auch das Imperium, das die Grundherren mit der Steuereinziehung beauftragen konnte. Gegen Ende des 4. Jahrhunderts unterschieden sich in vielen Reichsteilen die *coloni* nur noch dadurch von Sklaven, daß sie rechtsfähig waren, und auch dies nur in eingeschränktem Umfang: Sie waren an das Land, auf dem sie geboren waren, gebunden, durften es nicht verlassen und hatten den Grundbesitzer nicht nur als *patronus*, sondern auch als *dominus* zu respektieren.

Zwar gab es in der Spätantike auch noch freie Bauern mit eigenem Landbesitz, aber sie wurden immer seltener. Ohne den Schutz mächtiger Herren oder kaiserliche Gunst waren sie die häufigsten Opfer der Steuereintreiber, und literarische Zeugnisse lassen vermuten, daß ihr Los sich von dem der *coloni* oft kaum unterschied.

Wer sich diesem Steuersystem nicht entziehen konnte, hatte nur wenige Alternativen zum Überleben. Berichte aus Gallien vom ausgehenden 3. Jahrhundert erwähnen wiederholte Aufstände der Bagauden, heterogener Gruppen von Provinzbewohnern, die die Besteuerung zur Rebellion getrieben hatte. Diese Bedrohung war so ernsthaft, daß zu ihrer Bekämpfung mehrfach Militär eingesetzt werden mußte. Neue Aufstände brachen 417, 435–437, 442, 443 und 454 aus. Die Unterdrückung dieser Erhebungen erforderte umfangreiche militärische Operationen. In einigen Fällen handelte es sich nicht einfach um unkoordinierte bäuerliche Gewaltausbrüche, sondern um regelrechte Separatistenbewegungen, die die römischen Beamten und die Grundherren vertrieben und sowohl eine Armee als auch ein Justizsystem aufbauten. In allen Fällen aber waren diese Aufstände zum Scheitern verurteilt; sie wurden mit der ganzen Macht der kaiserlichen Armee niedergeschlagen wie bei den Bagauden in Aquitanien nach 440, zu deren Vernichtung die Westgoten ausgesandt wurden.

Erfolgreicher als die Bagauden waren die Bischöfe, die aufgrund ihres sozialen und politischen Gewichts die Kommunen repräsentieren und schützen konnten. Den Typus dieser adligen Bischof-Protektoren personifiziert am besten Germanus von Auxerre, der im späten 4. Jahrhundert den Rang eines Generals bekleidet hatte, bevor er Bischof wurde. Als zum Beispiel Gallien mit einer ungewöhnlich hohen Besteuerung belegt wurde, reiste er zweimal nach Arles und bemühte sich um eine Steuersenkung, während andere als Bagauden zu den Waffen griffen. Die Aufständischen wurden schließlich besiegt, ihr Anführer getötet; Germanus hingegen gelang es, eine Steuererleichterung zu erwirken. Kein Wunder also, daß er aus weit entfernten Gegenden, wie der Provinz Armorica und sogar aus Britannien, gebeten wurde, sich für Steuererleichterungen einzusetzen, woraufhin er bereitwillig Reisen zu dem Prätorianerpräfekten in Arles und sogar an den Kaiserhof in Ravenna unternahm. Im Laufe der Zeit kam es zu einer Übertragung der Heldentaten der Bagauden auf Bischöfe wie Germanus, die Erinnerung an diese wurde christlich transzendiert, so daß sie zu Märtyrern wurden.[7]

Um eine Steuererleichterung zu erlangen, konnte ein in wirtschaftliche Not geratener Freier auch einen anderen Weg einschlagen; er konnte sich in das *patrocinium* reicher, mächtiger Senatoren oder anderer Notabeln begeben, die kraft ihrer militärischen Macht oder ihres Reichtums im Umgang mit lokalen Kurialen und sogar mit kaiserlichen Steueragenten größere Druckmittel zur Hand hatten. Mit dieser Option begab sich der einzelne jedoch in die Hand seines Patrons, selten eine wünschenswerte Situation.

Die letzte und wohl am häufigsten gewählte Möglichkeit bot die Flucht. Die ganze Spätantike hindurch war aufgegebenes Ackerland *(agri deserti)* eine allgemein verbreitete Erscheinung, weil die Bauern, Freie wie Unfreie, vor den Zwangsmaßnahmen der Grundherren und Steuereintreiber einfach flohen, im allgemeinen, um *coloni* anderer Grundherren unter günstigeren Umständen zu werden. Da die Steuerlast des brachliegenden Landes vom Grundherrn aufgebracht werden mußte, waren viele Grundbesitzer nun ihrerseits gezwungen, ihr Land aufzugeben. Auf dem Höhepunkt der Landfluchtbewegung scheinen schätzungsweise 20 Prozent der landwirtschaftlich nutzbaren Fläche des Imperiums betroffen gewesen zu sein. Ein Teil dieser Landflucht ging wohl auch auf die Erschöpfung der Böden zurück, ihre Hauptursache waren jedoch die unerfüllbaren Steuer- und Abgabenverpflichtungen. Die Auswirkungen waren katastrophal; denn wenn die Felder nicht bebaut wurden, bedeutete dies, daß die Steuereinnahmen anderswo erzielt werden mußten und die Belastung der noch bewirtschafteten Höfe weiter anstieg. Darüber hinaus führten die Versuche, verlassenes Ackerland wieder zu rekultivieren, zu großangelegten Ansiedlungen von Barbaren innerhalb des Reiches.

Die Flucht und Aufgabe von zu hoch besteuertem Land und die Unterwerfung unter Grundherren, die mächtig genug waren, um Bauern und Handwerker vor Steuerforderungen zu schützen, hatte eine wachsende Privatisierung des Westens zur Folge. Am Ende des 5. Jahrhunderts war die Gesellschaft auf dem besten Wege, zu einer zweigeteilten Welt zu werden. Auf der einen Seite standen die reichen, unabhängigen Aristokraten, die selbst praktisch öffentliche Institutionen waren, und auf der anderen Seite die von ihnen Abhängigen, die an das Land gebunden und wirtschaftlich und politisch ihren Schutzherren ausgeliefert waren. Weder die Elite, der es gelungen war, sich selbst kulturell, sozial und politisch von den Institutionen des Imperiums zu lösen, noch die Masse, die in der Unterwerfung unter diese Elite Schutz vor den Ansprüchen des Imperiums suchte, hatte irgendeinen Anlaß zur Trauer darüber, daß romanisierte barbarische Königreiche an die Stelle eines barbarisierten römischen Weltreiches traten.

II. Die barbarische Welt bis zum 6. Jahrhundert

Wachstafeln wie diejenige, auf der das Geschäft unsers germanischen Herdenbesitzers Stelus mit dem römischen Händler Gargilius Secundus verzeichnet wurde, stellten wahrscheinlich die einzigen schriftlichen Dokumente dar, mit denen er und seine barbarischen Zeitgenossen jemals in Berührung kamen. Abgesehen von dem gelegentlichen Gebrauch von Runen, jener rätselhaften Zeichen, die meist für rituelle Zwecke in Holz oder Stein eingeritzt wurden, sollte es Jahrhunderte dauern, bis die Nachkommen dieser Menschen sich der Schrift bedienen konnten, und noch länger, bis sie ihre Gedanken und ihr Leben in ihrer eigenen Sprache niederschreiben konnten. Wenn daher Historiker versuchen, die barbarische Welt der Spätantike zu verstehen, müssen sie sich stets der schriftlichen Zeugnisse der zivilisierten griechischen und römischen Nachbarn der Barbaren bedienen, mit denen diese in Kontakt kamen. Das ist zwar unumgänglich, aber auch gefährlich, weil die antiken Ethnographen und Geschichtsschreiber bei der Schilderung der barbarischen Welt ihre eigenen Absichten verfolgten und nach Methoden verfuhren, die kaum dem entsprechen, was man heute deskriptive Völkerkunde nennt. Angesichts einer nach völlig fremden Prinzipien in Stämmen organisierten Welt bemühten sich die antiken Autoren, in das, was ihnen als Chaos erschien, Ordnung zu bringen; und die Ordnung, die sie wählten, war die anerkannte griechische ethnographische Tradition, in der die Schriftsteller spätestens seit Herodot „Barbaren" beschrieben hatten.

Meist ohne absichtliche Verfälschungen oder offenkundige Lügen in die Einzelheiten ihrer Beschreibung einfließen zu lassen, versuchten die antiken Beobachter der Barbaren, diese fremden Völker mit Hilfe einer *interpretatio Romana* verständlich zu machen, indem sie diese in die ihnen vertrauten kulturellen und sozialen Kategorien einordneten. Vielleicht aus Neugier, Angst, moralischem oder missionarischem Eifer ordneten sie ihre Erkenntnisse nach vorgefaßten Strukturen und schilderten die Objekte ihrer Darstellungen mit einem tradierten Vokabular und in Bildern, die ihren eigenen Vorstellungen entsprachen.

Diese Tendenz, die Barbaren nicht mit ihren eigenen Kategorien, sondern in denjenigen der sogenannten Zivilisation zu erfassen, war besonders bei römischen Gelehrten ausgeprägt, die wie Plinius (23–79 n. Chr.) und Tacitus (55–116/20 n. Chr.) ihre eigene Erfahrung und die ihrer griechischen Vorgänger nutzten, um die Welt jenseits des Limes zu beschreiben. Die Römer waren nicht allzu kreativ; sie waren in erster Linie Organisatoren. Ihr wichtigster Beitrag bestand darin, daß sie dem vielfältigen Chaos, das sie von den eroberten Völkern erbten, Struktur, Form und Gesetzmäßigkeit verliehen. In der Architektur geschah dies durch den Ausbau und die Wiederholung einfacher Formen von den Gewölben und Arkaden zur Einfassung und Gestaltung großer Räume; eine Höchstleistung vollbrachten sie im Bereich der Verwaltung, indem sie einen riesigen Vielvölkerstaat aufbauten und organisierten. Als die Römer sich der barbarischen Welt zuwandten, nahmen sie ebenfalls eine gewaltige organisatorische Aufgabe in Angriff, zunächst intellektuell, als sie die Barbaren in einer Weise beschrieben, die römische Ordnungs- und Wertvorstellungen auf diese sonst unverständliche Welt übertrug, und dann politisch, indem sie die Barbaren durch aktive Diplomatie, militärische Unternehmungen und die Verlockungen ihrer Kultur allmählich in den römischen Einflußbereich brachten.

Für den zivilisierten Römer näherte man sich mit jedem Schritt, den man sich von der Stadt und ihren kulturellen und politischen Strukturen entfernte, der Welt der Tiere. Schließlich galt der Mensch als *zoon politikon*, als das Wesen, für das sich das Leben in der urbanen Polis am besten eignete. Besonders stark ausgeprägt ist diese Sichtweise bei Autoren wie Tacitus; obwohl er einerseits das Ausmaß beklagt, in dem die germanischen Stämme durch die römische Zivilisation korrumpiert wurden, beschreibt er die Menschen als immer wilder und bestialischer, je weiter er sich von der römischen Welt entfernt. Als Extremfall betrachtet er die *Fenni*, die keine Pferde und keine Waffen besitzen; sie essen Gras, kleiden sich in Felle und schlafen auf dem Boden. Die Arbeit ist nicht nach Geschlechtern aufgeteilt, und sie besitzen nicht einmal eine Religion. Damit leben sie am äußersten Rande dessen, was für einen Römer Menschsein bedeutet. Jenseits dieses Stammes, fährt Tacitus fort, „ist nun schon Märchen: daß die Hellusier und Oxionen Gesicht und Antlitz von Menschen, aber Leib und Glieder von Tieren haben“.[1]

Daher überrascht es nicht, daß in der römischen Völkerkunde Barbaren mit fast monotoner Gleichförmigkeit beschrieben werden: Alle Barbaren glichen einander und waren sowohl in ihren Tugenden als auch ihren Lastern eher den Tieren als den Römern verwandt. Sie waren in der Regel groß, plump und übelriechend; sie lebten nicht nach festen, schriftlich fixierten Gesetzen, sondern nach sinnlosen, unberechenbaren

Gewohnheiten. Im Krieg waren sie stolz und gefährlich, im Frieden dagegen faul, leicht reizbar und streitsüchtig. Sprichwörtlich war ihre Treulosigkeit gegen Menschen außerhalb ihres Stammes; durch Trunksucht und andauernde Händel führten sie ihren eigenen Niedergang herbei. Ihre Sprache glich eher dem Geschrei von Tieren als der menschlichen Sprache, ihre Musik und ihre Poesie waren roh und ohne Maß. Soweit sie Heiden waren, stellte ihre Religion ein von Aberglauben entstelltes Zerrbild der römischen Religion dar. Waren sie christlicher Religion, so vertraten sie eine grobe, häretische Version des wahren Glaubens.

Diese Völker kamen in einem scheinbar nie versiegenden Strom aus dem Norden, der „Gebärmutter der Völker", auf der Suche nach Land vorwärtsgetrieben durch ein unablässiges Bevölkerungswachstum. Diese Barbaren waren einander in gewisser Weise alle so ähnlich, daß man sie allesamt für ein einziges Volk halten konnte. Es schien niemals neue Völkerschaften zu geben, vielmehr wurden diejenigen, die vernichtet oder zerstreut worden waren, ständig durch nachrückende ersetzt.

Dennoch bemühten sich die römischen Geschichtsschreiber und Ethnographen gewissenhaft, diese chaotischen Horden zu klassifizieren, zu beschreiben und bestimmten Regionen und Gruppen zuzuordnen, was zwar eine Herkulesarbeit verlangte, aber damit auch genau das, was den Römern am meisten lag. So findet man in römischen Schriften außerordentlich detaillierte Beschreibungen der verschiedenen germanischen und skythischen Völker, eingeteilt nach Herkunft, Sprache, Sitten und Religion. Und auch dabei wurde nach bester römischer Tradition Ordnung in ein Chaos gebracht.

Über die Methode, die klassifizierenden Kategorien, Stereotypen und Absichten dieser Literatur und damit die Art, wie Römer das Barbarentum betrachteten, braucht man sich nicht zu wundern; sie waren eng mit der klassischen Kultur verbunden. Weit erstaunlicher ist wohl, daß sich nur wenige Konstrukte der Römer als so zählebig erwiesen haben wie ihr Bild von den Barbaren im allgemeinen und den germanischen Stämmen im besonderen. Die antike Ethnographie hinterließ ein zweifaches Erbe. Zum einen – und das ist für uns am wichtigsten – prägte sie die ganze Spätantike und das Frühmittelalter hindurch die meisten historischen Beschreibungen der Germanenstämme. Viele moderne Mediävisten stellen an den Anfang ihrer Werke Karten, die auf der *Germania* des Tacitus und den *Commentarii* Caesars basieren, und sie bemühen sich eifrig, die Barbarenvölker der Völkerwanderungszeit dem einen oder anderen bei Tacitus erwähnten Stamm zuzuordnen. Noch bedeutsamer wurde, daß viele Historiker dazu neigten, die im 1. Jahrhundert von Tacitus verfaßte

Beschreibung der germanischen Sitten unmittelbar auf die Goten, Franken, Burgunder und andere im 4. und 5. Jahrhundert ins Römische Reich eingedrungene Völker zu übertragen, und daß sie glaubten, die Entwicklung der gesellschaftlichen und politischen Institutionen der germanischen Königreiche mit den Kategorien dieser älteren Stammesgewohnheiten erklären zu können, was etwa dem Versuch entspricht, mit Hilfe einer Beschreibung Neuenglands aus dem 17. Jahrhundert die amerikanischen Verhältnisse des 20. Jahrhunderts darzustellen. Außerdem tendierten sie dazu, die antiken Beschreibungen barbarischer Sitten, Verhaltensweisen und des Barbarentums überhaupt als Erklärung für den im Frühmittelalter erfolgenden Prozeß der Eroberung und Siedlung heranzuziehen.

Ideologisch folgenschwerer war zweitens, daß die antiken Darstellungen zutiefst die Art und Weise formten, in der große Teile Europas und Amerikas das neuzeitliche Deutschland wahrnehmen. Im 19. Jahrhundert beflügelten phantastische Vorstellungen über primitive kommunistische Gesellschaften und eine religionsähnliche Freiheitsliebe der altgermanischen Völker die junge sozialwissenschaftliche Spekulation. In den dreißiger Jahren des 20. Jahrhunderts konstruierten nationalsozialistische Ideologen einen Zusammenhang zwischen der Errichtung des „Dritten Reiches" und den Stämmen der *Germania* des Tacitus, indem sie die Geschichte der Völkerwanderung als integralen Bestandteil der Geschichte von „Deutschlands Volk und Nation" interpretierten. Während dieser Versuch, eine mythische germanische Vergangenheit für moderne Propagandazwecke zu nutzen, nach dem Zweiten Weltkrieg erfolgreich überwunden worden ist, erblicken diejenigen, bei denen die europäischen Kriege des zu Ende gehenden Jahrhunderts einen Rest von Mißtrauen und Feindseligkeit gegenüber Deutschland und den Deutschen hinterlassen haben, im negativen Urteil der antiken Autoren über Stolz, Faulheit, Streitsucht, Trunksucht und Treulosigkeit der Germanen brauchbare Erklärungen für einen Großteil der jüngeren deutschen Geschichte.

Beide Tendenzen sind ebenso bedauerlich wie irreführend. Die antiken Quellen müssen mit großer Sorgfalt und in Kenntnis der Vorurteile und Traditionen der antiken Geschichtsschreibung interpretiert und unter Berücksichtigung der von Archäologen gesammelten Erkenntnisse gelesen werden. Die Forschung muß die von den Autoren gelieferten wertvollen Informationen sehr bedacht auswerten und sich dabei des Systems bewußt sein, innerhalb dessen griechische und römische Autoren ihre Beobachtungen zu strukturieren versuchten. Darüber hinaus darf man weder im Guten noch im Schlechten einen Zusammenhang zwischen der Geschichte der barbarischen Völker und der „deutschen Geschichte" im modernen Sinne konstruieren, sondern sie ist als Teil der Geschichte der Spätantike zu betrachten. Als solche gehört sie nicht enger zur Geschichte des modernen Deutschland als zu der Frankreichs, Italiens oder auch der Vereinigten Staaten.

Die barbarische Gesellschaft vor der Völkerwanderung

Versuchen wir, die Welt unseres germanischen Viehzüchters Stelus mit Hilfe der materiellen Ergebnisse der Archäologie und nicht aus den Schriften römischer Autoren zu rekonstruieren, so betreten wir sehr ungewohntes und verwirrendes Terrain. Erstens finden wir nicht nur keinen wissenschaftlichen Beweis für die Unterteilung der germanischen Völker in zahllose Stämme, sondern es fällt uns sogar sehr schwer, diese von Kelten und Balten klar zu unterscheiden. Die von den antiken Autoren meist als Germanen bezeichneten Völkerschaften bestanden aus einem komplexen Gemisch von Völkern, von denen sich einige zweifellos in Sprachen verständigten, die zur indogermanischen Sprachenfamilie zählten. Andere dagegen waren Balten, Kelten und Finnen, die ständig absorbiert wurden und neue soziale Gruppen bildeten. Da aus der frühesten Periode der „germanischen" Kultur keine sprachwissenschaftlichen Erkenntnisse vorliegen, ist eine Beurteilung aus archäologischer Sicht zuverlässiger. Danach stammte die germanische Gesellschaft von Völkern der Eisenzeit ab, die in den nördlichen Teilen Mitteleuropas und den südlichen Regionen Skandinaviens im 6. Jahrhundert v. Chr. auftraten. Die früheste Phase dieser Gesellschaft, die als Jastorf-Kultur bekannt ist, ist mit der frühen Eisenzeit der Hallstatt- und La-Tène-Kulturen weiter südlich und westlich zeitgleich und von diesen oft nicht zu unterscheiden. Ihre charakteristischsten Merkmale sind, soweit sie unsere Untersuchung betreffen, die Bedeutung der Rinderzucht und die Kunst der Eisenbearbeitung, wobei sie mit dem ersten Punkt mit den benachbarten Kelten und Balten übereinstimmt, sich im zweiten dagegen von ihnen in mancher Hinsicht abhebt.

Die germanische Kultur

Da sich die germanischen Siedlungen nach Form und Größe sowie nach klimatischen und geographischen Bedingungen stark voneinander unterscheiden, lassen sich kaum allgemeingültige Aussagen treffen. Außer an der Küste wurden sie meistens am Rande extensiv bewirtschafteter natürlicher Lichtungen errichtet. Die an der Nordseeküste und zwischen Rhein und Oder siedelnden Germanenstämme errichteten relativ große Holzhäuser, die von vier Pfostenreihen gestützt wurden, welche den Innenraum in drei parallele Räume teilten. Darin wohnte nicht nur die Familie, sondern sie beherbergten auch das kostbare Vieh, dessen Körperwärme im Winter die Familie warmzuhalten half. In dieser sehr typischen Form des germanischen Hauses lebten die Menschen in einem großen Raum, der vom übrigen Gebäude durch eine Innenwand mit einer Türöffnung getrennt war. Jenseits dieser Tür lag eine doppelte Reihe von Viehständen, die durch einen Mittelgang getrennt waren. Die Anzahl der Tiere, die gehalten werden konnten, schwankte beträchtlich. Einige Häuser konnten nur zwölf, andere sicher dreißig oder mehr aufnehmen.[2]

Weiter landeinwärts, im heutigen Westfalen und in dem Gebiet zwischen Elbe und Saale, bauten die Germanen eine andere Art von Häusern. Hier war das traditionelle Wohngebäude, wie die Ausgrabung in einem Dorf im Hardt bei Zwenkau in der Nähe von Leipzig zeigt, ein schmales, rechteckiges Haus, wie es schon aus der Bronzezeit bekannt ist. Auch diese Häuser wurden von Pfosten getragen, hatten aber keine zusätzlichen Trägerpfosten im Inneren und waren im allgemeinen zwischen fünf und sieben Meter lang und nur drei bis vier Meter breit. Daneben wurden verschiedene Gebäude errichtet, darunter große Häuser mit zwei Räumen und einer Grundfläche bis zu 60 Quadratmeter, lange schmale Häuser mit 25 Quadratmetern Bodenfläche und kleinere, fast quadratische Gebäude mit etwa 12 Quadratmetern Grundfläche, die offenbar als Scheunen oder Ställe dienten. Schließlich bauten einige germanische Gemeinschaften in der Elbe-Oder-Region, zum Beispiel in Zedau bei Osterburg, kleine, teilweise unter der Erde gelegene Gebäude von etwa 12 Quadratmetern, die wahrscheinlich hauptsächlich als Vorratskammern dienten.

Unabhängig von der Form der Häuser bildeten diese meist kleine Dörfer, die sich von Ackerbau und Viehzucht und, wo es möglich war, von Fischfang ernährten. Ein Dorf bei Leipzig bestand zum Beispiel aus zwei der oben beschriebenen größeren Häuser und sechs kleineren Häusern mit ihren Nebengebäuden.

Das wichtigste Getreide war Gerste, daneben Weizen und Hafer. Bohnen und Erbsen wurden ebenfalls recht häufig angebaut. In Küstengebieten wurde Flachs angepflanzt, mehr zur Ölgewinnung als zur Herstellung von Leinen, das als Bekleidung nicht weit verbreitet war. Die Felder waren in annähernd rechteckige Flächen eingeteilt, deren Größe stark schwankte. Aufbau und Anordnung lassen darauf schließen, daß Fruchtwechsel üblich war, damit der Boden sich von der intensiven Nutzung erholen konnte. Die Felder wurden durch Kalkzusatz und bei lange genutzten Flächen auch durch Dung verbessert; erschöpfter Boden wurde mitunter aufgegeben und durch Brandrodung neues Ackerland gewonnen.

Die Bestellung der Felder erfolgte auf zwei Arten, die offensichtlich beide aus der Bronzezeit stammten. Die meisten Felder wurden mit einem ziemlich einfachen Hakenpflug bearbeitet. Dieses einfache hölzerne Gerät, das von Ochsen gezogen wurde, bestand im wesentlichen aus einer Pflugschar oder einem Pflugmesser, das in den Boden einschnitt, und einem Handgriff zur Führung. Es besaß kein Streichbrett zum Wenden und Belüften des Bodens und mußte daher zweimal im rechten Winkel durch das Feld gezogen werden, um die Erde richtig vorzubereiten.

Neben diesen ziemlich leichten Pflügen wurden einige Felder mit einem schwereren Pflug kultiviert, der sich zum Wenden und Belüften des schweren nordeuropäischen Lehmbodens eignete. Obwohl derartige Geräte nicht erhalten sind – kaum erstaunlich, da sie aus Holz bestanden und nur für die Pflugschar etwas Eisen benötigt wurde –, zeigen sorgfältige Untersuchungen der Mutterböden und Untergrundschichten einiger keltischer und germanischer Felder, daß der Boden tatsächlich auf eine Weise gewendet wurde, die deutlich für den Gebrauch eines derartigen Gerätes spricht.

Das Getreide wurde mit einer Sichel geerntet, in mancher Hinsicht ein Rückschritt, bedenkt man den Gebrauch von Sichel und Sense in der keltischen Welt, auch wenn die eisernen Sicheln der germanischen Bauern vermutlich wirksamer gewesen sind als die Bronze- und Feuersteingeräte der Kelten. Das Getreide blieb am Halm und wurde oft leicht angeröstet, um es vor dem Verderb zu bewahren, und dann in erhöhten und mit Erde verschlossenen Kornspeichern aus Holz aufbewahrt. Wenn Getreide benötigt wurde, wurde es vom Stroh getrennt und gedroschen. Die Körner wurden von Hand mit einem einfachen Mühlstein, wie er seit Jahrtausenden in Gebrauch war, gemahlen. Nach und nach begannen zur Zeit des Stelus und unter dem Einfluß der benachbarten Kelten und Römer einige germanische Stämme zwischen Elbe und Rhein, besser konstruierte und leistungsfähigere, drehbare Mühlsteine zu gebrauchen. Nach dem Mahlen wurde das Mehl zu einer Art Brei oder zu einem Teig verarbeitet, der auf Lehmplatten zu Fladen gebacken wurde. Ein beträchtlicher Teil des Getreides wurde auch zu einem starken, dickflüssigen Bier vergoren, das sowohl eine wichtige Nahrungsquelle als auch ein wesentliches Attribut des geselligen Lebens war.

Der Getreideanbau war für die germanische Gesellschaft lebenswichtig: Plinius beschreibt in seiner *Historia naturalis* das so gewonnene Produkt als das wichtigste Grundnahrungsmittel der Germanen.[3] Aber landwirtschaftliche Arbeit verschaffte kein gesellschaftliches Ansehen, die Konservierung, das Mahlen und die Zubereitung der Nahrung blieb den Frauen überlassen – ein eindeutiges Zeichen für den geringen Stellenwert, den sie in der von Männern beherrschten Gesellschaft besaßen. Diejenige bäuerliche Beschäftigung, die den germanischen Männern am meisten zusagte, besonders in den verhältnismäßig offenen Küstenzonen, war die Tierhaltung, insbesondere die Rinderzucht. Schon Caesar hatte festgestellt: „Ackerbau treiben sie mit wenig Eifer und ernähren sich hauptsächlich von Milch, Käse und Fleisch."[4] Zweifellos ist dieses Urteil angesichts der tatsächlichen Ernährungsgewohnheiten der germanischen Völker falsch, es gibt aber ihr kulturelles Selbstverständnis zutreffend wieder. Die Zahl der Rinder bestimmte das gesellschaftliche Prestige ihres Besitzers und war der wichtigste Maßstab für Reichtum und Einfluß. Rindvieh war in der traditionellen Gesellschaft in solchem Maße gleichbedeutend mit Wohlstand, daß der moderne englische Ausdruck *fee*, der aus dem mittelalterlichen *fief* abgeleitet ist, seinen Ursprung im germanischen Wort *fehu* (in heutigem Deutsch: *Vieh*) hat, was Rindvieh, bewegliches Eigentum und schließlich ganz allgemein Reichtum bedeutet. Die aus dem Lateinischen stammenden englischen Begriffe *cattle*, *chattle* und *capital* machten in der Spätantike eine ähnliche Entwicklung durch und sind von dem spätlateinischen *captale* abgeleitet, was Eigentum im allgemeinen und im engeren Sinne Viehbestand meint.

Neben Rindern züchteten die Zeitgenossen des Stelus in der Reihenfolge ihrer Bedeutung auch Schweine, Schafe, Ziegen und Pferde sowie die kurz zuvor eingeführten Hühner und Gänse. Entgegen der Vorstellung, die Germanen hätten sich ständig nur auf der Jagd befunden, lieferten Haustiere praktisch das gesamte Fleisch für die Ernährung. An den meisten archäologischen Fundstätten machten die Knochen von Wildtieren höchstens 8 Prozent aller tierischen Überreste aus, während der durchschnittliche Anteil der Reste von Haustieren bei 97 Prozent liegt. Die wichtigsten Jagdwildarten waren Hirsch und Wildschwein. Wildrinder, der Wisent und der Auerochse, wurden wahrscheinlich sowohl wegen des Felles und der Hörner als auch wegen ihres Fleisches gejagt. Der unbedeutende Anteil von Knochen solcher Tiere in dörflichen Siedlungen läßt jedoch darauf schließen, daß die Jagd als Sport, als Ertüchtigung für den Krieg oder zur Bekämpfung von Nahrungskonkurrenten der Haustiere betrieben wurde und nicht zur Ergänzung der Nahrung.

Angesichts der Bedeutung der Rinderzucht verwundert es nicht, daß die frühen germanischen Völker bei der Bewirtschaftung ihrer Herden sehr planmäßig vorgingen. Wie andere auch, schlachtete, tauschte oder verkaufte Stelus wahrscheinlich 50 Prozent seiner Rinder, bevor sie das Alter von dreieinhalb Jahren erreichten. Diese bildeten den entbehrlichen Zuwachs der Herde, die auf diese Weise immer etwa gleich groß blieb. Den Rest der Herde behielt er etwa zehn Jahre lang, in dieser Zeit dienten die Rinder zur Zucht und zur Milchgewinnung. Da noch ältere Tiere weniger Milch lieferten, wurden sie spätestens dann geschlachtet, getauscht oder an die Römer verkauft.

Schweine als futtersuchende Tiere wurden hauptsächlich in den waldreicheren Gebieten von Europa gehalten, und je weiter man sich von den Küstenebenen entfernt, desto mehr nimmt die Schweinezucht zu, während die Rinderzucht abnimmt. Auch Schweine unterlagen einer systematischen Auslese und Bewirtschaftung. Etwa 22 Prozent wurden im ersten Jahr, 28 Prozent im zweiten und 35 Prozent im dritten Jahr geschlachtet, wenn sie ein Gewicht von etwa einem Zentner erreicht hatten.

Alle Teile der Tiere wurden verwertet, sei es als Nahrung oder zur Herstellung von Kleidung, Schilden oder Gerätschaften. Das Fleisch wurde roh, gebraten, gebacken oder gekocht verzehrt. Es wurde durch Räuchern, Trocknen oder, wenn Salz zur Verfügung stand, durch Einsalzen haltbar gemacht. Milch wurde frisch verbraucht oder zur Aufbewahrung eingedickt. Butter wurde sowohl verzehrt als auch in ranziger Form als Gewürz, Arznei und zur Haarpflege verwendet, eine Gepflogenheit, die von den Römern – die sich ihrerseits gerne mit Olivenöl einschmierten – mit Abscheu zur Kenntnis genommen wurde.

Das Handwerk

Im Gegensatz zu den Kelten stellten die germanischen Völker in den ersten Jahrhunderten ziemlich grobe Keramikgefäße und Gebrauchsgegenstände her. Ton, der fast überall zur Verfügung stand, wurde mit der Hand ohne Töpferscheibe bearbeitet und zu einfachen Gegenständen wie Töpfen, Gefäßen verschiedener Art, Schöpfkellen und Spinngewichten geformt. Solche Gegenstände wurden mit recht einfachen geometrischen Mustern verziert, die entweder eingeritzt oder mit einem Rollstempel, der das Muster wiederholte, in den feuchten Ton eingedrückt wurden. Obwohl die Kelten schon lange Brandöfen kannten, brannten die Germanen offenbar ihre Keramikwaren im offenen Holzfeuer. Diese vorwiegend für den Alltagsgebrauch bestimmten und weniger dem Schmuck oder der Selbstdarstellung dienenden Gegenstände waren anscheinend wie die Getreidegewinnung das Werk von Frauen.

Frauen waren auch verantwortlich für Weben, Spinnen und die Herstellung von Textilien, über die wir vorwiegend durch den ausgezeichneten Erhaltungszustand der Kleidungsstücke in den durch Luftabschluß konservierten Grabstätten in den Mooren des Weser-Ems-Gebietes, Schleswig-Holsteins, Jütlands und der dänischen Inseln Kenntnis erhielten. Einige dieser sogenannten Moorleichen hatten einfache Begräbnisse, andere waren aber offenbar häufig die Opfer von Hinrichtungen oder rituellen Opferungen. Die Toten trugen an kleinen Webstühlen gewebte Kleidungsstücke aus handgesponnener Wolle. Die große Vielfalt der Muster und Schnitte der Kleidung weist auf einen unterschiedlichen Sozialstatus und möglicherweise verschiedene Dorfgemeinschaften hin. Die Völker nahe der Rheinmündung waren besonders bekannt für ihre feinen Wollstoffe, die sogar im römischen Raum geschätzt wurden.

Im allgemeinen kleideten sich die Frauen in lange, ärmellose Gewänder, die an den Schultern mit Fibeln oder Broschen zusammengehalten wurden. Der untere Teil der Kleidung, der durch einen Gürtel zusammengehalten wurde, war oft in Falten gelegt und ziemlich weit. Dazu trugen sie Blusen, Unterkleidung und ein Halstuch, Mädchen oft eine Art kurzen Wollrock und gelegentlich einen kurzen Pelzumhang.

Die Männer trugen wollene Hosen, Kittel und Umhänge aus Tuch oder auch Pelz. Manche Hosen waren lang und hatten sogar Füße; andere reichten nur bis zum Knie, den Unterschenkel bedeckten gewikkelte Bänder. Über der Hose wurde ein Kittel getragen und durch einen Gürtel zusammengehalten. Als Mantel diente ein langes rechteckiges Wolltuch, das an der Schulter mit einer Fibel befestigt und geschmückt wurde. Schuhe und Mützen aus Leder und im Winter ein Pelzumhang vervollständigten die Tracht.

Die Kleidung war neben der Haar- und Barttracht ein wichtiges Merkmal der sozialen Stellung. Dennoch genoß ihre Herstellung in der Gesellschaft kein hohes Ansehen. Das wichtigste und am weitesten entwickelte Handwerk der germanischen Völker der Antike war die Eisenbearbeitung. Im letzten vorchristlichen und im ersten nachchristlichen Jahrhundert nahm die Eisenproduktion in der germanischen Welt rapide zu. Das Rohmaterial war leicht zu gewinnen; denn Erz mit niedrigem

Eisengehalt lag in großen Teilen Nordeuropas frei zutage oder unter der Erdoberfläche, und die großen Wälder boten reichlich Holz zur Produktion von Holzkohle. Praktisch jedes Dorf oder jede Siedlung besaß eine eigene Produktionsstätte und verfügte über Spezialisten, die Eisengeräte und Schmuck herstellen konnten. Diese Männer – wie die Rinderzucht war die Eisenproduktion Männersache – bauten kleine einfache, aber wirkungsvolle Erdöfen, in denen sie das Erz auf Holzkohlefeuer ausschmolzen und mit Hilfe von Blasebälgen die dazu benötigten Temperaturen von 1300 bis 1600 °C erzeugten. Die Erdöfen faßten nur etwa einen Liter Erz und konnten in einem Arbeitsgang aus dem besten verfügbaren Erz höchstens 150 bis 250 Gramm Eisen erzeugen. Der gesamte Vorgang war zeitraubend und beanspruchte erheblichen Aufwand und großes Geschick. Er bestand aus nicht weniger als acht Arbeitsschritten, von denen drei jeweils unterschiedliche, sorgfältig zu kontrollierende Temperaturen erforderten. Im Vergleich zu den in der zivilisierten Welt damals schon verbreiteten rationelleren Techniken war die Ausbeute dürftig, die Qualität dieses Eisens aber außerordentlich hoch. In den Händen eines erfahrenen und geschickten Schmiedes konnte das Eisen gehämmert, gebogen, umgearbeitet und zu Stahl von ausnehmend hoher Qualität verarbeitet werden. Die feinsten Produkte dieser Schmiede, Schwertklingen mit einem biegsamen Innenteil aus weicherem Stahl und einem härteren Rand an der Schneide, waren großartige Beispiele für die Kunst der Waffenschmiede und der Ausrüstung der römischen Truppen weit überlegen.

Solche hochwertigen Gegenstände wurden aber insgesamt nur in geringer Stückzahl hergestellt. Bis weit ins Mittelalter hinein blieb die germanische Welt arm an Eisen, insbesondere was die Waffen betrifft. Gegenstände wie Langschwerter, die große Mengen Stahl erforderten, waren äußerst selten, ebenso die langen breitflächigen Lanzen, die später zu typisch germanischen Waffen wurden. Verbreiteter waren eiserne Pfeilspitzen und kürzere, einschneidige Schwerter. Eisen wurde auch für Schildbuckel verwendet, am häufigsten aber zur Herstellung von Werkzeugen zur Bearbeitung von Holz, das das wichtigste Material für die Gebrauchsgegenstände des Alltags war und blieb, und zur Anfertigung kleiner eiserner Ziergegenstände. Die Qualität der Produkte, die vermutlich meistens mittelmäßig ausfiel, hing ganz von dem jeweiligen Schmied ab.

Landwirtschaft und Handwerk der germanischen Völker dienten vorwiegend dem Eigenbedarf einer Subsistenzwirtschaft und nicht zu Handelszwecken. Zwar gab es innerhalb der germanischen Welt und zwischen den germanischen Stämmen und ihrer Umgebung einen Güterverkehr, doch beruhte dieser nicht primär auf dem Handel. Zwischen Einzelpersonen und Gruppen fand ein friedlicher Austausch primär in Form von Geschenken statt, der zwar freiwillig zu sein schien, in Wirklichkeit aber obligatorisch und normativ war. Geschenke zu machen war ein Mittel, Ansehen und Macht zu gewinnen. Den wahren Gewinn bei diesem Besitzwechsel machte nicht der Empfänger, sondern der Geber, der damit seine Überlegenheit demonstrierte und sich den Empfänger verpflichtete.

Noch höheres Ansehen verschaffte der Gewinn von Gütern und Vieh durch Raubzüge und Kriege. Er war mehr als alles andere für die germanische Gesellschaft kennzeichnend und definierte die gesellschaftliche Stellung. Raubzüge fanden vorwiegend zwischen Stämmen und innerhalb der Stämme zwischen Familien statt, die miteinander in Fehde lagen. Die Beute bestand in erster Linie aus Vieh und Sklaven. Die germanische Gesellschaft fand ihre Bestimmung, ihren Wert und ihre Identität in der Kriegsführung, und sowohl ihre wirtschaftliche als auch ihre gesellschaftliche Struktur waren auf dieses Ziel hin angelegt.

Die Gesellschaftsordnung

Die oben beschriebenen Gruppen hielten sich selbst niemals für ein Volk, dem man einen gemeinsamen Namen geben könnte. Der Begriff *germanisch* wurde von den Galliern geprägt. Dennoch haben Gelehrte lange versucht, die Germanen sowohl als ein Ganzes zu beschreiben als sie auch nach objektiven Kriterien in Gruppen einzuteilen. Der erste derartige Versuch der Neuzeit basierte ausschließlich auf sprachlichen Merkmalen aus einer Zeit nach der Völkerwanderung und teilte die germanische Welt in nordgermanische Völker einschließlich der Einwohner Skandinaviens, ostgermanische Völker, die die Goten, Burgunder und Vandalen umfaßten, sowie westgermanische Völker, zu denen unter anderem die Franken, Sachsen, Bayern und Alemannen zählten, ein. So verdienstvoll eine solche Unterscheidung der germanischen Sprachen nach der Völkerwanderung für die Linguisten auch sein mag – unter denen darüber allerdings beträchtliche Meinungsverschiedenheiten herrschen –, hilft uns dieses Schema doch wenig, die Unterschiede zwischen den germanischen Völkern des 1. und 2. Jahrhunderts zu verstehen. Nützlichere Unterscheidungsmerkmale bieten die oben beschriebenen materiellen Unterschiede und deren Vergleich mit späteren linguistischen Erkenntnissen. Daraus ergeben sich signifikante Unterscheidungsmerkmale für eine sinnvollere Einteilung der germanischen Völker in die elbgermanischen Stämme, das heißt die Völker, die zwischen Elbe und Oder lebten, die Rhein-Weser-germanischen Stämme, die zwischen diesen beiden Flüssen näher am römischen Limes siedelten, und die nordgermanischen Stämme, die die Küstenregionen bewohnten. Diese Einteilung scheint kulturelle und religiöse Gemeinsamkeiten widerzuspiegeln, die sich gelegentlich dadurch manifestierten, daß sich innerhalb dieser Gruppen für bestimmte Zwecke recht umfangreiche Zusammenschlüsse von Völkern bildeten. Jedoch sollte man sich diese Gruppen nicht als soziale, ethnische oder politische Einheiten vorstellen. Dazu war die Struktur der germanischen Gesellschaft viel zu fließend und komplex.

Die Überreste germanischer Siedlungen sind wichtige Zeugnisse der Sozialstruktur dieser Völker. Wie wir gesehen haben, lebten sie bevorzugt in kleinen Dörfern. Im Gegensatz zu allen Versuchen, in der Gesellschaftsstruktur der Germanen eine primitive Form des Kommunismus und der Gleichheit auszumachen, verfügten germanische Gemeinden schon im 1. Jahrhundert v. Chr. über eine breite Differenzierung in bezug auf Wohlstand und gesellschaftliche Stellung, und manche Belege lassen auf die Existenz einer homogenen Schicht schließen, die man als Adel bezeichnen könnte.

Die größte Schicht innerhalb der germanischen Gemeinschaften war die der Freien, deren Sozialstatus vorwiegend durch die Anzahl ihrer Rinder bestimmt wurde und deren Freiheit in ihrer Teilnahme an Kriegszügen zum Ausdruck kam. Die Anzahl der Rinder im Besitz eines einzelnen konnte innerhalb eines Dorfes sehr unterschiedlich sein und weist damit auf beträchtliche Unterschiede im Wohlstand hin. In einem bei Wesermünde ausgegrabenen Dorf fand man zum Beispiel einige Häuser, deren Ställe nur für zwölf Kühe ausreichten, während andere bis zu 32 Tieren Platz boten. In anderen Dörfern spricht die Anordnung von kleinen Gebäuden um ziemlich große, feste Häuser dafür, daß zumindest einzelne Einwohner Unfreie besaßen, die in Außengebäuden rund um das Haus des Vornehmsten wohnten.

Zur germanischen Gesellschaft gehörten auch Sklaven, gewöhnlich Kriegsgefangene. Normalerweise lebten sie in eigenen Haushalten und mußten ihre Herren mit bestimmten Mengen von Nahrungsmitteln, Vieh und Kleidung versorgen, auch wenn manche als Hirten oder Haussklaven eingesetzt worden sein dürften.

Die germanische Gesellschaft war eindeutig patriarchalisch aufgebaut, die Sippen unterstanden jeweils einem männlichen Oberhaupt. Der einzelne Haushalt wurde vom Vater beherrscht, der die Gewalt über alle

Familienmitglieder, seine Frau oder gelegentlich seine Frauen, seine Kinder, abhängigen Leute und Sklaven, ausübte. Die germanischen Stämme praktizierten die Polygamie; wer reich genug war, durfte zwei oder mehr Frauen haben, andere nur eine.

Die Familie war selbst ein fester Bestandteil der größeren Verwandtschaftsgruppe, der *Sippe* oder des *Clans*. Dieser weitere Kreis von Verwandten, dessen Umfang und Zusammensetzung die Forschung nur unter großen Schwierigkeiten bestimmen kann, umfaßte wahrscheinlich nicht mehr als 50 Haushalte. Er schloß vermutlich nicht nur die agnatischen Verwandten, das heißt die Verwandten des Hausvaters, sondern auch die cognatischen, das heißt die Verwandtschaft der angeheirateten Sippenmitglieder, ein. Die wichtigsten einigenden Prinzipien der Sippe scheinen nach innen das gemeinsame Bewußtsein der Verwandtschaftsbeziehungen, verstärkt durch eine besondere Art von „Frieden", der gewaltsame Auseinandersetzungen innerhalb der Sippe zu einem Verbrechen machte, für das es weder Wiedergutmachung noch Sühne gab, ein Inzestverbot und wahrscheinlich auch Eigentumsrechte des einzelnen gewesen zu sein. Nach außen war das stärkste einigende Prinzip die Verpflichtung, im Namen seiner Familie an Fehden der Sippe teilzunehmen und so für die Handlungen seiner Familie Verantwortung zu übernehmen. Solche Fehden scheinen mehr als alles andere die Größe einer Sippe bestimmt und begrenzt zu haben.

Die Sippe bildete zwar das grundlegende Ordnungsprinzip, war aber außerordentlich instabil und teilte und veränderte sich ständig. Da die Bewahrung des „Friedens" nach innen und die Teilnahme am Krieg nach außen eine Sippe konstituierten, konnte jeder Friedensbruch zur Gründung einer neuen Sippe führen; dies konnte auch geschehen, wenn die Verpflichtung zu gegenseitiger Hilfeleistung nicht erfüllt wurde. Und da die Gruppenbindungen bilateral waren, konnten mehrfache Eheschließungen zwischen zwei Sippen dazu führen, daß kleinere, weniger erfolgreiche Sippen in größere aufgenommen wurden. Die gleiche Instabilität herrschte in einem noch stärkeren Maße im Stamm, der übergeordneten sozialen Einheit.

Mehr als jede andere germanische Institution ist der germanische „Stamm" Opfer einer unkritischen Übernahme griechisch-römischer Vorstellungen geworden, wozu zum einen die Vorstellung der Römer über ihre eigene Stammesherkunft, zum anderen die griechische Ethnographie verleiteten. Der Stamm bestand aus einer sich ständig verändernden Gruppierung von Menschen, die durch gemeinsame Wertvorstellungen, Überlieferungen und Institutionen miteinander verbunden waren.

Wenn sich diese Gemeinsamkeiten veränderten, veränderten sich auch die Stämme. Sie vergrößerten sich, indem sie andere Gruppen absorbierten, sie spalteten sich und bildeten neue Stämme, oder sie gingen in stärkeren Stämmen auf. So stellten diese Gruppen während der gesamten germanischen Stammesgeschichte eher Prozesse als stabile Strukturen dar; ständig bildeten sich neue Stämme, wobei sich dieser Prozeß in manchen Zeiten allerdings beschleunigte.

Nach Tacitus glaubten die germanischen Völker, daß sie von dem Gott Tuisto abstammten, dessen Sohn Mannus der Urvater aller Germanen sei. Dieser Glaube an eine gemeinsame Abstammung zeigt sich in dem Wort *Stamm*. Sowohl das deutsche Wort *Stamm*, althochdeutsch *theoda*, als auch das griechische *ethnos* und das lateinische *gens* sind von Begriffen abgeleitet, die Verwandtschaft implizieren und so die Fiktion einer biologischen und genealogischen Abstammung von einem gemeinsamen Urahnen betonen. Der Glaube an diesen gemeinsamen mythischen Vorfahren und damit auch die ebenfalls mythische Reinheit des Blutes war ein wichtiger Bestandteil der Stammesidentität und die Grundlage anderer wichtiger Stammesmerkmale. In diesem Sinne bildete der Stamm eine einzige große Sippe oder Familie, die gemeinsame Werte und einen gemeinsamen „Frieden" besaß, welche zum Zusammenhalt verpflichteten.

Neben dem einigenden Glauben an einen gemeinsamen Ursprung teilten die Stämme auch kulturelle Traditionen. Obwohl die Forschung die gemeinsame Sprache früher als wichtigstes Element dieser kulturellen Traditionen betrachtete, steht keineswegs fest, daß die Sprache für die frühen Stämme diese Bedeutung besaß. Zentrale kulturelle Merkmale scheinen die Kleidung, die Haartracht, der Schmuck, die Art der Waffen, die materielle Kultur, der religiöse Kult und eine gemeinsame mündliche Geschichtstradition gewesen zu sein. Alle diese Merkmale trugen dazu bei, nicht nur die Stämme voneinander zu unterscheiden, sondern auch innerhalb eines Stammes die sozialen Unterschiede zu klären.

Die gemeinsamen Abstammungsmythen und kulturellen Überlieferungen bildeten die Grundlage für eine Rechts- und besonders für eine Friedensgemeinschaft. Für das Überleben eines Stammes war ein gemeinsamer „Frieden" bzw. eine Hemmung der Angriffslust, durch die gemeinsame Anstrengungen möglich wurden, von schlechthin existentieller Bedeutung. Dieser „Frieden" wurde gewahrt und verkörpert im Stammesrecht, dem Gewohnheitsrecht, welches den Umgang der Sippen untereinander sowie Streitfälle regelte. Das Wort *Freund* ist mit dem Wort *Frieden* eng verwandt. Mitglieder eines Stammes waren *Freunde*; sie waren an einem „Frieden" oder an einem nach überliefertem Recht geschlossenen Pakt beteiligt. Doch anders als der Frieden innerhalb der Sippe wurde dieser Frieden durch einen gewalttätigen Streit nicht gebrochen; vielmehr waren Rache und Fehde die normalen Mittel, mit denen Sippen innerhalb ihres Stammes Konflikte austrugen. Das Stammesrecht verbot oder mißbilligte nicht in erster Linie Gewalttätigkeiten innerhalb eines Stammes, sondern legte Regeln fest, nach denen diese Fehden auszutragen waren, und setzte bestimmte Grenzen für Zeit und Ort dieser Fehden. Insbesondere war Gewalt während religiöser Feste, bei den Versammlungen der Freien des Stammes und auf Kriegszügen verboten. Wer in solchen Zeiten die Friedenspflicht mißachtete, konnte vom Stamm selbst verurteilt und entweder hingerichtet oder verbannt werden. Wurde er zum Gesetzlosen erklärt – das war wörtlich jemand, der den Schutz des gewohnheitsrechtlichen Stammesfriedens nicht mehr genoß –, durfte er von jedermann getötet werden, ohne daß dieser Rache zu befürchten hatte.

Schließlich war der Stamm eine politische Gemeinschaft. Wenn er auch primär in Sippen gegliedert war, so erforderten gemeinsame Unternehmungen besonders militärischer Natur die Existenz größerer politischer Einheiten. Diese konnten größer oder kleiner als diejenigen Gruppen sein, mit denen sie andere kulturelle, mythische und gesetzliche Traditionen teilten. So konnten etwa verschiedene Stämme eine gemeinsame kultische Überlieferung, aber keine gemeinsamen politischen Institutionen besitzen; andererseits konnten sich verschiedene Gruppen vorübergehend für militärische Zwecke zusammenschließen.

Das höchste politische Gremium des Stammes war die Versammlung der freien Krieger. Diese Versammlung, das *Thing*, diente als höchstinstanzliches Gericht für Prozesse gegen Täter, die fundamentale Stammesgesetze gebrochen hatten, als Gelegenheit, sich zu treffen und Bindungen zwischen den Mitgliedern zu festigen, und nicht zuletzt als Kriegsrat. Organisation und Leitung dieser Versammlungen wie auch des gesamten Stammesverbandes waren von Stamm zu Stamm verschieden und veränderten sich innerhalb desselben Stammes im Laufe der Zeit erheblich. In einigen Stämmen standen die freien Männer bestimmter Abteilungen unter der Führung von „Herzögen", die von den Kriegern gewählt wurden oder aus angesehenen Familien stammen – oder auch beides. Diese Herzöge führten die Krieger in den Kampf und übten in Friedenszeiten in ihrem Stammesgebiet die Vorherrschaft aus.

An der Spitze einiger Stämme stand ein Herrschaftsträger, dessen Titel mit dem Wort „König" nur unzureichend wiedergegeben wird. Offenbar besaßen die germanischen Völker vor der Völkerwanderung zwei Arten von Königen, einen im wesentlichen religiösen und einen militärischen, wobei allerdings nicht alle Stämme beide Positionen kannten. Ersteren nennen die Quellen *thiudans* oder *sinistus*. Dieser König wurde wahrscheinlich aus einer königlichen Familie gewählt, das heißt aus einer Familie, die die ethnischen, geschichtlichen und kulturellen Traditionen des Stammes am stärksten verkörperte. Von diesem König berichtet Tacitus, er sei *ex nobilitate* gewählt, aufgrund seiner Abstammung aus einer adligen Familie. Vermutlich war dieser König mit dem traditionellen, verhältnismäßig stabilen, seßhaften Stamm eng verbunden, der vielleicht in sehr konfliktreichen Beziehungen zu seinen Nachbarn lebte, zumindest aber einem prekären Gleichgewicht der Gewalt. Der *thiudans* stand in enger Beziehung zu dem germanischen – in Wirklichkeit indogermanischen – Gott *Tiwaz*, dem Beschützer einer stabilen sozialen Ordnung und Garanten für Recht, Fruchtbarkeit und Frieden.

Die Rolle dieses Königs war bei den germanischen Stämmen sehr unterschiedlich. In einigen spielte er eine überwiegend religiöse Rolle, bei anderen führte er den Vorsitz der Versammlungen, bei wieder anderen konnte er auch das militärische Kommando übernehmen. Aber einige Stämme kannten dieses Königtum überhaupt nicht. Bei wiederum anderen wurde das Oberkommando einem nichtköniglichen Führer anvertraut, den Tacitus als *dux* bezeichnet. Er wurde wegen seiner militärischen Kompetenz gewählt und übernahm im Kriegsfall anstelle des Königs die Befehlsgewalt über den Stamm. Auf diesen militärischen Führer werden wir später noch ausführlicher eingehen.

Die Gefolgschaft

Wie wir sahen, bestand der Stamm aus Familien oder familienähnlichen Einheiten, die durch gemeinsame Glaubensinhalte und soziale Bindungen zusammengehalten wurden. Im Gegensatz zu dieser einheitsbildenden Struktur stand eine andere soziale Gruppe, deren Mitglieder aus allen möglichen Sippen und sogar Stämmen kamen und die sowohl die Quelle der Stärke eines Stammes als auch beträchtlicher Instabilität sein konnte. Dabei handelt es sich um die Kriegergemeinschaft, die Tacitus *comitatus* und die neuzeitliche deutsche Forschung Gefolgschaft nennt. Kriegsführung war, wie wir gesehen haben, die wichtigste Aufgabe germanischer Männer; sie bestimmte in hohem Maße ihr Ansehen und ihren Wohlstand. Innerhalb der Gesellschaft verbündeten sich daher einige junge Freie – wenn auch bei weitem nicht alle –, die nach Ruhm dürsteten, mit für ihre Fähigkeiten bekannten Führern und bildeten Eliteeinheiten bewaffneter Krieger. Sie traten in eine enge persönliche Beziehung zum Anführer, der für Unterhalt und Ausrüstung verantwortlich war und sie zu Sieg und Beute führen sollte. Die jungen Leute ihrerseits waren ihm vollständig ergeben, und es galt als Schande, nicht auch bis zum Tod zu kämpfen, wenn er in der Schlacht fiel. Die Gefolgschaft war nicht etwa die militärische Grundeinheit eines Stammes. Es handelte sich dabei vielmehr um Kriegergemeinschaften zum Zwecke ständiger Plünderung und Kriegsführung. Sie beteiligten sich zwar durchaus an den militärischen Unternehmen ihres Stammes, ihre eigenen Aktionen waren aber keine Stammeskriege, sondern Streifzüge auf eigene Faust, die den Frieden oder die bewaffnete Waffenruhe zwischen den Stämmen gefährden konnten. Diese Kriegergruppen waren deshalb zwar einerseits ein destabilisierendes Element innerhalb der ohnehin labilen Stammesstruktur, andererseits aber auch Keimzellen neuer Stammesbildungen. Die Größe seiner Gefolgschaft verlieh dem siegreichen Kriegsherrn hohes Ansehen und Macht, und gelegentlich konnten Spannungen innerhalb des Stammes dazu führen, daß sich die Kriegergruppe abspaltete und mit den von ihr Abhängigen einen neuen Stamm bildete.

Der Aufbau der germanischen Gesellschaft mit ihrer militärischen Struktur, den lockeren Sippenverbänden und der schwachen Zentralgewalt hatte eine permanente Instabilität zur Folge. Konflikte innerhalb der Stämme waren die Regel, und Einigkeit konnte nur durch Konzentrierung der Feindseligkeit gegen andere Stämme aufrechterhalten werden, was die Krieger beschäftigte und das Ansehen des Anführers mehrte, sowie durch religiöse und soziale Rituale, die den Zusammenhalt des Stammes stärken sollten. Dabei bewährte sich besonders der Austausch von heiratsfähigen Töchtern, ein Versuch, die Sippen miteinander zu verbinden und dadurch Fehden vorzubeugen oder sie zu beenden. Weitere Rituale zur Lösung von Konflikten waren Feste und Trinkgelage, auf denen demonstrativ Zusammengehörigkeit bekundet wurde. In den dörflichen Stammesgesellschaften hatten diese Anlässe große Bedeutung; denn gemeinsames Essen und vor allem Trinken waren äußerst wichtige Rituale zur Stabilisierung der fragilen sozialen Bindungen. Natürlich arteten solche Gelage nicht selten in zerstörerischen Streit aus, wenn im Rausch erhobene Anschuldigungen alten Groll wiederbelebten und neue Gewalttätigkeiten heraufbeschworen.

Es überrascht daher nicht, daß in rascher Folge Stämme auftauchen und verschwinden. Von Natur aus instabil, waren diese Einheiten ständigen Veränderungen unterworfen, wenn Sippen sich befehdeten und spalteten, wenn Krieger sich unabhängig machten und neue Stämme bildeten und wenn durch innere Streitigkeiten geschwächte Stämme von anderen Stämmen erobert und absorbiert wurden. Solange sich dieser Prozeß jedoch zwischen Germanen, Kelten und Balten vollzog, die alle in vergleichbaren materiellen und sozialen Bedingungen lebten, blieb diese Instabilität in einem gewissen Gleichgewicht. Erst der Kontakt mit den Römern sollte dieses Gleichgewicht zerstören.

Der römische Einfluß auf die germanischen Stämme

Obwohl die germanischen Stämme eng mit ihren keltischen und baltischen Nachbarn verbunden und von diesen oft nicht zu unterscheiden waren, war die germanische Gesellschaft selbst im 1. Jahrhundert keineswegs ganz ohne Kontakt mit der römischen Welt. Auf vielerlei höchst bezeichnende Weise machte sich die Präsenz Roms in der gesamten germanischen Welt bemerkbar. Erstens fand in der schmalen, etwa 100 Kilometer breiten Zone entlang des Limes ein recht intensiver Handelsaustausch zwischen Römern und Barbaren statt, der römische Produkte in die germanische Welt brachte. In dieser Zone waren römische Waren unterschiedlichster Art in Gebrauch, und Geschäfte wie das zwischen Stelus und dem römischen Kaufmann weisen darauf hin, daß germanische Viehzüchter rasch in die Geldwirtschaft der römischen Welt einbezogen wurden.

Während Alltagsprodukte der römischen Provinzmanufakturen im Hinterland des „freien Germanien" nicht sehr stark verbreitet waren, erregten römische Luxuserzeugnisse anscheinend überall die Aufmerksamkeit der germanischen Elite. In ganz Nordeuropa, vom Rhein bis jenseits der Oder, haben Archäologen bemerkenswert gleichartige Grabstätten mit Waffen, Juwelen und römischen Luxusgütern gefunden. Diese sogenannten Lübsowtyp-Gräber belegen sowohl die Bedeutung römischer Luxuswaren und römischen Lebensstils für die germanische Elite als auch die Gemeinsamkeiten und vermutlich auch Verbindungen zwischen den Eliten der gesamten Region. Ob diese römischen Luxusgüter über den Handel erworben oder, was wahrscheinlicher ist, durch den Austausch von Geschenken weitergegeben wurden, wissen wir nicht. Fest steht jedoch, daß bereits im 1. Jahrhundert, lange vor der Völkerwanderung, ein germanischer Adel, der sein Selbstverständnis in seiner militärischen Rolle fand, allmählich in den Bann Roms geriet.

Das Eindringen römischer Handelsgüter und Kulturtechniken in die germanische Gesellschaft hatte tiefgreifende Konsequenzen. Erstens bewirkten die Einführung des Geldes und die Ausdehnung der Märkte für germanisches Vieh, Felle und wohl auch andere Produkte wie Pelze, Bernstein und Sklaven eine Vertiefung der sozialen Unterschiede. Nicht als ob vor dieser Zeit die germanischen Völker in einer utopischen Art von hinterwäldlerischem Primitivkommunismus gelebt hätten; wie wir oben sahen, weisen die Unterschiede in der Größe der Rinderherden bereits auf eine gegliederte Gesellschaftsstruktur hin. Während diese jedoch belegen, daß einige Germanen das Doppelte und Dreifache ihrer Nachbarn besaßen, trug die nun mögliche Anhäufung von Geld und Luxusgütern aus dem Römischen Reich beträchtlich zur sozialen Differenzierung zwischen einzelnen Individuen und Familien bei. Mit der Ausdehnung der sozialen Kluft zwischen den Angehörigen germanischer Stämme wuchsen auch Macht und Stellung der traditionellen Anführer ganz erheblich.

Zweitens veränderte die Nachfrage nach römischen Waren, die nur durch Handel oder Kriegsführung erworben werden konnten, den Grad der Aktivität und das Ausmaß der Interaktionen zwischen germanischen Völkern. Als die Stämme in das römische Handelsnetz einbezogen wurden, traten ihre Anführer notwendigerweise in politische Beziehungen mit Römern, ein Ergebnis, das besonders von den römischen Regierungsbeamten gewünscht wurde. Aus römischer Sicht war es höchst wünschenswert, daß die germanischen Stämme von mächtigen Oberhäuptern regiert wurden, die im Namen ihrer Stämme verhandeln und mit Rom bindende Verträge abschließen konnten und deren persönliche Treue zu Rom sich mit Geschenken gewinnen ließ. Außerdem war es vorteilhaft, solche Stämme von römischen Lieferungen von Eisen, Getreide und anderen Exportgütern abhängig zu machen. So zielte die römische Politik auf eine als Stabilisierung der barbarischen politischen Strukturen verstandene Entwicklung und auf die Ausbildung eines barbarischen Wirtschaftssystems, das den römischen Produkten Exportmärkte sicherte.

Insgesamt führte die römische Politik jedoch dazu, daß die germanische Gesellschaft noch stärker destabilisiert wurde, die soziale und wirtschaftliche Differenzierung sich innerhalb der germanischen Stämme verschärfte und innerhalb dieser Völker pro- und antirömische Fraktionen entstanden, die häufig zur Spaltung von Stämmen führten. Diese Destabilisierung breitete sich in der germanischen Welt wie eine Kettenreaktion aus und setzte einen stürmischen Prozeß von rasch aufeinander folgenden Stammesbildungen und sozialen Umschichtungen in Gang, der zu einem Konflikt führte, der in der germanischen Welt keinen Namen hat, dem wir aber auf der anderen Seite des Limes bereits begegnet sind, dem Markomannenkrieg. Aus dessen Nachwirren gingen neue Völker und Bündnissysteme hervor, darunter auch die Franken, das Volk, mit dem wir uns in diesem Buch vorwiegend beschäftigen.

Die Römer betrachteten den Markomannenkrieg in erster Linie als eine Konfrontation zwischen Römern und Barbaren entlang der Donaugrenze. Doch merkten sie sehr wohl, daß sie mit weit mehr Barbarenstämmen als den Markomannen und den Quaden konfrontiert waren, jenen beiden Stammesverbänden, die dem römischen Limes am nächsten wohnten. Diese beiden Gruppen hatten lange zu dem Gürtel römischer Klientelstaaten entlang der Grenze gehört, deren Beziehungen zu Rom eng und im großen und ganzen friedlich gewesen waren. Nicht eindeutig zu interpretierendes archäologisches Material spricht sogar dafür, daß die Fürsten dieser Gruppen auf dem besten Wege waren, in ihrem Lebensstil und ihren militärischen Befestigungsanlagen römisch zu werden. Sie besaßen möglicherweise Landhäuser und Lager, die von den Römern für sie erbaut worden waren oder zumindest aus Baumaterial bestanden, das römische Legionen geliefert hatten. Im Verlauf des Krieges schlossen sich jedoch Teile zahlreicher anderer Verbände den Markomannen und Quaden an. Während der Verhandlungen mit Rom nach der ersten Invasion im Jahre 167 n. Chr. sprach der Markomannenkönig Ballomarius für mindestens elf Stämme.

Wahrscheinlich waren sogar noch mehr Gruppen beteiligt. Archäologische Ausgrabungen haben in Gebieten des heutigen Böhmen und Österreich, in den Regionen, aus denen die Markomannen und Quaden kamen, Fundstücke nordgermanischer Herkunft aus dieser Periode zutage gefördert. Darüber hinaus wurden römische Waffen, die wahrscheinlich von germanischen Kriegern erbeutet und ihnen später mit ins Grab gegeben worden waren, in so weit nördlich gelegenen Gebieten wie Schleswig-Holstein, Jütland und der Insel Fünen im heutigen Dänemark entdeckt. Insgesamt lassen diese Funde darauf schließen, daß sogar Krieger aus dem südlichen Skandinavien an den Kämpfen teilgenommen haben. Ferner weisen sie darauf hin, daß die Römer zu Recht argwöhnten, der Druck auf die Donaugrenze sei durch die Bewegung von Völkern aus dem Norden zustande gekommen. Es gibt deshalb berechtigten Anlaß zu der Vermutung, daß sich das gesamte freie Germanien in einer Periode von Ungleichgewicht und Spannung befand.[5]

Die Markomannenkriege waren auch keineswegs die einzige Folge der innergermanischen Veränderungen, die Rom zu spüren bekam. Überall an der Rhein-Donau-Grenze wirkten sich die innergermanischen Unruhen aus: Im Jahre 166/167 drängten Langobarden und Ubier zur Donau.

170 stießen die Chatten über den Rhein vor, während Sarmaten und Kostoboken an der unteren Donau aktiv waren. 172 überfielen die Chauken aus dem Küstengebiet zwischen Ems und Elbe die Küste des heutigen Frankreich, und 174 drängten verschiedene Gruppen von Germanen nach Rätien. So befand sich die germanische Welt offensichtlich von einem bis zum anderen Ende in Bewegung, und der Druck auf die römische Welt bildete nur das ferne Echo dieses inneren Umbruchs. In Germanien vollzog sich eine grundlegende Umstrukturierung, ein Prozeß, in dem einst machtvolle Stammesbündnisse wie die Markomannen aufgesplittert wurden, alte Stämme verschwanden oder grundlegend reorganisiert wurden und neue „Völker" und Bündnisse wie die Franken und Alemannen an deren Stelle traten. Viele Gruppen wie etwa die Goten, die vorher als kleine Stämme größeren Verbänden untergeordnet waren, schlossen sich zu großen Wanderlawinen zusammen. Gotische Fürsten führten ihre Gefolgsleute in neue Gebiete, im allgemeinen nach Süden und Osten. Die letzten Jahrzehnte des zweiten Jahrhunderts waren die dynamischste Periode in der germanischen Geschichte.

Die neuen germanischen Gesellschaften

Die Unruhe am Ende des zweiten Jahrhunderts veränderte die Struktur der germanischen Stämme grundlegend, sowohl derer, die in unmittelbarer Nähe des Limes siedelten, also auch so weit entfernter, daß die Römer nur eine vage Kenntnis von ihrer Existenz hatten.

In dieser Zeit ständiger Kriegszüge gewann die schon immer wichtige Rolle der kriegerischen Unternehmungen der Stämme noch einmal an Bedeutung. Um zu überleben, mußte ein Stamm durch und durch militarisiert werden, er wurde selbst zu einer Armee. Dieser Wandel verlieh den nichtköniglichen Heerführern der germanischen Stämme ein neues Gewicht. Zwar waren sie schon immer mit der Kriegsführung betraut gewesen, aber ihre oft von den Römern unterstützten Bemühungen, das begrenzte militärische Amt zu einer breiter angelegten und dauerhafteren Führungsposition auszubauen, waren auf den entschiedenen Widerstand ihrer Stämme gestoßen. Nun, da die organisierte Kriegsführung zum beständigen, alles umfassenden Aspekt der Stammesexistenz geworden war, erhöhte sich ihr Status beträchtlich. Als erfolgreiche Heerführer konnten diese Befehlshaber, die im Gotischen mit dem keltischen Lehnwort als *reiks*, im Westen als *kuning* bezeichnet wurden, für sich in Anspruch nehmen, daß der Sieg ein Zeichen göttlicher Gunst war, und so ihrer Position eine religiöse Aura verleihen, obwohl sie ursprünglich nicht wie der *thiudans* notwendigerweise königlicher Abstammung waren.

Unter der Führung des *reiks, kuning* oder *Heerkönigs*, wie er und seinesgleichen in der neueren deutschen Forschung genannt werden, erfuhren Identität und Zusammensetzung der Stämme, die im wesentlichen immer instabile Gruppen gewesen waren, eine erneute Umwandlung. Die Verlagerung traditioneller Siedlungsgebiete ließ die Bedeutung der agrarischen Traditionen der Gemeinschaft sinken und damit einhergehend auch den Fruchtbarkeitskult solcher Götter wie *Tiwaz*. An ihrer Stelle wandten viele germanische Stämme ihre Verehrung *Wotan* oder *Odin* zu, dem Gott des Krieges und der besonderen Gottheit der Heerkönige, die ihn als den Verleiher des Sieges ansahen und durch den Sieg eine Art religiöser Legitimation ihrer Stellung erwarteten. Der neue Kult war der hochmobilen und sich rasch ändernden Natur des Stammes angemessener.

Die Siege schufen neue Traditionen, die sich konzentrisch um den Kriegerkönig als den Vertreter – und oft Abkömmling – Wotans rankten. Dies wiederum veränderte die Identität der Gemeinschaft. Obwohl die alten Stammesnamen gelegentlich beibehalten wurden, war die Identität des Stammes nun mit der Identität dieser Heerführer verknüpft. Jeder, der mit ihnen zusammen kämpfte, war ein Mitglied ihres Stammes, unbeschadet früherer ethnischer, sprachlicher, politischer oder kultureller Herkunft. Jeder andere war entweder Feind oder Sklave.

Aber auch noch so glänzende militärische Führerschaft konnte allein die charismatische Wirkung eines Heerführers nicht in ein dauerhaftes institutionelles Königtum umwandeln. Ein *reiks* oder *kuning*, der hoffte, sich und seine Familie über die anderen aristokratischen Familien seines polyethnischen Stammes zu erheben, brauchte größeren Reichtum, mehr Ehren und Unterstützung, als er allein erwerben konnte. Aus diesem Grunde brauchten die Barbarenführer Rom und den Kaiser, der sogar für die Bewohner des „freien Germanien" der einzig wahrhaft große König war, um dessen Hilfe sie sich eifrig bemühten.

An den Nordgrenzen des östlichen und westlichen Imperiums suchten diese Heerführer finanzielle und politische Unterstützung in Form von Bündnissen mit Rom. Sie benötigten römische Titel und Ämter, um ihre Stellung nicht nur gegenüber ihren eigenen Völkern, sondern auch in ihrem Verhältnis zu anderen Stämmen zu legitimieren. Sie brauchten römisches Getreide und Eisen, um ihre Krieger zu ernähren und auszurüsten, und römisches Gold und Silber, um ihren hohen Rang durch auffallende und blendende Zurschaustellung von Edelmetall zu repräsentieren. All dies war Rom, wie wir im ersten Kapitel gesehen haben, zu verschaffen bereit, aber es forderte auch seinen Preis dafür. Am meisten benötigte Rom etwas, was die Barbaren liefern konnten, militärische Verstärkung durch Hilfstruppen. So arbeiteten barbarische Kriegsherren und römische Kaiser gemeinsam an der Schaffung der neuen barbarischen Welt.

Das Oströmische Reich und die Goten

Wie dieser Prozeß im Osten verlief, läßt sich am besten veranschaulichen, wenn man Schritt für Schritt die Entwicklung der Goten verfolgt, jenes Barbarenstammes, der in der Spätantike von anderen Barbaren wie von den Römern gleichermaßen respektiert und gefürchtet wurde. Daher wollen wir auf eine umfassende Darstellung der verschiedenen Barbaren, die in das Imperium eindrangen, verzichten und statt dessen die einzelnen Stadien der gotischen Stammesbildung genauer betrachten. Obwohl die nach ihren erstaunlichen Siegen innerhalb des Reiches und ihrer Landnahme in Italien und Spanien entstandenen Legenden den Eindruck erwecken, als ob das gesamte Volk von Skandinavien nach Osten gezogen sei, bevor es sich am Schwarzen Meer niederließ, zeigt ihre wirkliche Geschichte, wie sie Herwig Wolfram eindrucksvoll dargestellt hat, eine ganz andere Vergangenheit. Er schildert, wie Menschen von sehr unterschiedlicher ethnischer, kultureller und geographischer Herkunft zu Goten wurden und wie sich im Verlauf dieser Entwicklung die Bedeutung dessen, was ein Gote ist, veränderte.[6]

Die Menschen, die sich selbst die Goten oder *Gutonen* nannten – der Name bedeutet wahrscheinlich lediglich Volk, wie viele ältere Stammesnamen –, bewohnten im 1. Jahrhundert n. Chr. ein Gebiet zwischen Oder und Weichsel. Sie waren eng verbündet und manchmal beherrscht von drei anderen germanisch-keltischen Gruppen, den Vandalen, den Lugiern und den Rugiern. In ihrem kultischen und materiellen Leben unterschieden sie sich kaum von anderen, eng verwandten Barbarengruppen, obwohl ihr König, wenn man Tacitus glauben darf, bereits im 1. Jahrhundert ungewöhnlich mächtig war – er scheint die Befugnisse des *reiks* mit dem religiösen Ansehen des *thiudans* vereinigt zu haben. Diese Könige mit ihrer Kerngruppe von Kriegern waren die Träger einer Tradition und einer effizienten Militärorganisation, die nichtgotische Krieger verlocken konnte, an ihrer Seite zu kämpfen. In kaum mehr als fünf Generationen wuchs der kleine, abhängige Stamm zu einer Großmacht der barbarischen Welt heran. Zum großen Teil waren es die Erschütterungen, die seine Konsolidierung am rechten Weichselufer begleiteten, welche jene gewaltsamen Veränderungen in Gang setzten, die die Römer als den Markomannenkrieg erlebten.

Im späten 2. und im 3. Jahrhundert drangen einige Träger dieser „gotischen" Tradition allmählich nach Süden und Osten vor, bis sie schließlich die Ufer des Dnjepr in der Nähe des heutigen Kiew erreichten. Nicht alle Goten zogen als einheitliches Volk in diese Region, vielmehr wurden die verschiedenen pontischen, sarmatischen, baltischen und germanischen Völker, die bereits in der Dnjepr-Region lebten, unter gotischer Führung zu einem mächtigen Bündnis unter einem gotischen Heerkönig zusammengeschlossen. Von hier aus geriet die ständige Expansion des neugebildeten gotischen Volkes im Jahr 238 in einen direkten und gewaltsamen Konflikt mit Rom, als jene Goten, welche die Römer nach den Ureinwohnern der Region als Skythen bezeichneten, unter der Führung ihres Königs Cniva die östlichen Provinzen des Imperiums um das Schwarze Meer zu überfallen und zu plündern begannen. Die daraus resultierenden Kriege waren für das Imperium viel verheerender als die gegen die Markomannen. Die Goten drangen tief in das Reich ein, 251 töteten sie sogar Kaiser Decius und seinen Sohn, als diese versuchten, die reich mit Beute beladenen Scharen an der Heimkehr zu hindern. Nur unter großen Schwierigkeiten gelang es den Kaisern Claudius II. in seinem Todesjahr 269 und Aurelian 271, sich dem Ansturm der „Skythen" entgegenzustemmen und sie schließlich zu besiegen.

Die Niederwerfung wurde mit typisch römischer Gründlichkeit durchgeführt, das vereinigte gotische Königreich praktisch zerstört. Aber genau wie ein Sieg kann auch eine Niederlage zum entscheidenden Ereignis bei der Entstehung eines Volkes werden. Aus den Überresten des gotischen Bündnisses entwickelten sich zwei „neue" gotische Völker – östlich des Dnjestr errichtete die königliche Familie der Amaler wieder ein gotisches Königreich, während an der unteren Donau eine dezentrale, aber vitale gotische Gesellschaft unter der Führung aristokratischer Familien, besonders der Balthen, entstand, die einen Teil der alten gotischen Tradition fortführten. Im Jahre 332 schloß Ariarich, der balthische Führer dieses Vielvölkerbündnisses der sogenannten Terwingen, der statt des Königstitels den eines Richters führte, mit Kaiser Konstantin den ersten aus einer Reihe von Verträgen oder *foedera* und erzielte so den benötigten Frieden und die Unterstützung für die Seßhaftwerdung der Goten innerhalb der Einflußsphäre des Imperiums.

Balthen und Terwingen

Gesellschaft und Kultur der Terwingen waren komplexe Verbindungen der verschiedenen Gruppierungen, aus denen sie bestanden. Die gotische Methode der politischen Organisation, die sich auf mächtige Heerführer stützte, konnte schnell und effektiv ausgebaut werden, so daß eine kleine Gruppe von Adligen größere Mengen von Kriegervölkern zu einer „gotischen" Konföderation zusammenschließen konnte. Die „Goten" waren daher kaum ein Stamm im Sinne einer Gruppe gemeinsamer Abstammung, sondern eher eine politische Konstellation kleiner Gruppen oder *kunja* unterschiedlicher kultureller, sprachlicher und geographischen Ursprungs, die von ihren jeweiligen *reiks* angeführt wurden und einen gemeinsamen Kult besaßen. Einige *reiks* regierten von Festungen auf dem Lande und nicht von Dörfern und Städten aus, obwohl es solche in dieser alten Region mit Sicherheit gab. Der *reiks* beherrschte sein Gebiet mit Hilfe seiner militärischen Gefolgschaft, des *comitatus*, während selbst freie Dorfbewohner im allgemeinen vom politischen Entscheidungsprozeß ausgeschlossen waren. Dies ist von der organisierten politischen Mitsprache, wie sie Tacitus beschreibt, meilenweit entfernt, und zwar aus einem wichtigen Grund: Die terwingischen Goten waren keine Germanen im Sinne von Tacitus, sondern eine osteuropäische Gesellschaft. Die einigenden Elemente der gotischen Konföderation waren die Armee, die bis auf eine kleine Elitekavallerie im wesentlichen aus Infanterie bestand, und die von der Balthenfamilie vermittelten und getragenen Traditionen.

Entsprechend dem mit Rom abgeschlossenen Vertrag dienten die terwingischen Goten im allgemeinen als treue Verbündete. Sie unternahmen nicht nur im Auftrag der Römer Expeditionen gegen ihre barbarischen Nachbarn, sondern viele dienten allein oder in Gruppen unterschiedlich lange in der römischen Armee. In der Tat zählten bis etwa 400 gotische Heermeister zu den bedeutendsten *magistri militum* in der Osthälfte des Imperiums. Erlesene Juwelen, Gefäße und Schmuckstücke, die in dieser Periode in dem Terwingenstaat hergestellt wurden, beweisen, in welchem Maße die gotischen Eliten die handwerklichen und künstlerischen Traditionen der Römer, Griechen und anderer schätzten und nachahmten. So tief durchdrangen die Werte und Strukturen des Römischen Reiches diese Gesellschaft, daß sogar das schmückende Beiwerk römischer Verfassungsstrukturen in diesem Grenzstaat bewundert und nachgeahmt wurde, wenn auch in einer Art *interpretatio barbarica*, im Unterschied zu der besser bekannten *interpretatio Romana*, von der ich an früherer Stelle gesprochen habe. Das eindrucksvollste Beispiel hierfür ist die Kopie einer römischen Gedenkmünze, die in einem Schatz in Szilágysomlyó im heutigen Rumänien gefunden wurde, mit den Portraits der Kaiser Valentinian I. und Valens, die gemeinsam von 364 bis 375 regierten, und der Umschrift „Reges Romanorum", Könige der Römer. Dies ist wahrscheinlich eine lateinische Übersetzung des Wortes *thiudans*. Für die Goten war der Kaiser der große König, ein wesentliches, wenn auch manchmal ambivalentes Element ihrer eigenen politischen Struktur.

Die dem Imperium entgegengebrachte Bewunderung und die Zusammenarbeit mit ihm waren innerhalb des terwingischen Staatenbundes nicht unumstritten. Man kann von pro- und antirömischen Gruppen innerhalb des Adels sprechen, da verschiedene gotische Führer bestrebt waren, ihre eigene Stellung in der Konföderation zu festigen und auszubauen, indem sie entweder von Konstantinopel Unterstützung erhofften oder die Terwingen gegen die Römer zu vereinigen versuchten. Jenseits der Donau bemühten sich verschiedene Gruppen innerhalb des Imperiums, die Goten für eine Zusammenarbeit zu gewinnen, um ihre eigenen politischen Ziele voranzutreiben. Unter dem großen balthischen Richter Athanarich (365–376/81) waren die Beziehungen der Terwingen zum Imperium besonders gespannt. Sein Vater hatte als gotische Geisel in Konstantinopel gelebt, und obwohl der Kaiser diesem im neuen Rom eine Statue errichten ließ, hatte er seinen Sohn schwören lassen, niemals den Fuß in das Römische Reich zu setzen. Die balthischen Richter betrachteten offenbar die römische Politik als eine mögliche Bedrohung ihrer Führerschaft in der Konföderation, und Athanarich führte eine Reihe von Kriegen gegen Kaiser Valens, die im Jahre 369 mit einem Vertrag endeten, der den Goten erlaubte, praktisch als gleichberechtigte und selbständige Verbündete der Römer zu handeln.

Athanarichs schwieriges Verhältnis zu den Römern stand in einem engen Zusammenhang mit seinen innenpolitischen Problemen; denn um die Macht in der gotischen Konföderation konkurrierte mit ihm insbesondere die starke prorömische Gruppierung, die von den Terwingen Fritigern und Alaviv angeführt wurde. Die Rivalität zwischen dem konservativen Athanarich, der den Zusammenhalt des Bündnisses durch eine Belebung der alten gotischen Traditionen zu stärken versuchte, und dem *reiks* Fritigern kam hauptsächlich in Formen religiöser Gegnerschaft und Verfolgung zum Ausdruck. Unter den verschiedenen Gruppen innerhalb der Konföderation lebten Christen verschiedener Glaubensrichtungen, die im Krieg gefangengenommen oder deren Gemeinschaften von den

Goten aufgenommen worden waren. Der bedeutendste unter ihnen war Wulfila (etwa 311–383), wahrscheinlich der Sohn eines gotischen Vaters von hohem sozialem Rang und einer kappadokischen Mutter, deren Eltern oder Großeltern vermutlich 257 bei einem gotischen Raubüberfall verschleppt worden waren. Nach 330 besuchte er Konstantinopel als Mitglied einer gotischen Gesandtschaft und erwarb offenbar eine gute lateinische und griechische Bildung. Im Jahre 341 wurde er in Antiochia zum „Bischof der Christen im gotischen Land" geweiht und kehrte zurück, um seinen Glauben zu verbreiten, der schon früher durch lateinische und griechische Missionare eingeführt worden war. Sein hoher Rang, seine offizielle Bevollmächtigung und seine ausgezeichnete Bildung, die ihn befähigte, die Bibel ins Gotische zu übersetzen, trugen zu seinem Erfolg bei der Bekehrung der Goten bei.

Wulfilas eigene Position in der größten theologischen Streitfrage des 4. Jahrhunderts, dem Glaubensstreit um die göttliche Natur Christi, war ein Kompromiß zwischen der Position der Christen, die später die Orthodoxen genannt wurden und die glaubten, daß Christus eins sei mit dem Vater, und derjenigen der Arianer, die seine göttliche Natur bestritten. Ohne eine dieser Auffassungen vollständig zu übernehmen, zog es Wulfila vor, vom Wesen des Göttlichen überhaupt nicht zu sprechen. Aus diesem Grund sind er und seine gotischen Nachfolger fälschlicherweise für Arianer gehalten worden.

Wulfila war zwar der bedeutendste und erfolgreichste, aber nicht der einzige christliche Missionar. Die orthodoxe Kirche vertrat Bischof Vetranio von Tomi, der im terwingischen Adel Fürsprecher fand. Die rivalisierenden Arianer wurden hauptsächlich von der Terwingenopposition unter Fritigern unterstützt, welcher hoffte, damit dem arianischen Kaiser Valens zu gefallen. Athanarich betrachtete alle Richtungen des Christentums als eine Bedrohung für die gotische Kulttradition, die eines der entscheidenden Elemente seines politischen Erfolges gewesen war, und begann mit einer Anzahl von Verfolgungen, von denen die wichtigste nach dem Jahre 369 anfing und unterschiedslos alle Glaubensrichtungen der Christen betraf. Während dieser inneren Auseinandersetzungen kam die „Lösung" von außen: 376 wurde das militärische Bündnis unter Athanarich durch den plötzlichen Einfall der Hunnen aus Asien im Gebiet des Schwarzen Meeres zerstört und die Infrastruktur des gotischen Staates durch eine gleichfalls aus vielen Völkerstämmen bestehende hunnische Konföderation ersetzt. Die Mehrheit der terwingischen Elite verließ Athanarich und folgte Fritigern und Alaviv über die Donau in das Imperium. Athanarich selbst mußte das Gelübde, das er seinem

Vater gegeben hatte, brechen und in Konstantinopel Schutz suchen, wo
er 381 ehrenvoll empfangen wurde, aber schon zwei Wochen nach seiner
Ankunft starb. Diese Krise war das Vorspiel zu einer neuen Phase der
gotischen Stammesgeschichte. Von nun an traten die Gefolgsleute von
Fritigern als die Westgoten in die Geschichte ein.

Amaler und Greutungen

Während die Balthen die verschiedenen Völker am Unterlauf der Donau
und am Schwarzen Meer in der terwingischen Konföderation zusam-
menfaßten, gründeten die Mitglieder der königlichen Familie der Amaler
im südlichen Rußland ein neues gotisches Königreich. Ihr erster König
war Ostrogotha, der zur ersten Generation nach dem römischen Sieg
von 271 gehörte und in gewissem Sinne als der Gründer des gotischen
Königtums in seiner neuen, eingeschränkten Form gelten kann. Da dieses Königreich weit von der römischen Grenze entfernt lag, wissen wir
nur wenig über seine Geschichte; es muß ein polyethnischer Verband
nach dem „gotischen" Muster mit einem zentralen Heerkönigtum und
einer starken kriegerischen Oberschicht gewesen sein. Dieser Steppen-
verband war den Römern als die Greutungen oder Skythen bekannt, das
erste ein neuer Volksname, das zweite eine aus der griechischen Antike
stammende Bezeichnung für Steppenvölker. So wie die westlicher gelegene Konföderation die kulturellen und militärischen Traditionen der
Region unter der politischen Kontrolle des balthischen Adels fortsetzte,
war das Königreich der Greutungen, obwohl es sich selbst mit gotischer
Tradition identifizierte, in bezug auf seine Sitten, seine ethnische Zusammensetzung und vor allem sein Kriegswesen ganz und gar ein Steppenvolk.

Der greutungische König Ermanarich, nach der späteren gotischen
Geschichtsschreibung „der Edelste der Amaler", der in den Heldenepen,
aber auch in der Geschichte eine bedeutende Rolle spielte, herrschte über
eine große Anzahl unterworfener Völker der russischen Steppen. Sein
Königreich kontrollierte die traditionellen Handelsrouten, die das
Schwarze Meer und die baltische Welt miteinander verbanden. Seine
Herrschaft über dieses Bündnis war keineswegs unumstritten, und er
hatte sich gerade mit anderen Gruppen in einen tödlichen Kampf um die
Macht verstrickt, als der Einfall der Hunnen vor 376 sein Königreich
zerstörte. Ermanarich tötete sich selbst, möglicherweise als Opfer an die
Götter, und der größte Teil seines Volkes ging in die hunnischen Konfö-
deration auf. Eine Minderheit leistete noch etwa ein Jahr lang Wider-

stand, bevor sie ebenfalls unterworfen wurde oder wie die Terwingen in das römische Imperium flüchtete. Erst nach dem Zerfall der hunnischen Konföderation sollten diese unter Anknüpfung an die amalische Tradition als Ostgoten wieder auferstehen.

Von den Terwingen zu den Westgoten

Nach ihrer Ansiedlung in Südgallien blickten die Westgoten auf die Zeit zwischen 376 und 416 wie auf eine Wiederholung der vierzigjährigen Wanderschaft des hebräischen Volkes im Sinai zurück. Die Analogie, auf die sich das theologische und politische Selbstverständnis der Goten stützte, das neue auserwählte Volk zu sein, war insofern treffend, als genau so, wie in der Sinaizeit aus den verschiedenen Flüchtlingsgruppen, die Ägypten verlassen hatten, das hebräische Volk hervorgegangen war, die vierzigjährige Ungewißheit und Wanderung innerhalb des Imperiums die terwingischen Flüchtlinge unter Fritigern zu dem formte, was wir heute als die Westgoten bezeichnen. Der abschließende Prozeß der Schaffung eines territorialen Königreiches innerhalb des Imperiums wurde dadurch ermöglicht, daß das gotische Volk, das ursprünglich als gotische Armee organisiert war, zu einer römischen Armee werden konnte und seine Führer Legitimität und Unterstützung als rechtmäßig eingesetzte römische Offiziere gewannen. Die Entstehung eines westgotischen Staates ging nicht so sehr auf die Einführung einer barbarischen und noch weniger einer „germanischen" Gesellschaft in den Westen zurück, sondern auf die Angleichung des „gotischen Systems" an das gesamte römische Verwaltungs- und Militärsystem.

Wir haben im vorigen Kapitel von der Aufnahme der Goten unter Fritigern durch die Römer gehört und von ihrer Verzweiflung, die sie dazu führte, in Adrianopel eine Konfrontation mit dem Kaiser selbst zu wagen, aus der sie siegreich hervorgingen. Dieser Sieg von Adrianopel war jedoch kurzlebig. Die Goten brauchten Nahrung, und auf die Dauer konnten sie diese nur durch Kooperation mit dem römischen Weltreich erhalten. So schloß wohl noch Fritigern im Jahre 382 nach einem kurzen und nutzlosen Krieg mit Kaiser Theodosius einen Vertrag, nach dessen Bestimmungen die Goten in Dakien und Thrakien als föderiertes Volk angesiedelt werden sollten, das seine Herrschaftsstruktur behalten und dem Imperium bei Bedarf dienen sollte.

Diese Siedlungsphase dauerte nicht lange, aber sie ließ Zeit für das Auftreten des neuen und machtvollen gotischen Führers Alarich, dessen Position weit stärker als die Fritigerns, der terwingischen Richter und sogar Athanarichs die eines echten Monarchen war. Obwohl von der kaiserlichen Regierung häufig verraten, wurde Alarichs ganze Laufbahn von seinem vergeblichen Streben nach Anerkennung und Legitimierung als oberster Heermeister des Imperiums beherrscht. Alarich führte sein Volk, das erneut von den Hunnen bedroht wurde, aus Thrakien in die Balkanländer, nach Griechenland und nach Illyrien. Im Jahre 397 war der Kaiser, der Alarich vorher nicht als König, sondern als Tyrannen oder Usurpator betrachtet hatte, gezwungen, ihn zum militärischen Befehlshaber der östlichen illyrischen Präfektur zu ernennen – ein Schritt, der als Modell für zukünftige Abkommen mit den Führern barbarischer *gentes* innerhalb des Imperiums diente. Der neue Vertrag hielt noch kürzere Zeit als der erste, und 401 führte Alarich seine Armee nochmals durch das Imperium. Dieser letzte Feldzug gipfelte in der Plünderung Roms im Jahre 410. Weit dringender als die römische Beute benötigte Alarich jedoch Nahrung. Deshalb wollte er sein Volk bis nach Nordafrika führen, ein Ziel, das erst ein anderes Barbarenvolk erreichte, die Vandalen.

Alarich starb im selben Jahr, in dem er Rom eingenommen hatte, und sein Nachfolger Athaulf schloß schließlich einen Vertrag mit dem Kaiser Honorius, um Gallien von dem Usurpator Iovinus zu befreien. Im Jahre 413 führte er seine Goten als römische Armee nach Aquitanien. Erst als der Kaiser seinen Teil des Abkommens – die Goten zu versorgen – brach, besetzte Athaulf die Hauptstädte der Region. Athaulf strebte wie Alarich nach kaiserlicher Anerkennung und Bestätigung und heiratete 414 mit Galla Placidia eine Römerin, die Tochter des Kaisers Theodosius, womit er seine Familie mit der theodosianischen Dynastie verband und auf diese Weise seine Beziehung mit der kaiserlichen Regierung wiederherzustellen versuchte. Er verhandelte auch mit dem aquitanischen Adel, um eine territoriale Herrschaft nicht nur über die Goten, sondern über die gesamte Bevölkerung der Region zu errichten. Seine Ermordung im Jahre 415 machte alle diese Pläne zunichte. Sein Nachfolger Walia führte die Goten nach Spanien in der Hoffnung, Alarichs Zug nach Nordafrika wiederaufnehmen zu können, aber er kam nicht an sein Ziel und wurde schließlich in römische Dienste genommen. Er kehrte nach Aquitanien zurück, wo er und seine Goten, die ein barbarisches Volk und eine römische Armee zugleich waren, angesiedelt wurden und das westgotische Königreich von Toulouse gründeten. Damit waren das Ende der vierzigjährigen Wanderung sowie der Höhepunkt des langen Prozesses der westgotischen Stammesbildung erreicht.

Von den Greutungen zu den Ostgoten

Nach Ermanarichs Tod wurde die Hauptmasse der Greutungen in die hunnische Konföderation eingegliedert. Eine kleine Gruppe floh jedoch in das Römische Reich und wurde unter den verschiedenen Föderaten in Pannonien angesiedelt. Obwohl die Goten den hunnischen Eroberern mit sehr zwiespältigen Gefühlen gegenüberstanden, dienten diejenigen, die bei den Hunnen geblieben waren, Attila treu und folgten ihm sogar unter drei königlichen gotischen Brüdern – Valamir, Thiudimir und Vidimir – nach Gallien. Sie übernahmen auch viele hunnische Gepflogenheiten, ihre Kleidung, die Waffen und sogar die Sitte, die Köpfe der Kinder zu deformieren. Einen weiteren Beweis für die enge Beziehung zwischen den Hunnen und den Goten bietet die Verwendung gemeinsamer Namen. Sogar der Name Attila stammt wie viele andere Hunnennamen aus dem Gotischen, während Goten ihrerseits hunnische Namen trugen. Obwohl die Goten den Hunnen dienten, behielten sie doch ihre eigenen Organisationsformen bei und festigten sogar ihr Identitätsgefühl durch Wahrung der Traditionen ihrer früheren Könige. Als jedoch nach 453 die hunnische Konföderation mit Attilas Tod zusammenbrach, entstanden eine neue Identität und ein neuer Name für diese Gruppe: die Ostgoten.

Nach dem Zerfall der hunnischen Konföderation schlossen einige der nun wieder unabhängigen Ostgoten wie viele andere frühere Mitglieder der Konföderation, etwa die Gepiden und die Rugier, einen Vertrag mit dem Römischen Reich und wurden als Föderaten in Pannonien angesiedelt. Ein gentiles Heer wie die Ostgoten konnte nur in einer Region gedeihen, in der die römische Landwirtschaftsstruktur noch intakt war. Aber in Pannonien war diese durch die Kämpfe mit den Barbaren längst zerstört. So waren die Ostgoten immer, wenn die regelmäßigen Zahlungen aus dem Reich ausblieben, versucht, ihren Vertrag zu brechen und Raubzüge in das Reich zu unternehmen. Als Ergebnis einer solchen Revolte im Jahre 459 wurde Theoderich, der kleine Sohn des Thiudimir, als Geisel nach Konstantinopel gebracht. Er lebte dort vom 8. bis zum 18. Lebensjahr und erwarb in dieser Zeit eine sehr genaue Kenntnis des Imperiums und besonders des kaiserlichen Regierungssystems. Kurz nach seiner Heimkehr übernahm Theoderich beim Tode seines Onkels Valamir zusammen mit seinem Vater das Königreich und führte kurze Zeit später die Goten nach Makedonien, wie es Alarich im Jahrhundert zuvor mit den Westgoten getan hatte. Hier agierte er weit erfolgreicher als jener in den politischen Machtkämpfen des Imperiums und erlangte durch seine

Zusammenarbeit mit Kaiser Zeno die Stellung des *magister militum*, im Jahre 484 das Konsulat und das römische Bürgerrecht; er wurde wie die Kaiser ein Flavier. Dennoch war er stets bereit, zur Stärkung der eigenen Position seine Armee gegen den Kaiser einzusetzen.

In der Hoffnung, sich sowohl von Theoderich als auch von dem germanischen König Odoaker befreien zu können, beauftragte Zeno Theoderich im Jahre 488 mit dessen Vernichtung. Zu diesem Zweck sammelte Theoderich ein buntes Heer aus Barbaren und Römern, begann seinen siegreichen Kampf gegen Odoaker und wurde während des Jahres 493 der unumstrittene Machthaber in Italien. Der Vertrag, der seine Invasion in Italien legitimierte, hatte ihm so lange unumschränkte Macht über die Halbinsel verliehen, bis Zeno persönlich das Oberkommando übernehmen sollte. Aber in der Zwischenzeit starb Zeno, und sein Nachfolger war so sehr mit anderen Problemen beschäftigt, daß er nicht nach Westen ziehen konnte. So konnte Theoderich ungehindert seinen eigenen Herrschaftsbereich errichten.

Er versuchte, seine Macht durch ein doppeltes System zu festigen, das im Grunde mehr auf römischen als auf barbarischen Traditionen beruhte. Dazu nahm er sogar den offiziellen Titel *Flavius Theodericus rex* an. Die römische Verfassung, nach der die Bevölkerung Italiens weiterhin regiert wurde, ließ er unangetastet. Im Gegenteil, als Flavius Theodericus repräsentierte er den Kaiser und stand nach dessen Willen an der Spitze der Regierung.

Die Barbaren, denen er seinen Sieg verdankte, waren kein Teil dieses römischen Verfassungssystems. Obwohl er als König der Ostgoten zur Macht gekommen war und ausdrücklich an die alte amalische Tradition angeknüpft hatte, machte er keinen Versuch, als König der Goten zu regieren. Er befehligte seine barbarische Gefolgschaft, ob Ostgoten oder Angehörige anderer Stämme, die ihm nach Italien gefolgt waren, als Bestandteil eines gut organisierten Militärsystems, des *exercitus Gothorum*, einer offiziell als römisch anerkannten Armee, die alle Männer ohne Rücksicht auf ihre Herkunft aufnahm.

In diesem doppelten System, dessen beide Kräfte dieser durch und durch römische Gote, der als Barbar römischer Bürger geworden war, wie kein anderer verkörperte, vollendete sich der Prozeß der ostgotischen Stammesbildung. Theoderichs Einfluß beschränkte sich jedoch nicht auf die Barbaren Italiens. Als der erfolgreichste barbarische Machthaber beherrschte er die Völker des Westens in einer losen Konföderation, die die Burgunder, die Westgoten und im Norden die Alemannen und Franken umfaßte.

Das Weströmische Reich und die Franken

Die Stammesbildung der westlichen Barbarenvölker verlief weniger dramatisch als die der östlichen, erwies sich aber als historisch weit folgenreicher. Diese Völker entstanden ebenfalls im großen germanischen Aufruhr der Markomannenkriege, als die von den benachbarten kriegerischen Stämmen ausgehende Bedrohung die Bildung neuer Konföderationen zwischen den Völkern am Rhein erzwang. Jedoch anders als die Goten, Burgunder, Langobarden und andere, die sich zwar erst im 4. Jahrhundert bildeten, aber Namen und Traditionen fortführten, die sie mit alten südskandinavischen Völkern verbanden, bewahrten die Franken, Alemannen und Bajuwaren keine ihrer alten Stammestraditionen. Obwohl sich die Alemannen im allgemeinen selbst Sueben nannten, waren diese Stammesbündnisse vor ihrem Eintritt in das Imperium weder in stabilen Königreichen zusammengefaßt, noch hinterließen ihre inneren Angelegenheiten und selbst ihr Auftreten innerhalb des Limes bei ihren römischen Zeitgenossen einen genügend starken Eindruck, daß diese Notiz davon genommen hätten. Sie kamen weder als Invasionstruppe noch als Föderaten. Vielmehr drangen kleine Gruppen von Kriegerbauern langsam und fast unbemerkt über den Rhein, um im römischen Heer zu dienen oder sich in den Westprovinzen des Imperiums anzusiedeln.

Da die zeitgenössischen Autoren über diese Völker schweigen, stellen deren schwierig zu deutende Bestattungsgewohnheiten unsere wichtigste Informationsquelle über die Veränderungen innerhalb dieser germanischen Gemeinschaften zwischen Rhein und Weser dar. Etwa um das Ende des 3. Jahrhunderts traten zum ersten Mal im Zusammenhang mit dem oben beschriebenen militärischen Wandel neue kultische Gepflogenheiten bei der Anordnung der Gräber in Erscheinung. Zum Beispiel haben Archäologen auf dem aus dem 4. Jahrhundert stammenden Friedhof von Lampertheim östlich von Worms 56 Grabstätten gefunden, die eine allmähliche Abkehr von den germanischen Bestattungsbräuchen bezeugen. Hier findet man eine Vielzahl von Bestattungsarten: Verbrennung, Urnenbestattung und Begräbnis ohne Verbrennung. 29 Gräber bargen keinerlei Grabbeigaben; bis auf drei Ausnahmen enthielten alle anderen persönliche Schmuckstücke und Gebrauchsgegenstände, aber keine Waffen. Drei Gräber waren jedoch Grabstätten von bewaffneten Männern.[7]

Im Laufe des 4. Jahrhunderts begann die Ausnahme zur Regel zu werden; sowohl außerhalb als auch innerhalb des Limes wurden die

Toten immer öfter in Friedhöfen beerdigt, die in Reihen aufgeteilt und von Osten nach Westen oder von Norden nach Süden ausgerichtet waren. Während die älteren germanischen Grabstätten innerhalb des Imperiums keine Waffen enthalten hatten – römische Soldaten benutzten staatseigene Ausrüstung, kein persönliches Eigentum –, gleichen die in diesen Gräbern gefundenen Waffen und Juwelen in wachsendem Maße denen, die man im freien Germanien gefunden hat. Aber auch die Gräber im freien Germanien enthielten immer mehr Produkte aus der römischen Provinz, wie beispielsweise Gürtelverzierungen, die wahrscheinlich von Soldaten, die im Imperium Kriegsdienst leisteten, nach Hause gebracht worden waren. Solche Reihengräber waren sogar auf römischen Provinzfriedhöfen und in der Nachbarschaft von römischen Siedlungen aufzufinden. Tatsächlich dürfte dieser neue Friedhofstyp zuerst innerhalb oder in der Nähe des römischen Limes in Erscheinung getreten sein und sich dann in Richtung auf das freie Germanien ausgebreitet haben. Aus den archäologischen Funden kann man beinahe schließen, daß diese neue Sitte der Barbaren innerhalb der Grenzen des Imperiums entstand. Im ganzen schuf die Militarisierung des Römischen Reiches in Nord- und Ostgallien eine Gesellschaft von zunehmend reicheren germanischen Kriegern, die sowohl in engem Kontakt mit ihren Verwandten und Freunden außerhalb des Imperiums standen als auch enge gesellschaftliche Verbindungen mit der gallorömischen Bevölkerung unterhielten.

Diese Form der Bestattung ist für den größten Teil des nördlichen Mitteleuropa so charakteristisch, daß deutsche Forscher den gesamten barbarischen Westen als *Reihengräberzivilisation* beschrieben haben. Während aber früher Historiker, die die barbarischen Wanderungen als tatsächliche Bewegungen ganzer Stämme verstanden, diese veränderten Begräbnisformen als Zeichen für die Ankunft „neuer" Völker aus Skandinavien oder von anderswo interpretiert haben, sieht die Forschung darin heute einen Beleg für den Wandel der sozialen, politischen und kulturellen Strukturen von Völkern, die bereits in West- und Mitteleuropa lebten. Diese Veränderungen glichen jenen, die einst aus den Goten eine starke und erfolgreiche Militärmacht geformt hatten.

Dieselben Zwänge, welche die Markomannenkriege ausgelöst hatten, ließen innerhalb der westlichen germanischen Völker neue militärisch organisierte Bündnisse und Völker entstehen. Wie im Osten führten die Erfordernisse einer ständigen Kriegsführung zur wachsenden Bedeutung des Heerführers (*dux* oder *kuning*) und zu einer zunehmenden Militarisierung der Gesellschaft. Auf fortschreitende Militarisierung weisen auch die neuen Begräbnisformen hin; nun wurden Krieger mit ihren Waffen beigesetzt. Ob man glaubte, daß diese Waffen in einem Soldatenleben nach dem Tode gebraucht wurden, oder ob den Verstorbenen die Mitnahme ihres persönlichen Eigentums zustand, ist ungewiß. Nach dem Reichtum der Schmuckstücke und der Pracht der Waffen in diesen Gräbern zu urteilen, steht jedoch fest, daß der Gewinn für diejenigen Gruppen, die den Prozeß der Transformation vollzogen hatten, groß war.

Die „westgermanische Revolution" war so tiefgreifend, daß die meisten westgermanischen Stämme im Gegensatz zu den Goten, Burgundern und anderen östlichen Barbaren, die einen „alten" Namen weiterführten und so trotz vielfältiger sozialer Veränderungen ein Identitätsbewußtsein bewahrten, offensichtlich noch nicht einmal einen klar umrissenen Abstammungsmythos besaßen; diesen übernahmen sie später von anderen Völkern. Die Alemannen zum Beispiel hatten keine große historische Tradition. Ihr Name bedeutet wahrscheinlich einfach „alle Männer", „Menschen". Obwohl sie sich selbst manchmal als Sueben bezeichneten, waren sie wahrscheinlich ein Zusammenschluß kleinerer Stämme, die lange Zeit in der Region östlich des Rheins und südlich des Mains ansässig gewesen waren. Einige wenige Ausfälle über den Rhein und die Donau hinaus zwischen der Mitte des 3. und der Mitte des 5. Jahrhunderts, deren Bedeutung und Stärke von der Forschung vermutlich stark übertrieben worden sind, legen von dem Prozeß der Stammesbildung, der sich jenseits der Grenze vollzog, Zeugnis ab.

Kluge Archäologen vermeiden es, ihre Fundstücke mit ethnischen Epitheta zu belegen; Totengebeine besitzen bekanntlich keine Pässe. Aber zweifellos belegt die Vielfalt des archäologischen Materials die Entstehung mehrerer neuer Völker einschließlich des Volkes, das sich vielleicht schon damals manchmal selbst als die Franken bezeichnete.

III. Römer und Franken im Königreich Chlodwigs

„Viele erzählen aber, die Franken seien aus Pannonien gekommen und hätten sich zunächst an den Ufern des Rheins niedergelassen, dann seien sie über den Rhein gegangen und nach Thoringien gezogen, dort hätten sie nach Gauen und Stadtbezirken gelockte Könige über sich gesetzt, aus ihrem ersten und sozusagen adligsten Geschlecht.“[1]

„Über die ältesten Frankenkönige schrieb der heilige Hieronymus, was schon vorher die Geschichte des Dichters Vergil berichtet: Ihr erster König sei Priamus gewesen; als Troja durch die List des Odysseus erobert wurde, seien sie von dort fortgezogen und hätten dann Friga als ihren König gehabt; sie hätten sich geteilt, und der erste Volksteil wäre nach Mazedonien gezogen, der andere hätte unter Friga – sie wurden als Frigier bezeichnet – Asien durchzogen und sich am Ufer der Donau und am Ozean niedergelassen; dann hätten sie sich nochmals geteilt, und die Hälfte von ihnen sei mit ihrem König Francio nach Europa gezogen. Sie durchwanderten Europa und besetzten mit ihren Frauen und Kindern das Ufer des Rheins; nicht weit vom Rhein versuchten sie eine Stadt zu erbauen, die sie nach Troja benannten.“ [Colonia Traiana, das heutige Xanten].[2]

Die erste Version über die Herkunft der Franken verfaßte Gregor von Tours im späten 6. Jahrhundert, die zweite der fränkische Chronist Fredegar im 7. Jahrhundert. Sie gleichen einander insofern, als beide offenbaren, daß die Franken wenig über ihre Herkunft wußten und daß sie gegenüber anderen Völkern der Antike, die einen alten Namen und eine ruhmreiche Tradition besaßen, ein gewisses Minderwertigkeitsgefühl empfunden haben dürften. Die erste Legende verbindet die Franken mit der großen Pannonischen Tiefebene, der Heimat des Martin von Tours, der zum höchsten Schutzpatron der Franken aufsteigen sollte, und dem ungefähren Ursprungsort der Goten, des Stammes mit der größten Erfolgsgeschichte der Völkerwanderungszeit. Damit gibt die Legende zu verstehen, daß die Franken den Goten in ihrem Ursprung und infolgedessen in ihrer Ehre ebenbürtig sind. Die zweite, spätere Legende verbindet die Ursprünge der Franken mit denen der Römer; und wenn sie

gleich alt waren und aus derselben Heldenstadt stammten, konnten die
Franken und die Römer Galliens eine gemeinsame Abstammung als
Grundlage für die Schaffung einer gemeinsamen Gesellschaft für sich in
Anspruch nehmen.

Die fränkische Ethnogenese

Natürlich sind beide Legenden Phantasieprodukte, denn noch weniger
als die meisten anderen barbarischen Völker besaßen die Franken eine
gemeinsame Geschichte, Abstammung oder Tradition aus einer heroischen Wanderungszeit. Wie ihre alemannischen Nachbarn waren sie im
6. Jahrhundert eine ziemlich neue Gründung, ein Zusammenschluß rhei-
nischer Stammesgruppen, die lange Zeit unterschiedliche Identitäten und
Institutionen bewahrten. Der Name „Franke" erscheint zum ersten Mal
um die Mitte des 3. Jahrhunderts in römischen Quellen. Er bezeichnete
eine Vielfalt sogenannter istwäonischer Stämme, die so lose miteinander
verbunden waren, daß es einige Forscher gänzlich abgelehnt haben, in
ihnen eine Gemeinschaft zu sehen, während andere, ohne ihre Einheit
kategorisch zu bestreiten, lediglich von einem „Stammesschwarm" sprechen. Diese Gruppen umfaßten die Chamaven, Chattuarier, Brukterer,
Amsivarier und Salier und wahrscheinlich andere wie Usipeter, Tuban-
ten, Hasier und Chasuarier. (Der Name Ripuarer ist übrigens viel jün-
ger; er erscheint erst im 8. Jahrhundert. Der Name Sigambrer, der von
Gregor von Tours und anderen verwendet wird, ist wahrscheinlich nur
eine Reminiszenz an die von antiken Autoren erwähnten Sigambrer.)
Unter Wahrung ihrer Eigenständigkeit verbanden sich diese kleinen
Gruppen gelegentlich zu gemeinsamen Verteidigungs- oder Angriffs-
unternehmungen und identifizierten sich dann selbst mit dem Namen
Franke, der soviel wie „der Kühne", „der Tapfere" und später, nachdem
er sich verbreitet hatte, „der Freie" bedeutete, ein von den Franken selbst
bevorzugter Bedeutungsgehalt.

In Wirklichkeit waren die frühen Franken alles andere als frei. Sie
lebten in enger Nachbarschaft zum Imperium, waren relativ unbedeutend und in sich gespalten, und sie existierten vor dem 6. Jahrhundert
entweder als unterworfene, von Rom abhängige Klientelstaaten oder
dienten innerhalb des Limes als im allgemeinen zuverlässige Lieferanten
von militärischen Mannschaften und Offizieren. Zu Beginn des späten
3. Jahrhunderts hören wir vereinzelt von „fränkischen" Raubzügen und
Aufständen und sogar von „fränkischen" Piraten, die in den Mittelmeer-

raum eindrangen und Nordafrika und die spanische Küste in der Nähe von Tarragona überfielen. In der Regierungszeit von Constantius Chlorus und Constantin wurden diese Aufstände grausam niedergeschlagen, ihre Anführer in den Arenen den wilden Tieren vorgeworfen, und eine große Zahl ihrer Krieger wurde in die kaiserliche Armee eingereiht. Schließlich wurde die als Salier bezeichnete Gruppe als *laeti* in dem Gebiet von Toxandrien (Tiesterbant in der Nähe des heutigen Kampen in den Niederlanden) angesiedelt; sie sollten das Land rekultivieren, eine Pufferzone zwischen den zivilisierteren Regionen des Imperiums und anderen, noch unvollständig unterworfenen barbarischen Völkern bilden und nicht zuletzt als sicheres Reservoir fränkischer Rekruten für die kaiserliche Armee dienen.

Diese brutale Behandlung der Franken war im großen und ganzen wirksam. Von nun an stellten sie im Westen trotz gelegentlicher Versuche antirömischer Gruppen, ins Römische Reich einzudringen, über ein Jahrhundert loyale Truppen und Heerführer. Wie wir gesehen haben, verhielten sich Franken wie Arbogast und Mallobaudes sogar gegenüber Stammesgenossen wie loyale Offiziere des Imperiums, und als 406 der Westen von der Invasion der Vandalen, Alanen und Sueven bedroht wurde, erwiesen sich die Franken im Kampf gegen sie als treue Verbündete.

Während der langen Zeit in römischen Diensten, die nur kurzlebige Aufstände und Geplänkel unterbrachen, war es gar nicht zu vermeiden, daß die Identität der Franken und ihre politische und militärische Struktur durch die Begegnung mit den Traditionen des Imperiums stark beeinflußt wurden. Der Militärdienst war das bei weitem wichtigste Instrument der Romanisierung, und die fränkischen Stämme am Mittel- und Niederrhein waren davon mehr betroffen als die meisten anderen. Diese tiefe Einwirkung und Veränderung wird in einem solchen Beleg wie der Grabinschrift eines in Pannonien beigesetzten Soldaten aus dem 3. Jahrhundert greifbar: *Francus ego cives, miles romanus in armis* (Franke bin ich meiner Nation nach, als römischer Soldat stehe ich unter Waffen).[3] Daß ein Barbar zur Beschreibung seiner Identität das lateinische *civis* verwendete, einen Begriff, der ohne jede Kenntnis der Traditionen römischer Staatskunst und Gesetzgebung unverständlich war, weist deutlich darauf hin, wie stark die fränkische Gesellschaft zu einem integralen Teil des Imperiums geworden war. Die zweite Hälfte der Inschrift ist nicht weniger bezeichnend: Ein „Franke der Nation nach" war tatsächlich ein römischer Soldat, und in zunehmendem Maße fand man seine Identität als Franke – im Unterschied zu den engeren Kategorien als Chamaver,

Chatte, Brukterer, Amsivarer oder Salier – durch den Dienst in der römischen Armee.

Solche Dienste wurden reich belohnt, und nach und nach rückten die Salier im 5. Jahrhundert aus ihrem toxandrischen „Reservat" in die stärker romanisierten Gebiete des heutigen Belgien und des nördlichen Frankreich und am Unterrhein vor, wobei sie in das angestammte Gebiet der Thüringer eindrangen. Diese Expansion verlief im wesentlichen friedlich, allerdings mußte der römische General Aetius im Jahre 428 und erneut um 450 fränkische Aufstände, die von dem salischen Fürsten Chlodio angeführt wurden, niederschlagen. Solche gewalttätigen Zwischenspiele verhinderten jedoch zu anderen Zeiten keineswegs eine enge Zusammenarbeit, wie der Beitrag der Franken zum Sieg des Aetius über die Hunnen im Jahre 451 in der Nähe von Orléans beweist.

Im Laufe des 5. Jahrhunderts übernahmen die Salier die Herrschaft über den „Stammesschwarm" der Franken unter der Führung von Chlodios Sippe, der auch Merovech, möglicherweise, aber nicht nachweislich einer seiner Söhne, und dessen Nachfolger Childerich, wiederum möglicherweise ein Sohn Chlodios, angehörten. Wie auch immer diese salischen Fürsten miteinander verwandt waren, sie gehörten mit Sicherheit zur salischen Führungsgruppe und pflegten wie andere Adelsfamilien die Gewohnheit, ihr Haar lang wachsen zu lassen. Auf diese Sitte geht ihre spätere Charakterisierung als *reges criniti*, als langhaarige Könige, zurück.

Childerich, einer der Stammesführer aus der Sippe Chlodios, übernahm die Führung der Franken vor dem Jahr 463 und war der letzte fränkische Heerführer, der die Tradition des Militärdienstes als „Reichsgermane" fortsetzte. Wir wissen, daß er unter dem Oberbefehl des gallischen Heerführers Aegidius 463 bei Orléans gegen die Westgoten kämpfte und erneut 469 bei Angers unter dem römischen Befehlshaber oder *comes* Paulus. Obwohl gewisse Differenzen dazu führten, daß er Nordgallien verließ und ins Exil nach „Thuringia" ging, wobei Unklarheit darüber besteht, ob Thüringen jenseits des Rheins oder einfach Tournai gemeint ist, blieb er der Welt der spätrömischen Zivilisation eng verbunden. Historiker haben sogar mit Recht vermutet, er habe nach seiner „Verbannung" durch den römischen Kommandanten Galliens unmittelbare Hilfe von Konstantinopel erhalten. Die prächtigen Grabbeigaben, die 1653 in Tournai, dem Zentrum seiner Macht, gefunden wurden, belegen den Wohlstand und die internationalen Verbindungen eines erfolgreichen Föderaten im späten 5. Jahrhundert. Die Waffen, Juwelen und Münzen, mit denen er bei seinem Tode im Jahre 482 beigesetzt wurde, stammten aus byzantinischen, hunnischen, germanischen und gallorömischen Werkstätten. Dienste für Rom waren immer noch der sicherste Weg, Reichtum und Macht zu gewinnen. Aber die römische Welt, der er diente, unterschied sich immer weniger von seiner eigenen. Aegidius selbst hatte nach der Ermordung des Kaisers Mariorian im Jahre 461 die Beziehungen zu Rom abgebrochen und war ein Gegner des mächtigen Rikimer. Aegidius war durch die Territorien der Burgunder und Goten von den unter unmittelbarer Kontrolle der Reichsarmee stehenden Gebieten getrennt und befehligte seine Gefolgschaft von seiner Festung in Soissons aus – weniger kraft einer offiziellen römischen Funktion als durch die Macht seiner barbarischen *bucellarii*, seiner Privatarmee. Nach seinem Tod im Jahre 464 übernahm sein Sohn Syagrius seine Position, und der spätere Bericht des Gregor von Tours, er sei zum *rex Romanorum*, zum König der Römer, gewählt worden, ein durch und durch barbarischer Titel, beschreibt wahrscheinlich sehr genau seine Stellung. Ob Syagrius nun einen römischen Titel, möglicherweise den eines *patricius*, führte oder nicht, die reale Grundlage seiner Macht bestand darin, daß er von seiner barbarischen Armee zum König, das heißt zum militärischen Anführer, erhoben worden war. Tatsächlich mögen die Römer Syagrius für einen Verräter gehalten haben, als nach dem Friedensschluß im Jahr 475 Kaiser Julius Nepos praktisch ganz Gallien an die Westgoten abtrat. Aber er war nicht der einzige Herrscher über ein Barbarenvolk nördlich der Loire. Das Grab Childerichs enthielt einen Siegelring mit der Inschrift *Childirici regis*.

Die größte Macht im Westen war das Königreich der Westgoten, und Childerich war ein zu kluger Herrscher, um diesem gegenüber eine eindeutig feindselige Haltung einzunehmen. Daß seine Schwester mit einem Westgotenkönig verheiratet war, beweist, daß er gute Beziehungen zu dem zwar andersgläubigen, aber legitimen Königreich von Toulouse aufgebaut hatte. Aber wie andere barbarische Herrscher in römischen Diensten vor ihm, unterhielt Childerich zugleich auch gute Beziehungen zu der gallorömischen Gesellschaft sowohl im Königreich von Soissons als auch offensichtlich in jenen Gebieten, die zu seinem unmittelbaren Herrschaftsbereich gehörten. Obwohl er ein Heide war, der allerdings stärker in der römischen als in der germanischen Tradition verhaftet war, galt er als Beschützer der *Romanitas* und damit auch der orthodoxen christlichen Kirche. Durch sein häufiges Zusammenwirken mit Aegidius und Syagrius sowie durch seine freundschaftlichen Beziehungen zu gallorömischen Bischöfen baute er seine Position nicht nur innerhalb seiner fränkischen Kriegergefolgschaft, sondern auch im Rahmen der bestehenden römischen Machtstrukturen aus. Insgesamt schuf er damit die Grundlage für den Aufstieg seines Sohnes Chlodwig, der 482 seine Nachfolge antrat.

Chlodwig

Nach dem Tod Childerichs ging die Führung der salischen Franken auf seinen Sohn Chlodwig über, der die Politik seines Vaters fortsetzte. Ein Brief, den der gallorömische Bischof Remigius von Reims unmittelbar nach Childerichs Tod schrieb, zeigt, daß der junge Franke von der gallorömischen Führungsschicht als Administrator der Belgica Secunda anerkannt wurde und daß man von ihm erwartete, daß er die christliche römische Gemeinde unterstützen werde, obwohl er ein Heide war: „Ein großes Gerücht hat uns erreicht, daß Ihr die Verwaltung der Belgica Secunda übernommen habt. Es ist nicht verwunderlich, daß Ihr genauso begonnen habt, wie es Eure Vorväter immer getan haben... Eure Gunsterweise müssen rein und ehrlich sein. Ihr müßt Eure Bischöfe ehren und immer auf ihren Rat hören. Solange Ihr in Übereinstimmung mit ihnen steht, wird Eure Provinz gedeihen."4

Diese Empfehlung an einen heidnischen Fürsten, sein Amt gerecht auszuüben und den Rat der Bischöfe zu suchen, entsprach keineswegs einer neuen Lage der Dinge, sondern beschrieb lediglich die Tradition der reichsgermanischen Herrscher, die im Dienst der inzwischen christianisierten *Romanitas* standen. Chlodwig tat offensichtlich einige Jahre lang, was von ihm erwartet wurde, aber die Neigung militärischer Führer, ihre Herrschaft auszudehnen, und der Tod des mächtigen Westgotenkönigs Eurich, der im Westen ein Machtvakuum hinterließ, lenkten seine Aufmerksamkeit auf das Königreich des Syagrius, das wahrscheinlich die Provinz Lyon und Teile der Belgica Secunda einschloß. 486 begann Chlodwig mit Hilfe anderer fränkischer Fürsten einen Krieg gegen Syagrius, der in einer einzigen Schlacht in der Nähe von Soissons entschieden wurde. Syagrius wurde besiegt, und obwohl er entkam und zu dem Westgotenkönig Alarich II. floh, wurde er an Chlodwig ausgeliefert, der ihn heimlich ermorden ließ.

Die Annexion des Königreichs von Soissons durch Chlodwig war in mancher Hinsicht ein Staatsstreich: Ein romanisierter Barbarenkönig trat an die Stelle eines römischen *rex*. Chlodwig übernahm unverändert das, was von den *bucellarii* des Syagrius übriggeblieben war, die römische Provinzverwaltung, das Personal der Provinzregierung sowie das Fiskalland, das vorher Aegidius und Syagrius beherrscht hatten. Wie Gregor von Tours, unsere wichtigste Quelle, über zwei Generationen später schrieb, wurde seine Stellung auch vom gallorömischen Adel wenigstens formal anerkannt. Aber Chlodwigs Sieg hatte noch weiterreichende Wirkungen. Schon zuvor hatten sich einige fränkische Gruppen im Königreich von Soissons niedergelassen, vielleicht waren sie nach Childerichs Verbannung dort geblieben. Eventuell wurde der Feldzug Chlodwigs gegen Syagrius auch von seinem Wunsch geleitet, die Herrschaft über diese Franken wiederherzustellen. Sein Sieg beschleunigte die Migration fränkischer Gruppen von Norden nach Süden, so daß das Kernland des Syagriusreiches rasch zum fränkischen Machtzentrum wurde. Dies zeigt sich am deutlichsten in der Verfügung, die Chlodwig über seine Bestattung traf. Während sein Vater das Gebiet von Tournai zu seinem Machtzentrum erhoben hatte, wo er auch beigesetzt worden war, wurde Chlodwig im Jahre 511 in Paris beerdigt.

Wollte der ehrgeizige Barbarenkönig Chlodwig im frühen 6. Jahrhundert seine Macht festigen, so mußte er sich mit anderen Kräften im Westen auseinandersetzen, und zwar zunächst mit den anderen keltischen, germanischen und fränkischen Völkern beiderseits des Rheins einschließlich der Armoricaner, Thüringer, Alemannen und Burgunder, später mit dem römischen Imperium, das nun auf den Osten geschrumpft war, den Westgoten von Toulouse und Spanien und den Ostgoten von Italien.

Die Chronologie der Regierungszeit Chlodwigs ist hoffnungslos unklar; sogar die Identität der verschiedenen Völker, die er besiegt und in sein Königreich aufgenommen haben soll, ist zweifelhaft. Anscheinend erkämpfte er zuerst gegen die Kelten der Region Armorica eine Pattsituation, wobei er bestenfalls eine sehr begrenzte Anerkennung der fränkischen Vorherrschaft in dieser Landschaft erzielte. Nach Gregor unterwarf er um 491 die Thüringer, vermutlich nicht die auf der rechten Rheinseite angesiedelten, sondern eine kleine Gruppe, die wie die Franken über den Niederrhein abgewandert war. Aller Wahrscheinlichkeit nach war die Unterwerfung eine viel langwierigere Angelegenheit, als Gregor glauben machen wollte; die Kampfhandlungen dauerten mindestens bis 502, wenn nicht noch länger. Chlodwigs dritter und wichtigster Sieg über Barbaren war der über die Alemannen. Den entscheidenden Sieg errang er bei Tolbiacum, dem heutigen Zülpich südwestlich von Köln, wahrscheinlich um 497. Eine ansehnliche Zahl der Alemannen flüchtete jedoch in das Gebiet von Rätien südlich des Bodensees und des

Oberrheins, wo der Ostgote Theoderich sie unter seinen Schutz nahm. Nach der Niederwerfung der Thüringer und der Alemannen wurde Chlodwig um das Jahr 500 in einen ergebnislosen Kampf gegen die Burgunder verwickelt, der durch Vermittlung Theoderichs endete. Wie schon sein Vater vor ihm festigte Chlodwig die Beziehungen zu den gotischen Königreichen durch Heiraten. Vielleicht nahm er sogar die Religion der Goten an. Trotz der anderslautenden Darstellung des Gregor von Tours, der seinen Bericht zwei Generationen nach dem Tod Chlodwigs niederschrieb und von ihm ein Bild schuf, das mit den bruchstückhaften Kenntnissen, die wir über den historischen Chlodwig besitzen, kaum in Einklang zu bringen ist, vermuten der britische Historiker Ian Wood und sein deutscher Kollege Friedrich Prinz, daß Chlodwig mit dem Gedanken gespielt habe, zum Arianismus bzw. Quasiarianismus seiner gotischen und burgundischen Nachbarn überzutreten, und vielleicht sogar konvertierte.[5] Angesichts der Stellung, die der fränkische Herrscher in der lockeren ostgotischen Konföderation einnahm, erscheint diese Vermutung durchaus plausibel. Während seiner gesamten Regierungszeit bewahrte Chlodwig eine respektvolle, wenn auch nicht immer bequeme Haltung gegenüber dem großen ostgotischen König Theoderich, nach welchem er sogar seinen ältesten Sohn benannte, und der zwar Gegner Chlodwigs wie die Alemannen beschützte, aber auch eine vorübergehende Waffenruhe zwischen Chlodwig und dem Westgotenkönig Alarich II. vermittelte.

Schließlich entschloß sich Chlodwig jedoch, den Entscheidungskampf mit den Goten vor allem südlich der Loire zu wagen. Sicherlich hing diese Entscheidung mit seinem vieldiskutierten, aber gänzlich im dunkeln liegenden Übertritt zum Christentum zusammen, der in Reims am Weihnachtsfest des Jahres 496, 498 oder auch erst 506 erfolgte. Welchem Glauben Chlodwig dabei den Rücken kehrte, ist nicht gesichert. Nach Gregor von Tours war es ein Polytheismus, zu dem insbesondere die römischen Götter Saturn, Jupiter, Mars und Merkur gehörten. Diese Behauptung muß nicht unbedingt ein Fall von *interpretatio Romana* sein. Wie wir gesehen haben, huldigten die barbarischen Heerführer in römischen Diensten bereits seit langer Zeit der römischen Staatsreligion. Eine andere oder auch zusätzliche Möglichkeit besteht darin, daß Chlodwig einem synkretistischen fränkischen Polytheismus abschwor; dazu gehörte ein Meeresgott, der teils ein Meeresungeheuer, teils Mensch und teils Stier war und eine besondere Familiengottheit der Merowinger gewesen zu sein scheint, wie die Nachfolger Chlodwigs nach dem legendären Urahn der Sippe Merowech benannt wurden.

Schließlich oder vielleicht zusätzlich kann sich Chlodwig, wenn die Thesen von Wood und Prinz zutreffen, von einem politisch motivierten Arianismus abgewandt haben. Ebenfalls problematisch bleibt, zu welcher Religion er übertrat. Angesichts der synkretistischen Natur der spätantiken Religion ist die Annahme keineswegs zwingend, daß der Übertritt zum Christentum eine Konversion zu einem radikalen Monotheismus darstellte; Chlodwig kann Christus auch durchaus als einen zusätzlichen mächtigen, siegverleihenden Verbündeten angesehen haben, den man für sich gewinnen mußte. Die Bedeutung seiner Konversion, wie sie von Gregor beschrieben wurde, widerspricht dem sicherlich nicht. Nach Gregor war es Chlodwigs orthodoxe burgundische Ehefrau Chrodechild, die ihn als erste drängte, ihre Religion anzunehmen. Der entscheidende Anstoß kam jedoch wie zwei Jahrhunderte zuvor für den ehrgeizigen heidnischen Imperator Konstantin den Großen in der Schlacht. Als Chlodwig bei Tolbiacum von den Alemannen bedrängt wurde, gelobte er, sich im Falle des Sieges taufen zu lassen. Die Parallele zu Konstantin, auf die Gregor ausdrücklich verweist, war unmißverständlich.

Um welche Art von Konversion es sich auch handelte, eine persönliche Angelegenheit war sie jedenfalls nicht. Die Religion des Frankenkönigs war ein wesentlicher Bestandteil der Identität und des militärischen Erfolges eines ganzen Volkes, das von ihm sein Selbstverständnis und seinen Zusammenhalt bezog. Die Konversion des Königs bedeutete notwendigerweise auch die Konversion seiner Gefolgschaft. Daher ist es kein Wunder, daß Gregor berichtet, Chlodwig habe vor seiner Taufe sein „Volk" – vermutlich seine wichtigsten Gefolgsleute – befragt. Und es verwundert auch nicht, daß nicht er allein getauft wurde, sondern gleichzeitig „mehr als 3000 aus seinem Heer" die Taufe empfingen. Wenn auch viele Franken ihrem König zum Taufbecken folgten, war die Konversion zweifellos eine militärische Angelegenheit, die Anerkennung eines neuen und mächtigen, den Sieg verleihenden Gottes durch den Befehlshaber und sein Heer.

Die Konversion Chlodwigs zum orthodoxen Christentum hatte äußerst weitreichende Auswirkungen nach innen wie nach außen. Die siegreichen Franken waren wie andere germanische Völker auch primär ein Heer, das zwar das Monopol der militärischen Machtausübung besaß, aber insgesamt nur eine Minderheit unter der Gesamtbevölkerung bildete und keinerlei Erfahrung in der Zivilverwaltung und auf anderen Gebieten besaß, wie sie zum Erhalt einer Gesellschaft unabdingbar sind. Nun trennte dieses Heer kein kultisches Hindernis mehr von den einheimischen Bewohnern Galliens, den Bauern, Handwerkern und, was besonders wichtig ist, dem gallorömischen Adel und seinen Führungsschichten, den Bischöfen, für die die Religion ein ebenso wichtiges Element ihrer Identität darstellte wie für die Franken. Die Christianisierung ermöglichte nicht nur eine enge Zusammenarbeit zwischen Gallorömern und Franken, wie sie in den gotischen und burgundischen Königreichen schon lange die Regel gewesen war, sondern auch eine wirkliche Verschmelzung der beiden Völker, ein Prozeß, der im 6. Jahrhundert auf allen Ebenen in vollem Gange war.

Nach außen war die Konversion gleichbedeutend mit einer Ablehnung der religiösen Traditionen der Nachbarn der Franken, nämlich der Goten und des arianischen Teils der Burgunder, und für beide Königreiche stellte sie eine unmittelbare Bedrohung dar. Gregor behauptete, daß der orthodoxe Konvertit Chlodwig es unerträglich fand, „daß diese Arianer noch einen Teil Galliens besitzen", aber das war kaum der Grund.[6] Vielmehr eröffnete die Zugehörigkeit zur Orthodoxie diesem auf Expansion bedachten Herrscher die Aussicht darauf, die gallorömische Aristokratie der Nachbarkönigreiche zur Zusammenarbeit gewinnen zu können. Somit bedrohte die Konversion des Königs die innere Stabilität seiner beiden Nachbarn, und ungeachtet der unsicheren Chronologie muß sie als Teil der fränkischen Herausforderung der gotischen Vorherrschaft und der burgundischen Präsenz im Westen betrachtet werden.

Die relative Schwäche des westgotischen Königreiches von Toulouse nach dem Tod Eurichs ermutigte Chlodwig zweifellos zur Expansion nach Süden. Hinzu kam, daß Chlodwig nun als Nachfolger des Syagrius mit den Westgoten eine ungesicherte Grenze teilte, die er mit seinen Franken im Jahre 498 bereits in einem Zug nach Bordeaux überschritten hatte. Danach beschäftigten ihn seine Kämpfe gegen die Alemannen und Burgunder, aber um 507 hatte er die Hände frei, um sich erneut gegen das westgotische Königreich südlich der Loire wenden zu können. Der Feldzug war gut vorbereitet; es nahmen daran einige Burgunder teil sowie Truppen, die von seinem rheinischen Verwandten Chloderich, dem Sohn des Königs Sigibert von Köln, angeführt wurden. Chlodwig hatte einen Vertrag mit Kaiser Anastasius geschlossen; die Expedition war mit byzantinischen Flottenbewegungen vor der italischen Küste abgestimmt worden, die den Ostgoten Theoderich erfolgreich daran hinderten, den Westgoten zu Hilfe zu eilen. Bei Vouillé nordwestlich von Poitiers wurden die Goten vollständig besiegt. Alarich II. fiel, und im Jahr darauf wurden die gotische Hauptstadt Toulouse eingenommen und die gotische Präsenz nördlich der Pyrenäen auf einen schmalen Küstenstreifen bei Narbonne im äußersten Osten reduziert.

Auf seiner triumphalen Heimreise wurde Chlodwig in Tours von Abgesandten des Kaisers Anastasius aufgesucht, der ihn in einer offiziellen Urkunde zum Ehrenkonsul erhob. Chlodwig nutzte diese Ehrung, die offensichtlich die kaiserliche Anerkennung seines Königtums oder zumindest die symbolische Adoption in die kaiserliche Familie einschloß, um seine Macht über die neugewonnenen Gallorömer zu festigen. Er erschien in der Basilika Sankt Martin von Tours, bekleidet mit einem Purpurumhang und einem Chlamys oder Militärgewand, und setzte sich ein Diadem aufs Haupt. Keines dieser Symbole gehörte zur konsularischen Tradition, aber vielleicht wollte er sein Königtum durch die Verbindung mit der römisch-kaiserlichen Tradition aufwerten. Mit einer berühmt gewordenen, wenn auch zweideutigen Formulierung behauptet Gregor, daß er „von diesem Tage an ... Konsul oder Augustus genannt" wurde.[7]

Welche Bedeutung dieses Ritual auch besaß, Chlodwig wandte sich bald der praktischen Durchsetzung seiner Ansprüche zu und ging daran, seine Position innerhalb der Franken abzusichern. Vom erfolgreichsten Anführer dieses multizentralen Verbandes war er zu einer Machtfülle aufgestiegen, wie sie kein Barbar nördlich der Alpen vor ihm besaß. Nun verdrängte er andere fränkische Fürsten, die zum großen Teil aus seiner eigenen Sippe stammten, um seine Macht über die Franken ebenso wie zuvor jene über die Gallorömer zu festigen. Dabei verfuhr er ebenso brutal wie wirkungsvoll. Unter anderem liquidierte er die gesamte Familie des Königs Sigibert, der die am Rhein bei Köln siedelnden Franken regierte; er ließ den rivalisierenden salischen Anführer Chararich und dessen Sohn hinrichten und veranlaßte die Ermordung des Ragnachar, eines fränkischen Königs in Cambrai. Zur Zeit Gregors waren die skrupellosen und klugen Manöver König Chlodwigs schon zur Legende verklärt worden, und zweifellos zählten ihm gewidmete, mündlich tradierte Gedichte oder Gesänge zu den Quellen Gregors. Doch selbst diese legendären, von einem gallorömischen Bischof überlieferten Darstellungen vermitteln noch einen Eindruck von der Persönlichkeit und dem politischen Scharfsinn Chlodwigs. Er achtete sorgfältig darauf, jeweils nicht nur den Besitz seines Opfers an sich zu ziehen, sondern auch dessen *leudes*, das engste Gefolge. Gegen Ende seines Lebens, so berichtet Gregor, klagte er gerne: „Weh mir, daß ich nun wie ein Fremdling unter Fremden stehe, und keine Verwandten mehr habe, die mir, wenn das Unglück über mich kommen sollte, Hilfe gewähren könnten!"[8] Wie

Gregor versichert, entsprang diese Klage jedoch nicht der Trauer um die toten Verwandten, sondern der Hoffnung, noch einen lebenden zu finden, den er ermorden könnte.

Die Herrschaft über das Frankenreich: die Übernahme der römischen Verwaltungsstrukturen

Nach den meisten Beschreibungen beruhte die Herrschaft Chlodwigs über seine umfangreichen Eroberungen auf Angst und persönlichem Charisma. Gregors Schilderungen der Morde Chlodwigs an seinen Verwandten und der brutalen Rache an einem fränkischen Krieger, der es gewagt hatte, um seinen Anteil an der bei Soissons gemachten Beute zu streiten, verstärken das Bild vom barbarischen Eroberer, der schnell zur Lüge und noch schneller zur Streitaxt griff. Möglicherweise besaß er solche Charaktereigenschaften, aber deshalb waren sie nicht typisch barbarisch; sie zierten auch so manchen spätrömischen Kaiser. Jedenfalls hätten sie allein nicht genügt, um soviel Land zu erobern, und erst recht nicht zur Schaffung eines Königreichs, das nach seinem Tode zwar geschwächt und geteilt wurde, aber doch als ansehnliches Erbe an seine Nachfolger überging. Die außerordentliche Heterogenität der von ihm eroberten Länder und Völker umfaßte vielfältige politische, soziale und religiöse Ordnungssysteme, die zu einem zusammenhängenden und stabilen Herrschaftsbereich verbunden werden mußten. Anders als die Reiche Attilas, Theoderichs und der meisten barbarischen Eroberer blieb das Königreich Chlodwigs und seiner Familie aber über Jahrhunderte bestehen.

Daß Attila keine Dynastie gründete, überrascht kaum. Aufstieg und Fall solcher charismatischen Herrscher waren in der Antike nichts Ungewöhnliches. Stärkere Beachtung verdient das Schicksal des gotischen Königreiches Theoderichs. Seine glanzvolle Schöpfung hatte zwei fatale Schwächen. Erstens unternahm Theoderich nie den Versuch, die römische mit der gotischen Gesellschaft zu verschmelzen, und hinterließ daher seinen Nachfolgern ein instabiles Erbe. Von entscheidender Bedeutung war aber zweitens, daß Italien von Konstantinopel und dem Zentrum römischer Macht einfach nicht weit genug entfernt war, als daß man ihm erlaubt hätte, eigene Wege zu gehen.

Theoderich hatte versucht, zwei Traditionen getrennt voneinander aufrechtzuerhalten, diejenige seiner christlich-orthodoxen römischen Bevölkerung und die des arianischen Gotenheeres, das zum großen Teil um Ravenna, Verona und Pavia siedelte. Aber Angehörige seiner eigenen Familie erlagen der Anziehungskraft der römischen Tradition und Kultur, so daß sich die nächste Generation der Amaler nach seinem Tode (526) dem stärker traditionsgebundenen gotischen Adel entfremdete und untereinander heftig zerstritten war. Daher plante schließlich Amalaswintha, die Tochter Theoderichs und Regentin für ihren minderjährigen Sohn Athalarich (526–534), mit Kaiser Justinian zu einem Ausgleich zu kommen. Ihre Ermordung im Jahre 535 bot Justinian den Anlaß, den Goten den Krieg zu erklären; der folgende zwanzigjährige blutige Konflikt vernichtete die Ostgoten und hinterließ ein zerstörtes Italien.

Im Gegensatz zum glanzvollen, aber dem Untergang geweihten Reich Theoderichs in Italien mischten sich im Königreich Chlodwigs von Anfang an fränkische und römische Traditionen. Außerdem lagen Gallien und Germanien so weit am Rande der byzantinischen Interessensphäre, daß sie bei Justinian und seinen Nachfolgern kaum mehr als eine oberflächliche Beachtung fanden. Daher konnten die Franken in relativer Ruhe die Folgen ihrer Eroberungen verarbeiten.

Ein Teil der erfolgreichen Aufbaupolitik Chlodwigs kann zweifellos seinem durch das lange Haar und die mythische Abstammung seiner Ahnen begründeten Charisma sowie seiner Fähigkeit zugeschrieben werden, andere davon zu überzeugen, daß dieses Charisma allein durch seine Person an zukünftige Generationen weitergereicht werden könne. Gleichwohl darf dies nicht überbewertet werden. Für die Errichtung einer dauerhaften und effektiven Herrschaft war das römische Erbe sowohl der Eroberer als auch der Unterworfenen weit bedeutsamer.

Die einheimische Bevölkerung im Norden, vor allem aber in Aquitanien, dem Gebiet südlich der Loire, das zum westgotischen Königreich gehört hatte, hatte die spätrömische Infrastruktur praktisch unverändert beibehalten. Sie pflegte nach wie vor die lateinische Bildung und Sprache und lebte weiterhin nach römischem Recht; aber auch die römische Fiskal- und Agrarstruktur sowie das Netz römischer Straßen, Städte und Handelsverbindungen war ohne ernsthafte Lücken erhalten geblieben. Dies alles und die Reste der weiterhin tätigen römischen Verwaltung erbten die Franken. Nach ihrem Sieg konnten Chlodwigs Franken, die an eine enge Zusammenarbeit mit den Römern gewöhnt waren, diese Verwaltung ohne Schwierigkeiten in ihre eigenen administrativen Strukturen einbeziehen.

Ihrerseits wurden die Franken tiefgreifend romanisiert. Chlodwig und seine Franken waren schon vor dem Sieg bei Soissons an römische Disziplin gewöhnt. Ganze Generationen von Franken in römischen Diensten hatten Organisation und Machtausübung der Römer kennengelernt. Dieses Erbe zeigt sich sogar im salischen Recht, der vermutlich am stärksten fränkisch geprägten Tradition. Zwischen 508 und 511 erließ Chlodwig den *Pactus Legis Salicae*, einen ebenso grundlegenden wie umstrittenen Text, der in unserer Betrachtung der fränkischen Gesellschaft noch mehrfach erwähnt werden wird. In seiner ältesten Überlieferungsform besteht der *Pactus* aus 65 Kapiteln und ist nach dem westgotischen Gesetz das älteste Beispiel einer schriftlichen Rechtssammlung eines barbarischen Königreichs. Schriftlich fixierte Gesetze beruhten auf keiner barbarischen Tradition; die Kodifizierung von Gewohnheitsrecht in noch so unsystematischer Form konnte nur unter dem Einfluß des römischen Rechts entstehen und nur von Menschen durchgeführt werden, die in dieser Tradition geübt waren. Der Text ist in lateinischer Sprache abgefaßt; die Hypothese, es handle sich um die Übersetzung einer verlorengegangenen fränkischen Version, hat die Wissenschaft längst aufgegeben. Merkmale des römischen Rechts und römischer Rechtsorganisation zeigen sich schon in der Form des Textes. Mit der Veröffentlichung des Gesetzeswerks handelte Chlodwig nicht als Barbarenkönig, sondern als rechtmäßiger Herrscher über einen Teil der romanisierten Welt. Außerdem gilt der *Pactus* nicht nur für die Franken, sondern für alle *barbari*, Nichtrömer, seines Königreiches.

Der größte Teil des *Pactus* stellt keine „neue" Gesetzgebung dar. Möglicherweise waren viele Bestimmungen bei der Veröffentlichung sogar bereits veraltet. Bis auf wenige Ausnahmen ist das Gesetzeswerk frei von christlichen Elementen; es beschreibt eine Gesellschaft aus einfachen Bauern und Viehzüchtern und nicht die siegreichen Eroberer Galliens; manche Abschnitte enthalten weniger Vorschriften als vielmehr Listen von Bußgeldern und Strafen und sogar ältere Rechtssprüche. Hauptziel des *Pactus* ist es, durch die Festsetzung von Bußgeldern und Strafen Fehden und Blutrache zwischen den Sippen zu vermeiden, nach Tacitus ein altes Anliegen der germanischen Gesellschaft. Zwar beruhen die Kodifizierung selbst und einige Teile des *Pactus* auf der Initiative Chlodwigs, ein Großteil des Textes reicht aber in eine weit frühere Zeit zurück.

Das bedeutet jedoch nicht, daß der Text lediglich germanisches Gewohnheitsrecht wiedergibt. Im Gegenteil, die älteren Teile können sehr wohl römischen Ursprungs sein. Wichtige Belege hierfür liefern die im *Pactus* erwähnten Ortsnamen und der älteste erhaltene Prolog. Hierin heißt es, vier fränkische Fürsten, die Befehlshaber *(rectores)* gewesen seien, hätten sich wegen der unaufhörlichen Streitigkeiten zwischen den Franken zusammengetan und das Salische Gesetz erlassen.[9] Darin sah man meist eine mythische Ursprungslegende oder auch einen Hinweis auf die Existenz ansonsten unbekannter Unterkönige zur Zeit Chlodwigs. In einer anschließenden Passage werden als Grenze der fränkischen Besiedelung der Fluß *Ligeris* und der Wald *Carbonaria* genannt, obwohl sich die Franken bereits weit über diese Grenzen hinaus ausgebreitet hatten. Die meisten Forscher sehen in diesen Ortsangaben die Loire im Süden und den Kohlenwald zwischen den Flüssen Sambre und Dyle im heutigen Belgien. Damit wäre ungefähr die Nord- bzw. Südgrenze von Chlodwigs Reich beschrieben, aber einige Forscher halten *Ligeris* auch für die Lys, die die Nordgrenze von Toxandrien gebildet habe. In jüngster Zeit hat der französische Historiker Jean-Pierre Poly als Treffpunkte der vier *rectores* die Dörfer Bodegem, Zelhem und Videm zwischen Lys und dem Kohlenwald vorgeschlagen, was immer noch in etwa innerhalb des Gebiets von Toxandrien läge. Ferner nimmt Poly an, die vier *rectores* seien vier hochrangige „reichsgermanische" Offiziere des 4. Jahrhunderts gewesen, die nicht aus fränkischem Recht, sondern kraft ihrer Befehlsgewalt über römische Truppen die Macht besaßen, den Frieden zu sichern, Gewalttätigkeiten zu unterdrücken und mit den Familienoberhäuptern über Wergeldzahlungen zur Beendigung von Fehden zu verhandeln. Er schließt daraus, die Franken hätten schon lange vor der Eroberung durch Chlodwig Elemente der römischen Verfassung in ihre Rechtsordnung und ihr politisches System übernommen. Bei der Kodifizierung habe Chlodwig auf diese ältere Tradition zurückgegriffen.[10]

Die Franken zur Zeit Chlodwigs waren mit den römischen Rechtstraditionen vertraut. Ebenso vertraut waren sie mit der römischen Verwaltung, oder sie gewöhnten sich rasch daran. Wie wir gesehen haben, wurde Chlodwig bereits vor seinem Sieg über Syagrius von Bischof Remigius als rechtmäßiger römischer Statthalter anerkannt, und nach seinem Sieg über innere und äußere römische und barbarische Rivalen bestätigte der Kaiser seine Legitimität. Zum Hof Chlodwigs gehörten nicht nur die traditionellen Amtsträger, wie sie zum Haus eines fränkischen Hochadligen gehörten und die hier durch Königsnähe noch höher standen, die *antrustiones* des Königs, sein persönliches Gefolge, das die besondere Gunst des Königs genoß und vom *maior domus*, dem Seneschall und dem Kämmerer angeführt wurde, sondern ebenso römische Offiziere. Obwohl aus der Zeit vor 528 keine schriftlichen Dokumente merowingischer Könige überliefert sind, belegt die Form späterer Urkunden, daß die Könige die Sekretäre *(scrinarii)* und Kanzler *(referendarii)* der spätrömischen Verwaltung übernommen hatten. Dabei handelte es sich wie in der spätrömischen und der gotischen Verwaltung um

weltliches Personal; die Verwendung von Klerikern in der königlichen
Kanzlei sollte eine karolingische Neuerung darstellen.

Für die Verwaltung des merowingischen Königreiches war das ge-
schriebene Wort lebenswichtig, weil das spätrömische Steuersystem, ein
grundlegendes Element der königlichen Macht, fortbestand und eine
genaue Kontrolle der Besteuerung Schriftlichkeit voraussetzte. Daß davon im Gegensatz zu den Quellen der spätmittelalterlichen Verwaltung
so wenig erhalten ist, liegt daran, daß man nicht auf dauerhaftem Perga-
ment, sondern auf leicht verderblichem Papyrus schrieb und daß niemandem daran gelegen war, dieses überreichlich vorhandene Material
über die Zeit seines unmittelbaren Nutzens hinaus aufzubewahren. Dennoch gibt es Hinweise auf eine beachtliche Vielfalt schriftlicher Verwal-
tungsakte der fränkischen Könige und ihrer Beauftragten, *agentes*, wie
sie sich nach der Merowingerzeit erst wieder im 12. Jahrhundert findet.

Daß Franken und Galloromer Erben römischer Traditionen waren,
bedeutet nicht, daß sie dieselben Traditionen übernommen hatten. Wie
wir in den ersten Kapiteln gesehen haben, hatte *Romanitas* für Römer in
der Provinz praktisch nichts mehr mit politischen Strukturen und ganz
sicher nichts mehr mit Militär zu tun. Die galloromische Aristokratie
hatte die Provinzverwaltung finanziell knapp gehalten und sie dadurch
nahezu bedeutungslos gemacht; einen Großteil der Steuereinhebung, der
Sicherung der öffentlichen Ordnung und sogar der Rechtsprechung
hatte sie selbst übernommen. Wenn die Zentralverwaltung der frühfränkischen Könige primitiv war, war sie es nicht mehr und nicht weniger als
die Verwaltung, die Chlodwig von Syagrius geerbt hatte. Bei aller Liebe
zu Rom hatten die Galloromer eine starke Zentralregierung schon lange
für eine Bedrohung ihrer Familienherrschaften gehalten.

Solange die Provinzstatthalter oder die Barbarenkönige der galloromi-
schen Elite Autonomie und die Kontrolle über die von ihnen Abhängigen gewährten, war diese Aristokratie immer bereit, den Staat zu unterstützen. Wie oben erwähnt, erkannte Remigius die Legitimität Chlodwigs bereits vor dessen Sieg in Soissons und vor dessen Konversion an;
Erzbischof Caesarius von Arles betete 506 auf der Synode von Agde auf
Knien um Erfolg, Wohlergehen und langes Leben für den arianischen
Westgotenkönig Alarich II. Für diese Aristokratie, die keineswegs auf
eine Zentralgewalt erpicht war, war es viel günstiger, dem Bischof, den
sie selbst aus den eigenen Reihen gewählt hatte, auf der lokalen Ebene
der *civitas*, das heißt in der Stadt und dem Umland, die Leitung dessen
zu überlassen, was vom rein staatlichen Bereich, der *res publica*, übriggeblieben war. Daher bedeutet die Mahnung des Bischofs Remigius an

Chlodwig, dem Rat seiner Bischöfe zu folgen, nichts anderes als die Aufforderung, den Rat der römischen Aristokratie zu beachten. Die Macht über die Bevölkerung übten die großen Landbesitzer aus; sie waren die wirkliche Obrigkeit. So besaß ihr Bewußtsein, zu einer größeren römischen Welt zu gehören, einen weit stärkeren Bezug zur klassischen Bildung, besonders der Rhetorik, und zur orthodoxen Religion als zur Reichsverwaltung.

Nahm die Aristokratie das Monopol des kulturellen Erbes Roms für sich in Anspruch, so beanspruchten die Franken wie Generationen von Reichsgermanen vor ihnen das militärische Erbe. So weitgehend die Franken in bezug auf die militärische Disziplin und die Teilnahme an der Machtpolitik des Weströmischen Reiches romanisiert waren, blieben sie mit Ausnahme einer kleinen Elite von den römischen sozialen und kulturellen Traditionen ebenso unberührt wie die gallorömische Aritokratie von der römischen Militärtradition. Die einzigartige Leistung Chlodwigs und seiner Nachfolger bestand darin, daß seine Eroberungen und seine Konversion ihm den Weg eröffneten, diese beiden Hälften des römischen Erbes zusammenzuführen. Diese Entwicklung dauerte lange und verlief nicht ohne Schwierigkeiten, schuf aber mit der Zeit eine neue Welt.

Im frühen 6. Jahrhundert trat die Dualität dieses Erbes am deutlichsten in der Lokalverwaltung zutage. Zwar sind unsere Quellen außerordentlich dürftig, aber offensichtlich repräsentierten die gallorömischen Bischöfe weiterhin ihre Gemeinden, und die Reste der lokalen Justiz- und Finanzverwaltung waren erhalten geblieben. Die wichtigste Veränderung bestand darin, daß in größeren Städten ein *comes*, der dem König persönlich unterstand und daher wohl Franke war, zusammen mit einer vermutlich kleinen Garnison stationiert wurde. Seine Aufgaben waren vorwiegend militärischer und rechtlicher Natur. Er hob in seinem Bereich Truppen aus und setzte, wenn er dazu in der Lage war, gegenüber den Franken das königliche Recht durch. Ohne die Mitarbeit des Bischofs und anderer Gallorömer konnte er nichts ausrichten, aber diese Zusammenarbeit war meist dann gewährleistet, wenn er nicht versuchte, die Steuerbelastung zu erhöhen oder in den Einflußbereich der lokalen Eliten einzugreifen. Häufig scheint er in diese lokalen Eliten sogar eingeheiratet zu haben, besonders in entlegenen Teilen des Königreiches, in denen nur wenige Franken lebten. Über diese Entwicklung werden wir in den folgenden Kapiteln noch mehr erfahren.

An der Spitze des politischen Spektrums wirkte sich dieses doppelte Erbe in einer Entscheidung aus, die weitreichende Folgen für das Frankenreich hatte, nämlich in der Teilung des Reiches nach Chlodwigs Tod 511.[11] Warum es unter seinen vier Söhnen aufgeteilt wurde, weiß niemand genau; an Hypothesen fehlt es allerdings nicht: Vielleicht lag es an einer allgemeinen Tradition germanischer Gesellschaften, die sich auch bei den Burgundern, Goten, Vandalen und Angelsachsen findet, die alle die gleichzeitige Herrschaft mehrerer Könige kannten, was nicht notwendigerweise eine Mehrzahl von Königreichen bedeutete. Vielleicht ergab sich die Teilung aus dem salischen Recht, vielleicht auch aus der nahezu magischen Kraft der merowingischen Abstammung. Wahrscheinlicher ist die Teilung ein Ergebnis der besonderen dualen Natur des Königtums Chlodwigs. Er hatte sich zum alleinigen Befehlshaber der Franken aufgeworfen, und obwohl er möglicherweise seine Verwandtschaft nicht so gründlich ausgerottet hatte, wie Gregor berichtet, gab es außer den Söhnen von zwei seiner Frauen keine Anwärter auf seine Nachfolge. Anderen germanischen Traditionen zufolge hätte diese Situation in sehr unterschiedlicher Weise geregelt werden können. Der älteste Sohn Theuderich hätte das Königreich als Ganzes erben können. Seine Halbbrüder, die Söhne der Königin Chrodechild, hätten dann die Stellung von Unterkönigen übernommen, während Theuderich König des gesamten Frankenreiches geworden wäre. Ian Wood hat aber darauf hingewiesen, daß angesichts des Altersunterschiedes zwischen den Brüdern die Wahrscheinlichkeit groß gewesen wäre, daß die jüngeren Brüder im Laufe der Zeit ihre Positionen und auch ihr Leben eingebüßt hätten. Jedenfalls scheint gerade diese Lösung das gewesen zu sein, was Chlodwig durch die systematische Ausrottung seiner Verwandtschaft zu beenden versuchte.

Die Teilung des Reiches unter seinen vier Söhnen scheint eher eine römische als eine fränkische Lösung gewesen zu sein. Chlodwigs Territorien wurden nach nahezu römischer Grenzziehung geteilt, jeder Bruder erhielt seinen eigenen Hof und – zweifellos römische – Berater in der jeweiligen Hauptstadt. Die Teilung selbst spiegelt aber weniger römische Reichstradition als die Tradition der gallorömischen Aristokratie; sie berücksichtigte nicht so sehr die Grenzen römischer Provinzen, sondern die der kleineren römischen *civitates*, die zum Brennpunkt gallorömischer Interessen geworden waren. So erhielt Theuderich, der in Reims residierte, die Gebiete um Trier, Mainz, Köln, Basel und Châlons sowie die neu eroberten rechtsrheinischen Gebiete. Chlothar erhielt die alten salischen Kerngebiete zwischen dem Kohlenwald und der Somme sowie Noyon, seine Hauptstadt Soissons und Laon. Zu Childeberts Anteil gehörten die Küstenregionen zwischen der Somme und der Bretagne, wozu vermutlich neben seiner Hauptstadt Paris auch Amiens, Beauvais,

Rouen, Meaux, Le Mans und Rennes gehörten. Der jüngste der Brüder, Chlodomer, herrschte von Orléans aus über Tours, Sens und vermutlich Troyes, Auxerre, Chartres, Angers und Nantes. Wie diese Aufteilung zustande kam, ist unbekannt. Ausgearbeitet wurde sie sicher von Römern, die die Steuereinnahmen jeder Region kannten, gleichzeitig aber auch darauf achteten, daß ihre eigene Machtbasis erhalten blieb. Mit größter Wahrscheinlichkeit fällten selbst in dieser Schicksalsfrage des fränkischen Königreichs Franken und Römer die grundlegenden Entscheidungen in enger Zusammenarbeit.

Die Bevölkerung des Frankenreiches

Die sozialen, kulturellen und wirtschaftlichen Traditionen der Bevölkerung im Reich des Königs Chlodwig waren komplex und heterogen. Franken und Gallorömer unterschieden sich ursprünglich nicht nur kulturell voneinander, sie bildeten auch selbst keineswegs homogene Gruppen.

Die Wirtschaft in Stadt und Land

Die römische Gesellschaft hatte sich zu jener regional zersplitterten und sozial geschichteten Welt entwickelt, die wir im ersten Kapitel beschrieben haben. Diese Gesellschaft war tief in der Struktur ihres Wirtschaftssystems verwurzelt, für welches die Konzentration des Landbesitzes in den Händen einer kleinen, außerordentlich reichen Elite und eine große Bevölkerungsmehrheit, Sklaven wie Freie in mittelloser und häufig verzweifelter Notlage, charakteristisch waren. Das Resultat waren eine Landwirtschaft, die oft unfähig war, die Bevölkerung zu ernähren, und eine Infrastruktur, die fast ausschließlich die Eliten mit Handelswaren und handwerklichen Erzeugnissen versorgte.

Diese Agrarstruktur, die das frühe Mittelalter jahrhundertelang prägte, erbrachte in guten Jahren geringfügige Überschüsse und führte in schlechten Jahren häufig zu katastrophalen Hungersnöten. Gelegentlich hat man die Krisenanfälligkeit dieser ökonomischen Basis mit dem Einfall der Barbaren begründet, die jedoch in Wirklichkeit weder die Besitzverhältnisse noch die landwirtschaftliche Technik nennenswert beeinflußten. Wo die Feldeinteilung, die landwirtschaftlichen Techniken und die Gutsverwaltung der Römer bis ins 6. Jahrhundert erhalten geblieben waren, war die Kontinuität enorm. Dies galt zwar weniger für die rheinischen Gebiete, aber weithin im Norden und besonders im Süden des

Frankenreiches. Entscheidender als die Barbaren wirkten sich der allgemeine Bevölkerungsrückgang und die im 3. Jahrhundert einsetzende Flucht von wenig ertragreichem oder steuerlich überlastetem Land aus. Der Mangel an landwirtschaftlichen Arbeitskräften blieb weiterhin ein Hauptproblem, und die seit Diokletian ergriffenen Maßnahmen verschärften die Situation womöglich noch. 517 verbot die Synode von Epaon den Äbten, die Sklaven der Ländereien, die sie von Laien als Geschenk erhalten hatten, freizulassen, „denn es ist unbillig, daß, während die Mönche täglich das Feld bauen, ihre Knechte in Freiheit müßig gehen".[12] Bis weit ins 9. Jahrhundert bemühten sich Könige, Adlige und Geistliche darum, verlassenes und unbesiedeltes Land wieder agrarisch nutzbar zu machen.

Die Kultivierung des Ackerbodens erfolgte mit Hilfe provinzialrömischer Techniken, die aber jetzt arbeitsintensiver als in früheren Zeiten waren. Werkzeuge wie das in Gallien zur Zeit des Plinius benutzte mechanische Mähgerät waren verschwunden; Wassermühlen wurden zwar an der Rhône, an der Ruwer und in anderen Gegenden eingesetzt, waren aber selten; die anderen Gerätschaften, Pflüge, Sensen, Hacken usw. waren zum großen Teil oder gar vollständig aus Holz. Eisen war selten und kostbar, so selten, daß man häufig die Hilfe der Heiligen anrief, um verlorengegangene Gegenstände aus Eisen wiederzufinden, und wenn sie sich fanden, wurde das glückliche Ereignis manchmal zu den Wundern des Heiligen gezählt. Werkzeuge aus Eisen, die vorwiegend zur Herstellung hölzerner Gerätschaften dienten, wurden sorgfältig behütet und sparsam eingesetzt.

Die Getreideproduktion, die in der römischen Welt vor allem aus Weizen bestanden hatte, wurde zunehmend von dunkleren Getreidesorten wie Gerste beherrscht, die den germanischen Völkern vertraut waren. Dieser Wandel hat sicher mit einem Geschmackswandel zu tun, vom traditionellen mediterranen zu einem nördlicheren Geschmack, er entsprach aber auch praktischen Notwendigkeiten. Dunklere Getreidesorten waren nicht nur härter, sondern konnten auch länger als der empfindlichere Weizen gelagert und zur Herstellung eines starken und nahrhaften Bieres verwendet werden.

Ein landwirtschaftlicher Zweig, der in der frühen Merowingerzeit tatsächlich expandierte, war der Weinbau. Die Römer hatten überall, wohin sie kamen, den Weinbau eingeführt, aber in die nördlicheren Regionen Europas gelangte der Wein erst mit der Ausbreitung der kirchlichen Institutionen. Wein wurde nicht nur zur Liturgie benötigt, er war auch das Getränk der Elite. Die zunehmende Investition in den Weinbau

auf Kosten der traditionellen Subsistenzwirtschaft deutet vermutlich auf
einen wachsenden Einfluß des Adels auf landwirtschaftliche Entscheidungen hin.

Die vorgeschichtliche Beschäftigung der germanischen Völker mit der
Viehzucht wurde im fränkischen Reich fortgesetzt und weitete sich aus.
In der gesamten *Lex Salica* und in anderen Gesetzestexten spielt das Vieh
eine wichtige Rolle; die Ausführlichkeit, mit der die Viehzucht behan-
delt wird, verstärkt den ohnehin vorherrschenden Eindruck, daß Haustiere wie zur Zeit des Stelus für die Barbaren weiterhin die Grundlage
von Reichtum und Ansehen bildeten.

Die Mehrzahl der Bevölkerung lebte zwar immer noch auf dem
Lande, aber die fränkischen Städte besaßen im Königreich eine große
Bedeutung, und zwar als Residenzen von Bischöfen, Grafen und Königen und gleichzeitig als Wirtschaftszentren. Wie viele Menschen in diesen Städten lebten, ist außerordentlich schwer zu bestimmen. Hinweise
liefert lediglich die Archäologie; da sich deren Erkenntnisse aber weitgehend auf die Bezirke innerhalb der im 3. Jahrhundert errichteten
Stadtmauern beschränken, läßt sich über die Bevölkerungszahlen in den
vorstädtischen Vierteln vorzüglich spekulieren. So haben einige Historiker vermutet, daß im 6. Jahrhundert Paris 20000 und Bordeaux 15000
Einwohner zählten, während andere die Meinung vertreten, diese Schätzungen müßten um fast 50 Prozent niedriger angesetzt werden. Gesichert
ist lediglich die Erkenntnis, daß die gesellschaftliche, kulturelle und politische Bedeutung dieser Städte weit größer war, als man es angesichts
ihrer geringen Einwohnerzahlen erwarten dürfte.

Der größte Teil der römischen Aristokratie hatte die Städte schon
lange Zeit zuvor verlassen und sich in der Sicherheit und Autonomie
ihrer umfangreichen Landgüter etabliert, einige Aristokraten waren aber
auch zurückgekehrt; in den Gedichten des Sidonius Apollinaris und den
Heiligenviten erfahren wir, daß reiche und mächtige Römer nicht nur in
den Städten Aquitaniens und Galliens, sondern auch in Trier, Metz und
Köln lebten. Die wichtigsten gallorömischen Einwohner waren jedoch
die Bischöfe. Zusammen mit ihrem Klerus übernahmen sie einen großen
Teil der öffentlichen Aufgaben der Städte, sie organisierten unter anderem die traditionelle Verpflichtung zur Armenfürsorge und zur Instandhaltung der Stadtmauern und Aquädukte. Ihre Anwesenheit war so aus-
schlaggebend, daß antike Städte, die nicht zu Bischofssitzen wurden,
im Laufe des frühen Mittelalters häufig völlig aufgegeben wurden. Die
Präsenz eines bischöflichen Hofes entschied über Leben und Tod eines
städtischen Zentrums.

Über einen anderen wichtigen Stadtbewohner, den fränkischen König oder seinen Stellvertreter, den *comes* mit seiner Militärorganisation, berichten die Quellen weit weniger als über den Bischof und den Klerus. Wie die gotischen und burgundischen wurden auch die fränkischen Eliten von den Städten angezogen; dort konnten sie sowohl das von ihnen und ihren Vorfahren so lange ersehnte Wohlleben genießen, als auch durch ihre Anzahl jene Sicherheit finden, die ihre politische Position und ihr gesellschaftlicher Rang erforderten. Anders als die späten Merowinger und sicherlich anders als die Karolinger residierten die frühen Merowinger und ihre Stellvertreter in Städten, wo sie die Erträge der erworbenen Besitztümer in Empfang nahmen und verbrauchten und so dazu beitrugen, daß das ganze 7. Jahrhundert hindurch Handel und Handwerk gediehen. Es trifft zwar zu, daß die Bischöfe und der Klerus die wichtigste Säule der städtischen Kontinuität bildeten und daß ihre Bauvorhaben, die Kathedralen, Kapellen, Hospize und außerhalb der Mauern die Basiliken und Friedhöfe, allmählich das Stadtbild prägten. Aber dennoch darf man den Einfluß etwa eines Theudebert auf das städtische Leben nicht übersehen, der im Amphitheater von Arles wieder Spiele abhalten ließ, oder den Chilperichs I., der in Paris und Soissons Pferderennbahnen baute.

Die Stadt des 6. Jahrhunderts war aber mehr als die Residenz des Bischofs, des fränkischen *comes* oder Königs. Sie spielte auch eine lebenswichtige Rolle für den Handel. Trotz der barbarischen Plünderungen und der internen gallorömischen Auseinandersetzungen, ungeachtet des Bevölkerungsrückgangs und der Archaisierung der westlichen Gesellschaft funktionierten das römische Straßennetz und – noch wichtiger – die Handelsverbindungen auf dem Wasserwege weiterhin. Dieser Verkehr unterschied sich jedoch sehr von den Handelsverbindungen der vorangegangenen Jahrhunderte oder des Spätmittelalters, als das städtische Wachstum mit einem Aufschwung der Handeltätigkeit einherging. Um die besondere Struktur des Handels der Merowingerzeit zu verstehen, müssen wir zunächst verstehen, wie sich der Güterverkehr im Frankenreich des 6. Jahrhunderts insgesamt vollzog.

Die Debatte über die verhältnismäßige Vitalität der westeuropäischen Wirtschaft im 6., 7. und 8. Jahrhundert hat schon viel Tinte gekostet. Einerseits belegen Münzfunde die bis ins 7. Jahrhundert anhaltende Bedeutung gemünzten Goldes; Urkunden und erzählende Quellen erwähnen Kaufleute, Importgüter und ein funktionierendes System der Einnahme von Zöllen und Gebühren bis weit ins 8. Jahrhundert. Andererseits wird häufig deutlich, daß Edelmetall stärker zur Selbstdarstel-

lung denn als Tauschmittel verwendet wurde und daß Güter und Pre-
stigeobjekte nicht primär durch den Handel, sondern durch militärische
Unternehmungen, Plünderungen oder auch den Austausch von Geschenken in Umlauf gebracht wurden. So scheint einerseits die Handels-
welt der Spätantike intakt gewesen und teilweise sogar nach Norden
ausgedehnt worden zu sein; syrische, griechische und jüdische Händler
durchzogen das Frankenreich in allen Richtungen, manchmal mit Ka-
melkarawanen, und verkauften ihre Waren, lokale Getreidehändler kauf-
ten und verkauften auf prosperierenden Märkten. Andererseits erblickt
man eine archaische Gesellschaft, in der Kriegsführung und Austausch
von Geschenken die Modalitäten des Güterverkehrs bestimmten und in
der Gold mehr für Schmuckgegenstände, zur Ausstattung der Kirchen
und Verzierung der Pferdegeschirre verwendet wurde denn als Tauschmittel. Diese überraschende Gleichzeitigkeit erwuchs aus der komplexen
Natur der merowingischen Gesellschaft, in der die Mechanismen des
Warenumlaufs eng mit den sozialen Beziehungen verknüpft waren. Alle
diese Mechanismen erfüllten bei verschiedenen Gesellschaftsgruppen zu
verschiedenen Zeiten ihre Funktion, und jeder einzelne spielte eine wichtige Rolle in der lokalen, regionalen und internationalen Verteilung von
Gütern und Dienstleistungen.

Der bei weitem überwiegende Anteil der Nahrungsmittel wurde entweder von den Bauern oder ihren Grundherren auf den Markt gebracht.
Der geringe Überschuß, der nicht konsumiert wurde, gelangte durch
Verkauf, Schenkung oder Raub zu den Konsumenten, je nach den sozialen und politischen Beziehungen zwischen den Tauschpartnern. Dabei
waren Schenkung und Diebstahl häufiger als Verkauf. Hochadlige Franken oder Römer unterstützten ihre Gefolgschaft und die Mitglieder ihres
Hauses, indem sie sie mit Nahrung, Kleidung, Waffen und anderen für
ihre Lebensführung und ihre soziale Stellung notwendigen Gütern versorgten. Bischöfe verteilten Almosen an die Armen, die auf den städtischen Armentafeln verzeichnet waren, womit sie die traditionelle Verpflichtung der kaiserlichen Freigebigkeit übernahmen und zum Unterhalt der Bevölkerung beitrugen. Freundschaft wurde durch den Austausch von Geschenken besiegelt. Dieses Geflecht von Geschenken und
Gegengeschenken sorgte vermutlich in weitem Umfang für den Austausch und die Verteilung des landwirtschaftlichen Überschusses.

Zwischen Feinden, also zwischen Personen, die nicht durch gegen-
seitige Beziehungen oder Freundschaft miteinander verbunden waren,
zirkulierten Güter durch Plünderung und Raub. Dazu gehörten die
Kriegsführung oder einfach periodische Überfälle auf den Besitz und

den Viehbestand des Feindes als Teil anhaltender Fehden. Auch Könige und ihre Stellvertreter erhielten neben Steuern Geschenke in Form von Lebensmitteln, Wein, Wachs oder anderen Produkten, die im Grunde einen Tribut darstellten. Beide Arten von Transaktionen konnten sowohl innerhalb der Stadt als auch auf dem Lande getätigt werden. In der Stadt fand jedoch auch die weniger gebräuchliche, aber immer noch bedeutende Form des Güteraustauschs zwischen neutralen Parteien statt, der Handel. So erfahren wir vom Verkauf von Lebensmitteln vorwiegend in Krisenzeiten, wenn Spekulanten, die sie gehortet hatten, enorme Profite erzielen konnten, obwohl sicher auch reguläre Märkte existierten. Der größere Teil der Handelsgeschäfte betraf jedoch Waren, die nicht überall verfügbar sowie relativ leicht zu transportieren waren und nach denen eine große Nachfrage bestand. Dazu zählte vor allem das Salz, das in tiefliegenden Küstenregionen durch Verdampfung gewonnen und dann ins Binnenland gebracht wurde. Ebenso wichtig waren Wein, Öl, Fisch und Getreide.

Auch handwerkliche Erzeugnisse wurden regional und sogar über große Entfernungen hinweg gehandelt, wenn auch ungeklärt bleibt, wie dieser Güterverkehr ablief. Im Süden wurde die traditionelle mediterrane Töpferware nach spätantiken Mustern bis ins 8. Jahrhundert hinein produziert; in den Ardennen und in der Umgebung von Köln hergestelltes Glas fand seinen Weg bis nach Friesland und sogar nach Schweden; fränkische Waffen, die in ganz Europa sehr begehrt waren, wurden im gesamten Frankenreich, in Friesland und in Skandinavien gefunden. Auch Stoffe wurden zwischen den Regionen ausgetauscht; besonders bekannt waren die preiswerten Stoffe aus der Provence, die bis nach Rom, Monte Cassino und Spanien gelangten.

So stark die Einwohnerzahl der fränkischen Städte auch gesunken war, lebten in den Städten doch immer noch eine Vielzahl von Händlern. Gregor von Tours berichtet, daß Desideratus, der Bischof von Verdun, von König Theudebert ein Darlehen von 7000 Goldstücken erhielt, wofür die Kaufleute seiner Stadt bürgten, die vermutlich auf den Handel mit Lebensmitteln spezialisiert waren. Gleichzeitig belegt der Bericht Gregors aber auch die Existenz einer auf Geschenken beruhenden Zirkulation von Reichtum und Handel: Theudebert gewährte Desideratus das Darlehen als besondere Gunst, um seine Großzügigkeit zu demonstrieren. Nach Gregor profitierten „diejenigen, die den Handel betrieben",[13] von dem Darlehen, und der Bischof war in der Lage, die Rückzahlung des Darlehens mit Zinsen anzubieten. Der König lehnte dies mit der Begründung ab, er benötige das Geld nicht. Daß in der Stadt genügend Kaufleute vorhanden waren, die gemeinsam ein solches Darlehen zurückzahlen konnten, weist darauf hin, daß ihr Handel nicht unbedeutend war. Daß die Rückzahlung später vom König großzügig abgelehnt wurde, legt die Vermutung nahe, daß ihm das System des Handelskredits fremd war; er zog es vor, die Stadt in seiner politischen Schuld zu halten. Für einen merowingischen König war Gold nicht in erster Linie eine Art von Geld, mit dem man durch kluge Investitionen mehr Geld verdienen konnte, sondern ein Instrument, durch das er seine Großzügigkeit unter Beweis stellen und die Bindungen zu seinem Volk festigen konnte.

Die Besitzer großer Ländereien, Laien wie Kleriker, hatten neben den städtischen Kaufleuten ihre eigenen Agenten, manchmal Juden, in anderen Fällen Mitglieder ihres eigenen Haushalts, gelegentlich Sklaven oder Freigelassene, die den Verkauf der Überschüsse und den Einkauf von nicht am Ort hergestellten Produkten besorgten. Auch diese Agenten betrieben nicht nur Handel; sie konnten auch beauftragt werden, anderen Magnaten Geschenke zu überbringen und Gegengeschenke anzunehmen. Man darf vermuten, daß ein Großteil der Geschäfte, die sie zu erledigen hatten, weder Handel noch im engeren Sinne Tauschhandel waren, sondern die Überbringung von Waren, die die Beziehungen zwischen den Eliten konsolidierten.

Schließlich gab es in jeder größeren Stadt eine Gruppe fremder Kaufleute, die den Adel mit Luxusgütern versorgte. Der Fernhandel lag vorwiegend in den Händen von Syrern, Griechen und Juden, die man in Arles, Marseille, Narbonne, Lyon, Orléans, Bordeaux, Bourges, Paris und anderswo antrifft. Sie lieferten Juwelen, kostbare Gewänder und Schmuck ebenso wie Papyrus, Gewürze und andere Waren. Diese Kaufleute konnten in den fränkischen Städten größere Gemeinschaften mit eigenen Magistraten oder „Konsuln" bilden und spielten vielleicht auch in der gesamten Gemeinde eine aktive Rolle. Gregor von Tours berichtet, daß ein syrischer Kaufmann namens Eusebius zum Bischof von Paris aufstieg, das Gefolge seines Vorgängers entließ und durch Syrer ersetzte.[14] Unbestreitbar übten die internationalen Fernhändler eine beträchtliche Macht aus.

Zu dieser Macht gelangten sie, weil sie dem Adel die prachtvollen Luxusgüter verschaffen konnten, die dieser zu Repräsentationszwecken benötigte. Wichtig waren diese Kaufleute auch deshalb, weil die von ihnen entrichteten Importzölle und Gebühren für die Merowinger eine wertvolle Einnahmequelle bildeten. Besonders in der Provence, wo der Großteil der mediterranen Importe ankam, nahmen königliche Zollbeamte beträchtliche Summen ein, die in den königlichen Schatz wanderten. Die Aufteilung der Provence unter den fränkischen Unterkönigen diente vermutlich ebenso der Aufteilung umfangreicher Zolleinnahmen wie der Aufteilung von Land.

Als Gegenleistung konnte der Westen diesen Fernhändlern wenig anderes als Gold bieten. Dies war nicht neu. Abgesehen von Bauholz und gelegentlich Sklaven hatte Gallien nie in großem Stil exportiert. Unter den Franken kam der Waffenexport hinzu. Obwohl der Export von Sklaven zumindest theoretisch verboten war – Arbeitskräfte waren knapp, und die Franken importierten selbst Sklaven aus den slawischen Gebieten –, wurde an der Rhône dennoch Sklavenhandel betrieben. Fränkische Waffen waren ein gefährliches Exportgut, da die Käufer sie gegen die Franken einsetzen konnten. Daher verlief der Ost-West-Handel weitgehend in einer Richtung: Gold, das als Beutegut oder Tribut aus dem Ostreich nach Westen gelangt war, floß als Bezahlung für Luxusgüter zurück. Da im späten 6., im 7. und frühen 8. Jahrhundert der Umfang der Beute abnahm, ging der Handel ebenfalls zurück. Dieser Abfluß von Gold, der nur durch die späteren fränkischen Eroberungen unter den Karolingern unterbrochen wurde, ließ den internationalen Handelsfluß schließlich zu einem Rinnsal schrumpfen. Und mit dem Handel verschwanden auch die internationalen Fernhändlergemeinschaften, die dem Leben der fränkischen Städte Farbe, kultivierten Schliff und einen gewissen Reiz verliehen hatten.

Die fränkische Gesellschaft

Franken siedelten in Gallien lange vor Chlodwig, vermutlich sogar, bevor sie überhaupt Franken waren. Wie wir gesehen haben, kann die Eroberung des Reiches des Syagrius ebenso eine Reaktion auf diese Situation wie eine Ursache ihrer Zuspitzung gewesen sein. Einige Franken, manchmal mehrere Familien, drangen in die römische Welt ein, gelegentlich nur einige Kilometer tief. Andere Menschen dagegen, die in der römischen Welt lebten, *laeti* oder Föderaten, wurden allmählich zu Franken. Angesichts der dürftigen schriftlichen Quellen läßt sich außerordentlich schwer feststellen, auf welche Weise diese Regionen Westeuropas „fränkisch" wurden. Die klarsten Auskünfte geben die im zweiten Kapitel erwähnten Reihengräber. Im späten 5. Jahrhundert zeigt sich dort ein bedeutsamer Wandel. Vor dieser Zeit gab es in den Reihengräbern innerhalb des Reiches nur wenig Grabbeigaben. Nun begann man allmählich, die Toten mit mehr Waffen und Schmuck beizusetzen, was

den großen Reichtum belegt, der durch Militärdienst und häufigere
Plünderungen erworben worden war. Betrachtet man die Qualität und
Vielfalt der in diesen Gräbern des späten 5. Jahrhunderts gefundenen
Grabbeigaben, kommt man zu dem Schluß, daß der Militärdienst, ob
unter Childerich und Chlodwig oder den verschiedenen rivalisierenden gallorömischen Befehlshabern, oder auch Raubzüge auf eigene Faust
den Anführern von Kriegerverbänden dauerhaften Reichtum bescheren
konnten.

Ein erhellendes Beispiel für archäologische Funde aus Gräbern dieser
Zuwanderer des späten 5. Jahrhunderts und ihrer Nachfolger ist der
Friedhof von Lavoye an der Maas, der zu Beginn unseres Jahrhunderts
freigelegt wurde. René Joffroy hat diese Funde wissenschaftlich untersucht und publiziert.[15] Der über einer frühen gallorömischen Siedlung –
vermutlich einer ländlichen *villa* – errichtete Friedhof umfaßt 362 Gräber,
von denen 192 auf einen Zeitraum zwischen dem späten 5. oder frühen
6. Jahrhundert bis zur zweiten Hälfte des 7. Jahrhunderts datiert werden können; mangels Grabbeigaben lassen sich die anderen Gräber nicht
datieren. Die Gräber sind in Reihen angeordnet und von Norden nach
Süden ausgerichtet. Offensichtlich scheint der Friedhof um eine Gruppe
von neun Gräbern herum entstanden zu sein, vermutlich die Familiengrabstätte eines mächtigen Franken. Das zentrale Grab (Nummer 319)
ist das älteste, größte, tiefste und reichste der Gruppe und enthält die
Überreste eines fünfzig- bis sechzigjährigen Mannes. Mit ihm zusammen
wurden Waffen und Gegenstände von außerordentlichem Wert und großer Pracht begraben: Eine mit Granat verzierte Gürtelschnalle aus Gold-
cloisonné, eine Börse mit granatverzierter Schließe, ein Dolch mit golde-
nem Griff, ein prächtiges Langschwert von fast einem Meter Länge, das
mit Gold, Silber und Granaten geschmückt ist, drei Speerspitzen, ein
Schild und zu seinen Füßen eine Glasschale und ein bronzegetriebener
Kelch, der mit Szenen aus dem Leben Christi verziert ist und vermutlich
aus einer christlichen Kirche geraubt worden war. Diese Gegenstände
gleichen denjenigen, die in weiten Teilen Nordfrankreichs und Deutschlands sowohl innerhalb als auch außerhalb des römischen Limes gefunden wurden, und künden nicht nur vom kriegerischen Charakter des
Toten und seinem Reichtum, sondern auch von der Ausdehnung der
Kulturregion, der der Bestattete angehörte. Die benachbarten Gräber
stammen ebenfalls aus dem frühen 6. Jahrhundert und beherbergten
vermutlich Mitglieder seiner Familie. Von den fünf nächstgelegenen sind
drei Frauengräber, die ebenfalls reich mit Juwelen, Gefäßen und Spinn-
wirteln ausgestattet sind. Vielleicht waren dies seine Frauen; wie die

Germanen zur Zeit des Tacitus praktizierten die Franken des 6. Jahrhunderts Polygamie, und dieser vornehme Franke konnte sich sicher mehrere Frauen leisten. Die beiden anderen Gräber enthalten die Gebeine von Kleinkindern, ein Zeugnis der Kindersterblichkeit, die die europäische Gesellschaft bis weit ins 19. Jahrhundert hinein bedrückte. Nördlich, östlich und westlich schließen sich die anderen Gräber dieser fränkischen Gemeinde an. Manche haben ähnliche, allerdings weniger prachtvolle, die meisten allerdings überhaupt keine Grabbeigaben. Diese Gemeinde, die an der Stelle einer früheren römischen *villa* lebte und vielleicht die Nachkommen der am Ort lebenden Gallorömer integriert hatte, soll die Grundlage für unsere Untersuchung der Struktur und Organisation der fränkischen Gesellschaft im 6. Jahrhundert bilden.

Haus und Familie

Alle Grabstätten von Lavoye bilden wie die des Vornehmsten Gruppen, was vermutlich auf die Sippenzusammenhänge hinweist. Was Sippenzugehörigkeit im 6. Jahrhundert genau bedeutet, ist schwer zu bestimmen. Die fränkische Gesellschaft bewahrte die Organisationsformen der Wanderungszeit, und obwohl die Großgemeinschaft der Sippe für den Adel weiterhin wichtig war, war sie für den gewöhnlichen Franken wahrscheinlich weniger bedeutsam als die einzelne Hausgemeinschaft und das Dorf.

Zwischen der römischen und der germanischen Tradition der patriarchalischen Familienstruktur gab es kaum Unterschiede; beide verschmolzen rasch und reibungslos im Sinne einer Herrschaft über die Hausgemeinschaft. Der Vater war das Oberhaupt der Familie und übte seine Autorität, das *mundiburdium*, über alle Hausbewohner aus, über Frauen, Kinder und Sklaven. Je wohlhabender ein Mann war, desto größer war seine Hausgemeinschaft. Die merowingischen Könige vor und nach Chlodwigs Taufe hatten häufig mehrere Ehefrauen, andere Mächtige wie der in Lavoye beigesetzte sicherlich ebenfalls. Bis weit ins 9. Jahrhundert hinein kannten die Franken und andere germanische Gesellschaften vielfältige Formen der Eheschließung. Am geläufigsten war die Übertragung des Besitzes und des *mundiburdium* über die Frau. In der fränkischen Gesellschaft wurden Frauen hoch geschätzt, vor allem wegen ihrer Fähigkeit, Kinder zu gebären. Nach der *Lex Salica* betrug das Wergeld einer Frau im gebärfähigen Alter das Dreifache eines gewöhnlichen Mannes oder einer Frau unter zwölf oder über vierzig Jahren.

Daher erforderte die Übergabe einer Frau von einem auf den andern Mann eine Gegenleistung. Diese wurde in der Regel in Form eines

Brautpreises entrichtet, aber um das 6. Jahrhundert wurde daraus eine bloß rituelle Zahlung. Das wichtigere Geschenk war die Hochzeitsgabe des Bräutigams an die Braut, nach fränkischem Brauch bis zu einem Drittel seines Besitzes. Nach Vollzug der Ehe schenkte der Ehemann der Frau darüber hinaus die Morgengabe. Schließlich war es üblich, daß der Vater der Braut dem Paar nach der Hochzeit ein Geschenk machte.

Die der Eheschließung vorausgehenden Verhandlungen führten die Oberhäupter der Familien, wichtige Familien besiegelten den Abschluß mit einem förmlichen schriftlichen Vertrag. Die Hochzeit selbst wurde öffentlich gefeiert und bezeugte den Abschluß oder die Festigung einer Allianz zwischen zwei Familien.

Eine zweite, weniger förmliche Art der Eheschließung, die keine Übertragung von *mundiburdium* oder Mitgift erforderte, war ebenfalls üblich. Dabei handelte es sich um die sogenannte Friedelehe, eine nur zwischen Mann und Frau eingegangene private Verbindung. Solche Ehen stellten eine Bedrohung für die Familienoberhäupter und die Kirche dar, die in zunehmendem Maße auf die Legitimität der Kinder und die Unverzichtbarkeit von Eheverträgen drängte. Dennoch wurden solche Verbindungen öffentlich anerkannt, wenn auch von vielen mißbilligt. Diese Eheschließungen wurden oft als eine Art Entführung der Braut inszeniert; der Mann entführte die Frau, häufig mit deren Einwilligung. Nach Vollzug der Ehe mußte die Familie der Frau entscheiden, ob sie Rache und Genugtuung für den Raub der Tochter fordern oder deren Entführer als Schwiegersohn akzeptieren wollte.

Darüber hinaus hielten sich die Franken vielfach Konkubinen zwischen oder auch während der einzelnen Ehen. Solche Verbindungen galten bis weit ins 8. Jahrhundert hinein als normal, obwohl die Kirche von Zeit zu Zeit Einwände erhob; die daraus hervorgehenden Kinder stellten eine potentielle Gefahr für die Erbschaftsansprüche der legitimen Nachkommen dar.

Wie die Sippe beruhte auch das Erbrecht in der fränkischen Gesellschaft auf Gegenseitigkeit, obwohl Töchter von manchen Formen der Erbschaft ausgeschlossen waren. Dies wird in dem berühmten Kapitel des *Pactus Legis Salicae* festgehalten, auf das sich französische Rechtsgelehrte im 14. Jahrhundert beriefen, um der Möglichkeit entgegenzuwirken, daß die französische Krone an den König von England fallen könnte. Dort werden Frauen von der Erbschaft an „salischem" Land ausgeschlossen. Niemand weiß jedoch genau, was salisches Land eigentlich war; denn in der zweiten Hälfte des 6. Jahrhunderts erlaubte Chilperich II. ausdrücklich, daß Töchter salisches Land erbten, wenn keine

Söhne vorhanden waren. Mit Sicherheit waren Frauen jedoch am beweglichen Besitz erbberechtigt. Beim Tod ihres Ehemannes konnte eine Frau wohl auch seinen gesamten Besitz erben, soweit sie ihn ohne männliche Hilfe verwalten konnte.

Zur Familie gehörten neben der Frau oder den Ehefrauen die minderjährigen legitimen und illegitimen Kinder. Manche Forscher haben vermutet, daß Polygamie und Konkubinat zu einer hohen Anzahl von Frauen in den Haushalten der Magnaten geführt hätten; dadurch seien der übrigen Bevölkerung Frauen entzogen worden mit dem Ergebnis, daß die Geburtenziffer insgesamt zurückgegangen sei. Das mag zutreffen; andererseits steht aber außer Zweifel, daß die Franken wie andere bäuerliche Gesellschaften vor und nach ihnen gelegentlich Kinder töteten oder verkauften, wenn die Ressourcen knapp wurden. In der neueren Literatur hat man darum viel Aufhebens gemacht. Es gibt aber keinerlei Beweise dafür, daß Kindsmord eine gängige Praxis, und erst recht nicht dafür, daß die Ermordung neugeborener Mädchen im Brauchtum des Frankenreiches tief verwurzelt gewesen wäre.

Zum Haushalt gehörte neben den Verwandten auch eine Vielzahl von Dienern, Sklaven und Gefolgsleuten. Geht man von den Verhältnissen in späteren bäuerlichen Gemeinschaften aus, gehörte der Hausvater einer Elite an, wofür eine ausreichende wirtschaftliche Basis an Land und Vieh erforderlich war, damit ein Haus gebaut und eine Ehe geschlossen werden konnten. Viele, wenn nicht die meisten anderen Menschen lebten vermutlich als Mitglieder anderer Haushalte an den Höfen von Königen, den Residenzen reicher Magnaten oder auf den Höfen vermögender Bauern. Dazu gehörten Haushaltssklaven – Sklavenarbeit in größerem Umfang war weniger verbreitet als bei den Römern –, unverheiratete Verwandte, verlassene Kinder von weniger wohlhabenden Nachbarn, die als Dienstpersonal aufgenommen und erzogen wurden, und Lohnarbeiter, denen die nötigen Mittel zur Errichtung eines eigenen Haushalts fehlten. Die Größenordnung solcher Haushalte war sehr unterschiedlich; sie konnten lediglich aus der Kernfamilie bestehen, aber auch Dutzende von Gefolgsleuten im Dienst vornehmer Männer oder Frauen umfassen.

Das Dorf

Die normale Form der landwirtschaftlichen Nutzung, welche die Römer in Gallien wie überall im Imperium eingeführt hatten, war die *villa*, das heißt ein isoliertes Landgut, dessen Zentrum ein von Mauern umschlossener Hof von unterschiedlicher Größe (80 bis 180 Quadratmeter für die kleinen, 300 Quadratmeter für die großen) war. Dieser bestand aus dem Wohnhaus des Besitzers und den Unterkünften der Sklaven, die die Feldarbeit verrichteten. Im Laufe des 3. und 4. Jahrhunderts wurden die meisten isolierten *villae* im Norden zugunsten stärker konzentrierter Siedlungsräume aufgegeben, die häufig in der Nähe von Wäldern oder Flußläufen lagen. Möglicherweise war dies eine Schutzmaßnahme in unsicheren Zeiten. Diese neuen Gemeinschaften unterschieden sich von den älteren *villae* nicht nur durch die relativ dichte Besiedelung, sondern auch durch die leichtere Bauweise der Häuser, welche aus Holz in unregelmäßigen Gruppen errichtet wurden. Im Laufe des 5. und 6. Jahrhunderts verwandelten sich diese neuartigen Siedlungen allmählich in die Dörfer des Mittelalters.

Gleichzeitig kam es im Westen des heutigen Deutschland zu wichtigen Veränderungen. In der Spätantike waren in Deutschland viele Siedlungen verödet. Seit Beginn des 5. Jahrhunderts setzte in den romanisierten Gebieten Deutschlands eine umfangreiche Neubesiedelung ein. In der Umgebung von Trier entstanden zwischen 450 und 525 zwanzig neue Siedlungen, zwischen 525 und 600 waren es 28, zwischen 600 und 700 weitere 26. Ein ähnliches Wachstum ist in der Umgebung von Köln zu beobachten; die Anzahl der Siedlungen stieg hier von 28 im 6. Jahrhundert auf 66 im 7. Jahrhundert. Gleichzeitig erlebten die nördlichen und östlichen Regionen einen Rückgang der Besiedelung, der erst im 8. Jahrhundert zum Stillstand kam.[16]

Diese vom 4. bis zum 6. Jahrhundert gegründeten Siedlungen bildeten den Raum, in dem die Bevölkerung im Norden des Frankenreiches drei Jahrhunderte lang bis zu den großen Veränderungen der Karolingerzeit leben sollte. In der Merowingerzeit spielten sie eine wichtige soziale und kulturelle Rolle in der fränkischen Gesellschaft.

Während Bauern und Viehzüchter unter Umständen beträchtliche Entfernungen bis zu ihren Feldern und Weiden überwinden mußten, war das Dorf selbst Mittelpunkt des religiösen und gesellschaftlichen Lebens. Den ersten Anstoß für die Errichtung dörflicher Siedlungen an bestimmten Orten gab oft die Existenz eines Kultzentrums. In heidnischer Zeit war dies vielleicht ein ländlicher Tempel, später eine Kapelle oder eine Einsiedelei. Die merowingische Religion war ausgesprochen individuen- und ortsbezogen. Sie konzentrierte sich auf die Verehrung von Personen, die zu ihren Lebzeiten ihre Gemeinde beschützt und verteidigt hatten und die nach ihrem Tod, weil sie Gott besonders nahestanden, für ihre Gemeinden sorgen konnten. Dieses enge Band zwischen den Lebenden und den Toten dehnte sich auch auf den örtlichen Friedhof aus. In Flonheim zum Beispiel wurden die zentralen, aus vorchristlicher Zeit stammenden Gräber, die dem Hauptgrab von Lavoye entsprechen, später mit einer Kapelle überbaut, die dann zum Zentrum der anwachsenden christlichen Nekropole wurde. Die lokale Bevölkerung hatte ihre heidnischen Vorfahren dabei keineswegs vergessen, sondern christianisierte sie nachträglich.[17] Dieses Kontinuum zwischen der Gemeinde und dem Wohnort der Toten verlieh dem Dorf Dauer und Stabilität.

Das Dorf war auch die Ebene über der Familie, auf der das gesellschaftliche und politische Leben der Menschen organisiert wurde. So wurde als erste juristische Instanz auf Dorfebene eine eigene Gerichtsbarkeit ins Leben gerufen. Zwar konnte der römische Richter oder der fränkische *comes* ins Dorf kommen oder seinen Stellvertreter entsenden, um Streitigkeiten zwischen Freien zu schlichten. Häufiger jedoch traten die Familien- oder Sippenoberhäupter zusammen, um Konflikte beizulegen und Entscheidungen zu treffen, ohne auf die öffentliche Justiz zurückzugreifen.

Sobald schließlich das Dorf als solches konstituiert war, wurde es zu einer wichtigen Steuereinheit in der römischen und später fränkischen Verwaltung. Festgesetzte Abgaben an den Grundherrn und an den Fiskus abzuführende Steuern schufen Kontinuität. Die Dörfer wurden zu Einkommensquellen und Rekrutierungsplätzen für Aristokraten und Könige.

Die soziale Ordnung

War der Tote im Grab 319 von Lavoye ein Adliger? Diese Frage war über ein Jahrhundert lang Gegenstand einer endlosen Diskussion zwischen europäischen Historikern. Zunächst stellte man die Frage, ob die Franken des 6. Jahrhunderts einen vom König unabhängigen Adel besaßen oder ob Chlodwig den fränkischen Adel genauso wie seine Sippe ausgerottet habe. Kernpunkt dieser Diskussion ist die Frage nach dem Ursprung des europäischen Adels und seinen Beziehungen zur Monarchie. Ging der Adel, den wir im späteren Mittelalter antreffen, aus der Herrschaft über Grundbesitz und unfreie Personen hervor, die das Land bestellten, also aus der Grundherrschaft, oder aus der militärischen und politischen Macht über Freie, der Volksherrschaft? Und wenn der zweite Fall zutrifft, erlangte der Adel diese Macht durch Usurpation königlicher Autorität oder aufgrund eines älteren ererbten Rechts? Die gesamte Diskussion ist vielleicht ein klassisches Beispiel dafür, wie man die richtigen Antworten nicht finden kann, wenn man die falschen Fragen stellt. Immerhin trugen diese Fragestellungen dazu bei, wichtige Eigentümlichkeiten der fränkischen Gesellschaft präziser zu erfassen.

Die gallorömische Aristokratie umfaßte ganz eindeutig eine unabhängige, sich selbst erhaltende Elite, deren gesellschaftlicher Rang und politische Macht auf ihrer Herkunft, ererbtem Reichtum sowie einer besonderen Rechtsstellung als *viri inlustri* beruhte. Sie kooperierte zwar oft mit den Königen, war aber nicht deren Geschöpf. Eine ältere Gelehrtengeneration, die sich am neuzeitlichen europäischen Adel mit seinem privilegierten Rechtsstatus orientierte, versuchte vergebens, unter den Franken eine vergleichbare gesellschaftliche Gruppe zu finden. Im Gegensatz zu anderen barbarischen Völkern wie den Alemannen und den Bajuwaren ist im *Pactus Legis Salicae* von Adligen nirgends die Rede. Statt dessen stößt man auf die wichtige Unterscheidung zwischen *ingenui*, Freien, die auch einfach *Franci* genannt werden, und verschiedenen Arten von Unfreien. Eine besondere Gruppe der *ingenui* waren die *domini*, die Herren, die verschiedene Gruppen von Unfreien beherrschten und daher vermutlich umfangreichen Landbesitz besaßen. Aber dennoch hatten diese *domini*, die zweifellos zur Oberschicht der fränkischen Gesellschaft gehörten, keine besondere Rechtsposition, wie sie zum Beispiel in einem höheren Wergeld zum Ausdruck käme.

Das Wergeld für Männer stieg nur mit der Nähe zum König. Die Mitglieder des königlichen Haushalts und seiner Wache, die *leudes, trustis dominica, convivae regis* oder *antrustiones* genannt werden, waren die Personen, deren besonderer Status durch ein höheres Wergeld geschützt wurde. Rechtshistoriker wie Heike Grahn-Hoek haben daraus geschlossen, daß eine Schicht von adligen Franken, sollte sie vor Chlodwig existiert haben, offensichtlich von diesem liquidiert wurde; er und seine Nachfolger hätten dann einen Dienstadel geschaffen, der sich vom König nur allmählich dadurch trennte, daß er Heiratsverbindungen mit dem römischen Adel einging und außerdem von den mörderischen Kriegen innerhalb der Merowingerfamilie profitierte.[18]

Sozialhistoriker wie Franz Irsigler fragten weniger nach der Existenz von Rechtstraditionen des Adelsstandes als nach dem tatsächlichen Status und der Macht gesellschaftlicher Gruppen.[19] Erkenntnisse aus anderen Regionen wie zum Beispiel Skandinavien legen die Vermutung nahe, daß die Tatsache, daß der *Pactus* keinen Adel erwähnt, lediglich darauf hinweist, wie wenig Macht selbst ein König wie Chlodwig über die fränkischen Adligen besaß. Der *Pactus* versucht, die Blutfehden zu beschränken, indem er einen „Bußgeldtarif" erstellt, den alle Parteien annehmen müssen. Ein freier Adliger konnte nicht gezwungen werden, ein Bußgeld anzunehmen, weil es die Ehre seiner Familie befleckt hätte, weshalb er auch nicht zusammen mit einfachen Freien und königlichen Agenten aufgelistet werden konnte. In anderen barbarischen Gesetzen wie denen der Alemannen und der Bajuwaren mag die Tatsache, daß diese Bußgelder von außen, von den fränkischen Königen, auferlegt wurden, erklären, warum dort der Adel unter diese Gesetze fällt.

Sucht man nicht nach einer gesetzlich definierten Schicht, sondern nach einem Adel, der durch seinen ererbten Status, Reichtum und politische Macht charakterisiert wird, dann gibt es einen fränkischen Adel ganz offensichtlich bereits im 5. und 6. Jahrhundert. Tatsächlich glich der fränkische Adel in vielen wesentlichen Merkmalen der gallorömischen Aristokratie, was die Assimilierung beider Gruppen besonders nördlich der Loire, wo viele Franken siedelten, erheblich erleichterte und beschleunigte. Fränkische Magnaten wie der in Lavoye begrabene verfügten über umfangreichen Landbesitz, Land, das *secundum dignationem*, also dem Rang entsprechend, verteilt worden war und das Allodialbesitz war, also keine Entlohnung für jahrelangen Königsdienst, sondern ererbtes und unveräußerbares Land. Daß der Adelsstatus an die nächste Generation vererbt werden konnte, zeigt sich an den Gräbern der Kinder. Diese enthalten oft ähnliche Juwelen und Waffen wie die Erwachsenengräber, aber ihren Status, der in der Grabausstattung zum Ausdruck kommt, hatten sie nicht durch eigene Verdienste erworben, sondern von ihren Eltern ererbt.

Ein fränkischer Adel auf der Grundlage erblichen Reichtums existierte also entweder schon vor dem merowingischen Königtum, oder er entstand zur gleichen Zeit. Zwar setzten die Merowinger gelegentlich Männer aus einfachen Verhältnissen ein, aber die meisten Inhaber hoher Ämter wie Heerführer oder *comites* entstammten diesem Adel. Gregor von Tours erwähnt vielfach den Privatbesitz solcher Männer, die ihre Ämter auf legale oder illegale Weise dazu nutzen konnten, ihren Reichtum zu mehren und Grundbesitz und *villae* zu erwerben.

Neben ihrem Grundbesitz verfügten die fränkischen Adligen auch über ihr eigenes Gefolge, das Äquivalent der königlichen *trustis*, sowie über unfreie Diener, die *pueri*, die sie auf ihren Ländereien rekrutierten. Auch dieses Gefolge gehörte in gewissem Sinne zum adligen Haushalt, der sich ebenfalls aus der Sippe und aus Verbündeten, den *amici*, zusammensetzte, die untereinander durch Schwur zu gegenseitiger Hilfe verpflichtet waren. Dieses Gefolge erlangte besondere Bedeutung bei der Austragung von Fehden, dem üblichen Weg, auf dem fränkische Adlige

Meinungsverschiedenheiten über ihren jeweiligen Status und ihre Vorrechte untereinander klärten.

Neben dem Grundbesitz und dem Gefolge besaß der fränkische Adlige ein nichtmaterielles, aber entscheidendes Attribut, das ihn von anderen Menschen abhob, das ererbte Charisma, das *Heil*, derjenigen Familien, die für ihre erfolgreiche Führerschaft berühmt, mit anderen Worten *nobiles* waren. Diejenige Familie galt als adlig, die im Ruf stand, daß aus ihr Männer mit militärischen Führungsqualitäten und der Befähigung zu großen Taten hervorgingen.

Dieses Charisma mußte gegenüber der übrigen Gesellschaft manifestiert werden, und das geschah im 6. Jahrhundert durch den aristokratischen Lebensstil. Anders als die senatorische Aristokratie der Römer bedurften die fränkischen Magnaten keiner Befestigungen zu ihrem Schutz, sondern sie führten ein Leben voller Kämpfe, Jagden und – was vielleicht am wichtigsten war – voller Feste, die die Möglichkeit boten, potentielle Feinde für sich zu gewinnen und dem Gefolge die Freigebigkeit des Herrn durch Verteilung von Geschenken zu demonstrieren.

Wir haben bereits gesehen, daß großzügiges Schenken zu den wichtigsten Kanälen gehörte, auf denen Güter zwischen den Schichten der fränkischen Gesellschaft zirkulierten. Es begründete und festigte Beziehungen zwischen Geber und Empfänger, wobei letzterer sich durch die Annahme des Geschenks in die Schuld des ersteren begab. Mit seiner Freigebigkeit bewies der Anführer seinen Adel ebenso wie mit seiner Fähigkeit, sein Gefolge gegen die Feinde zu führen und Reichtum – meist Vieh und bewegliche Güter – zu erwerben, den er dann verteilte. Auf diese Weise konstituierten Plünderung und Freigebigkeit die beiden Teile des Systems des Warentauschs und Güterverkehrs, das neben dem in den fränkischen Städten immer noch blühenden Handel und der Landwirtschaft existierte, von der alles andere abhing.

Die Mehrzahl der anderen mit Grabbeigaben bestatteten Toten von Lavoye waren vermutlich freie Männer und Frauen, die *ingenui* des *Pactus*, die die Mehrheit des fränkischen Volkes und das Rückgrat seines Heeres bildeten. Was für diese Menschen Freiheit bedeutete, ist allerdings unklar; Freiheit ist immer relativ, und besonders in traditionellen Gesellschaften, in denen Abhängigkeitsverhältnisse selbstverständlich sind, ist die Art der – politischen, wirtschaftlichen, rechtlichen – Abhängigkeit entscheidender als die Frage, ob sie existierte.

Die freien Franken von Lavoye und anderen Orten des Frankenreiches waren insofern frei, als sie zum Heeresdienst unter dem König verpflichtet und als Krieger berechtigt waren, am öffentlichen Gericht teilzunehmen. Die Verpflichtung zum Kriegsdienst war das entscheidende Kriterium, das sie von den Unfreien unterschied, nicht etwa ihre Beziehung zum lokalen grundbesitzenden Adel, der durchaus das Land besitzen konnte, das sie bearbeiteten, der in Kriegszeiten kommandierte und sie auch in die Abhängigkeit drängen konnte. Karl Bosl versuchte, sie als „Königsfreie" zu beschreiben, als frei geborene Männer, die der König theoretisch durch seine Heerführer und Grafen befehligen konnte.[20]

Neben diesen „unfreien Freien", wie Bosl es nannte, gab es in der fränkischen Gesellschaft verschiedene Arten persönlich abhängiger Menschen, die *servi casati*, unfreie Pächter, die spätantiken *coloni*, Haussklaven und seltener in der Landwirtschaft arbeitende Sklaven auf großen Gütern. Sklaven waren in den germanischen Gesellschaften traditionellerweise Kriegsgefangene oder Menschen, die wegen einer Missetat ihre Freiheit verloren hatten. Als die germanischen Stämme jedoch in das Römische Reich eindrangen und sich neben und anstelle der gallorömischen Grundherren niederließen, übernahmen sie das römische Verständnis von Sklaverei. Darüber hinaus schwand der zunehmend rein formale Unterschied zwischen *coloni* und unfreien Pächtern. Keine der beiden Gruppen leistete Kriegsdienst, das entscheidende Kriterium der Freiheit im Frankenreich, und so tendierten sie zur Verschmelzung. Beide Gruppen galten als Teil des Grundbesitzes und gehörten rechtlich zur *familia* des Grundherrn, ob dieser nun ein einfacher *ingenuus* oder ein Adliger war. Mit der Zeit zählten wohl auch solche Freien zu dieser Gruppe, die sich aus wirtschaftlichen Gründen den Kriegsdienst nicht mehr leisten konnten. Sie sanken allmählich auf das Niveau der Unfreien ab, verloren das Recht, vor Gericht aufzutreten, und wurden im engsten Sinne des Wortes von den Herren abhängig, auf deren Land sie lebten und deren Felder sie bearbeiteten.

So kam es an beiden Enden des sozialen Spektrums zu einer Amalgamierung gallorömischer und barbarischer Gesellschaften, deren Ausmaß vom jeweiligen zahlenmäßigen Verhältnis der Franken – und anderer Barbaren – zur eingeborenen Bevölkerung abhing.

Im Gegensatz zur politischen Kontrolle durch die Franken war ihre Siedlungsdichte in ihrem Reich sehr unterschiedlich. Im Osten und Norden war die Besiedlung am Mittel- und Niederrhein außerordentlich stark. In diesen Regionen waren Römer – als Kleriker, Händler oder in den Überresten der Verwaltung – nur noch innerhalb der Mauern von Städten wie Köln, Bonn und Remagen anzutreffen. Auf dem Lande waren die verbliebenen römischen Bauern in der fränkischen Schicht der

unfreien Abhängigen aufgegangen, hatte das fränkische System der
Landbewirtschaftung das römische abgelöst. Es gab jedoch auch Ausnahmen.
In der Gegend um Trier, die um 480 selbst aus der Sicht Ostroms Teil der *Francia Rinensis* geworden war, wurden zwar die Ländereien in Fiskalbesitz der königlichen Domäne zugeschlagen, kirchlicher Grundbesitz und sogar kleine römische Güter und Höfe blieben aber neben neuen fränkischen Siedlungen erhalten. Dieses Muster ist besonders typisch für die Regionen weiter südlich im burgundischen Königreich und für die von den Goten eroberten Gebiete des Weströmischen Reiches.

Im Südosten bildeten die Ardennen eine natürliche Grenze der dichten fränkischen Besiedelung, obwohl auch im Süden bis zur Seine eine langsame, aber stete germanische Wanderung und Besiedelung vor Chlodwig, die sich nach dessen Sieg über Syagrius beschleunigte, eine erhebliche Zahl von Franken in diese Region brachte. Zwischen Seine und Loire siedelten deutlich weniger Franken; archäologische und linguistische Zeugnisse weisen aber auf verstreute Inseln fränkischer Besiedelung in einem überwiegend gallorömisch geprägten Land hin.

Noch weniger Franken finden sich südlich der Loire. Vor 507 blieb die Region von ihren westgotischen Herrschern, die meist von ihren städtischen Residenzen aus mit Hilfe der aquitanischen Aristokratie die ländlichen Gebiete kontrollierten, weitgehend unbehelligt. An der tatsächlichen Besiedelung änderte die fränkische Eroberung kaum etwas. Sicher wurden einzelne Franken als *comites* in den Süden geschickt, andere ließen sich zweifellos in den reichen Städten Aquitaniens nieder, aber diese versprengten Franken beeinflußten die Bevölkerung, ihre Sprache und Gewohnheiten kaum.

Obwohl sich die Anzahl der Franken auch nicht annähernd genau schätzen läßt, ist vermutet worden, daß es im gesamten fränkischen Reich etwa 150000 bis 200000 Franken und sechs bis sieben Millionen Gallorömer gegeben hat. Diese Zahlen sind mit großer Wahrscheinlichkeit zu hoch angesetzt; aber es erscheint nicht ganz unberechtigt, von etwas mehr als 2 Prozent Franken an der Gesamtbevölkerung auszugehen.

Diese 2 Prozent, die sich nördlich der Loire konzentrierten und die übrige Bevölkerung beherrschten, besaßen einen Einfluß, der ihren Anteil an der Bevölkerung bei weitem übertraf. Während die wenigen Franken im Süden rasch die Sitten und vermutlich auch die Sprache und das Selbstverständnis der Römer übernahmen, trifft im Norden das Gegenteil zu. Hier ersetzte das fränkische Selbstverständnis innerhalb weniger

Generationen das römische. Germanische Namen überwiegen, und selten wird ein in der Region Geborener als Römer bezeichnet; *Romani* sind diejenigen, die südlich der Loire leben. Alles, was von der römischen Identität blieb, war der romanische Dialekt der Bevölkerung, obwohl vermutlich noch am Ende des 9. Jahrhunderts in einigen nordfranzösischen Regionen fränkisch gesprochen und verstanden wurde. Im Laufe des 8. Jahrhunderts war dieser Wandel so gründlich vollzogen, daß allgemein, aber fälschlicherweise angenommen wurde, die *Romani* seien nach Chlodwigs Sieg ausgerottet worden. Zwar ist dies nur eine Legende, aber eine, die veranschaulicht, wie tiefgreifend die Veränderungen in Gallien waren.

Nördlich der Alpen war unter Chlodwig eine neue Art von christlichem Barbarenreich errichtet worden, das den Westen Europas für immer prägen sollte. Mit Ausnahme Burgunds – dessen Königreich von Chlodwigs Söhnen zerschlagen und in den fränkischen Herrschaftsbereich integriert werden sollte – stand der Kern des fränkischen Reiches fest; eine lockere Konföderation von barbarischen Fürsten war durch einen einzigen Herrscher ersetzt worden, dessen Reichtum nur von seiner Gewaltbereitschaft übertroffen wurde; eine unbequeme Allianz von heidnischen und arianischen Barbaren und christlichen Römern war von einem kultisch geeinten Königreich unter einem christlichen König abgelöst worden, den der Kaiser in Konstantinopel anerkannte und die orthodoxen Bischöfe, die Repräsentanten der gallorömischen Elite, unterstützten. Trotz der Zwietracht und der mörderischen Gewalttätigkeiten, von denen die Regierungszeiten der Söhne und Enkel Chlodwigs gekennzeichnet waren, sollte sich der Wandel Westeuropas in der von ihm eingeschlagenen Richtung fortsetzen.

IV. Das Frankenreich im 6. Jahrhundert

Die Nachfolger Chlodwigs im 6. Jahrhundert

Obwohl das von Chlodwigs Söhnen regierte Frankenreich in mehrere Königreiche aufgeteilt war, galt es weiterhin als Einheit; es gab nur ein *regnum Francorum*. Innerhalb dieses aufgeteilten Reiches folgten Chlodwigs Nachfolger weiterhin den Spuren seiner Politik. Nach außen unternahmen sie wiederholt gemeinsame Anstrengungen, um auf Kosten der Nachbarn ihr Königreich auszudehnen, im Inneren nicht wenige Versuche, sich gegenseitig umzubringen. Das Ergebnis ist eine verwirrende und gewalterfüllte politische Geschichte, die stärker an die römische Spätantike als an germanische Traditionen erinnert. Was ihre mörderischen Familienstreitigkeiten betrifft, hatten die Merowinger offensichtlich viel von den Römern gelernt.

Die Expansion nach außen

Die Ausdehnung des Frankenreiches gelangte unter den Söhnen und Enkeln Chlodwigs weitgehend zum Abschluß. Nach einer Reihe von Teilerfolgen wurde um 534 das burgundische Reich endgültig besiegt und Teil des Frankenreiches. Zwei Jahre später suchten die Ostgoten verzweifelt nach Verbündeten gegen Justinian, der Italien zurückerobern wollte, und überließen den Franken, die sie dafür im Krieg gegen die Römer unterstützen sollten, die Provence. Feldzüge gegen die verbliebenen westgotischen Außenposten in Aquitanien führten dazu, daß um 541 die gotische Präsenz nördlich der Pyrenäen auf einen Küstenstreifen bei Narbonne reduziert wurde.

Im Osten nutzte Theuderich I. die Krise, die die Wiedereroberung Italiens nicht nur in Italien selbst, sondern auch im nördlich anschließenden Alpengebiet auslöste, und brachte einen großen Teil der Region unter seine Herrschaft. Zunächst besiegte er die Reste der Thüringer, die lange Zeit Verbündete der Ostgoten gewesen waren, und brachte im Norden die Sachsen unter eine abgeschwächte Form fränkischer Kontrolle. Sein Sohn Theudebert I., der von 533 bis 548 regierte, ging noch weiter. Der Rückzug der Ostgoten aus der Provence isolierte die Alemannen, die östlich von Burgund im heutigen Südwestdeutschland und der Nordschweiz siedelten; Theudebert integrierte sie ebenso wie die Rätoromanen in den Alpenregionen um Chur in sein Königreich. Er dehnte seinen Machtbereich noch weiter nach Osten aus über das neu entstandene Völkergemisch aus Thüringern, Langobarden, Erulern, Sueben, Alemannen und anderen Stämmen die mit den Resten der römischen Bevölkerung von Noricum und Raetien zum Volk der Bajuwaren verschmolzen waren. 539 nutzte er diese Region als Aufmarschgebiet für einen Einfall nach Italien, wo er durch wechselnde Bündnisse mit den Byzantinern und Ostgoten sowie durch Verrat Venetien unter seinem Einfluß zu bringen verstand.

Theudebert war mehr als ein plündernder Barbarenkönig. Gemeinsam mit seinen römischen Ratgebern, die ihn dabei unterstützten, strebte er vermutlich danach, das zu vollbringen, was andere gallische Prätendenten vor ihm jahrhundertelang versucht hatten, nämlich vom Westen aus den Kaiserthron zu erobern. Sein Plan scheiterte, und nach seinem Tod gab sein Sohn Theudebald I., der von 548 bis 555 regierte, die großen Ziele auf. Aber immerhin hatte Theudebert sowohl die Stärke als auch die Ziele der Nachfolger Chlodwigs demonstriert.

Mit Subsidien, Verhandlungen und der Unterstützung unterschiedlicher Parteien und Prätendenten versuchten die Kaiser in Konstantinopel in den folgenden Jahren, die Macht des Frankenreiches den kaiserlichen Interessen im Westen dienstbar zu machen, besonders bei dem Versuch, die Langobarden wieder loszuwerden, die nach den Rückeroberungsversuchen Justinians nach Italien eingedrungen waren. Obwohl solche Versuche insgesamt erfolglos blieben, bezeugen sie sowohl die Anerkennung der fränkischen Vorherrschaft im Westen durch Byzanz als auch die anhaltend enge Verbundenheit der Franken mit dem Römischen Reich.

Die Merowinger unternahmen keinen Versuch, die Regionen östlich des Rheins oder südlich der Loire fest in ihr Reich einzubinden; die Sicherung der Herrschaft über das fränkische Kernland band alle ihre Kräfte. Bei jeder Eroberung gestanden sie der Bevölkerung das Recht zu, nach ihrem eigenen barbarischen oder römischen Recht zu leben, und in Thüringen, Alemannien, Bayern, Rätien, in der Provence und sogar in Aquitanien setzten sie fränkische *duces* ein – in der Provence *patricius* und in Rätien *praeses* oder Tribun genannt –, die im Namen des Königs regierten. Diese *duces* oder *patricii* waren in dem Sinne Franken, daß sie von Franken ernannt worden waren. In Bayern zum Beispiel stammten sie aus der mächtigen Familie der Agilolfinger, die mit Burgundern, Franken und Langobarden verwandt waren. In Rätien heiratete der fränkische Befehlshaber schnell in eine mächtige, in der Region ansässige Römerfamilie ein, und seine Nachkommen besaßen bis zum Ende des 8. Jahrhunderts das Monopol sowohl auf die weltliche Herrschaft als auch auf das Bischofsamt. So verhielt es sich fast überall. Die *duces* unterhielten bereits vor ihrer Ernennung Verbindungen zur lokalen Elite oder heirateten sehr rasch in diese ein. Diese Regionen besaßen deshalb, besonders in Zeiten schwacher merowingischer Könige, die besten Aussichten, unabhängig zu werden.

Die innere Ordnung

Als 560 Chlothar I., der letzte Sohn Chlodwigs, starb, wurde das Reich wieder einmal unter seine vier Söhne aufgeteilt, von denen einer sechs Jahre später starb. Nach seinem Tod bestand das Gesamtreich aus drei großen Teilgebieten. Diese Tradition, das Königreich aufzuteilen, dauerte im Frankenreich bis weit ins 9. Jahrhundert fort. Dennoch führten die folgenden Reichsteilungen nicht zu unendlicher Zersplitterung. Statt dessen wurde das Kernland des Königreiches um die Mitte des 6. Jahrhunderts dreigeteilt. Zwar verschoben sich die Grenzen dieser Teilreiche bei jeder der folgenden Teilungen geringfügig. Im folgenden Jahrhundert waren sie aber so weit gefestigt, daß die Reiche eigene Namen erhielten: Austrasien, Neustrien und Burgund.

Es wäre irreführend, den Namen Austrasien – „das östliche Land" – wörtlich zu verstehen, da zu diesem Reichsteil nicht nur die Ostgebiete zwischen Rhein und Maas und die von Theuderich und seinem Sohn Theudebert eroberten Gebiete östlich des Rheins gehörten, sondern auch die Champagne, die königliche Residenz in Reims – später in Metz – und ein ansehnlicher Teil Mittel- und Südgalliens. Obwohl ein beträchtlicher Anteil der Bevölkerung dieser Region „germanischer" Abstammung war, bildete Austrasien im 6. Jahrhundert ein Zentrum römischer Kultur und römischen Einflusses. Wie wir gesehen haben, wurden hier ehrgeizige Pläne einer imperialen Politik geschmiedet, die weit hinausgingen über alles, was der Ostgote Theoderich je erstrebt hatte. Der Hof wurde zu einem Zentrum der lateinischen Wissenschaften; aus dem austrasischen Teil Aquitaniens, aber auch von außerhalb des Frankenreiches, empfing der König gebildete Römer wie Venantius Fortunatus. Diese offene Hinwendung zur römischen Kultur beeinflußte auch den fränkischen Adel und beschleunigte die Verschmelzung der beiden Oberschichten. Offensichtlich planten die austrasischen Könige aber mehr als die

Übernahme der römischen Kultur und die Eroberungen imperialen Aus-
maßes. Theudebert versuchte vermutlich, in seinen östlichen Besitzungen dasselbe römische Steuersystem, das in Teilen seiner gallischen
Gebiete noch funktionierte, einzuführen. Brunichild, die westgotische
Ehefrau seines mittelbaren Nachfolgers Sigibert I., setzte diese Romanisierung mit dem Ergebnis fort, daß sich zwischen Adel und Königtum
eine wachsende Kluft auftat, die zu einer langen und blutigen Reihe von
Kriegen führte.

Dabei mögen Steuerreformen eine gewisse Rolle gespielt haben, aber
in der fränkischen Gesellschaft wurden solche Konflikte meistens perso-
nalisiert und als Familienfehden ausgetragen. In diesem Falle spaltete
die Fehde die Familie der Merowinger und führte zum Untergang des
austrasischen Königtums.

Neustrien, das neue Land im Westen, mit seiner merowingischen Residenz Soissons war zwar das kleinste Teilreich, verfügte aber über das
größte Fiskalland, römische Städte wie Paris, Tours und Rouen und die
produktivste Bevölkerung. Der neustrische König Chilperich (561–584)
verbrachte einen großen Teil seiner Regierungszeit im Kampf um die
Ausdehnung seines Reiches gegen seinen Bruder, den austrasischen König
Sigibert (561–575), und gegen dessen Witwe Brunichild. Dieser Kampf,
der vorgeblich um das Erbe ihres 567 verstorbenen Bruders Charibert
geführt wurde, war gleichzeitig eine bittere Fehde, die Chilperichs Frau
Fredegund und ihre Erzrivalin Brunichild entfesselt hatten. Chilperich
war bereits – unter anderem – mit Fredegund verheiratet, als er die
westgotische Prinzessin Galswinth, die Schwester der Brunichild, zur
zweiten Frau nahm. Wie Gregor über das Verhältnis zu der neuen Braut
berichtet, „wurde sie von ihm mit großer Liebe verehrt. Sie hatte nämlich
große Schätze mitgebracht."[1] Von Fredegund aufgehetzt und aus Angst,
Galswinth könnte mit ihrer Mitgift zu ihren Eltern zurückkehren, ließ er
sie umbringen. Empört und begierig, die günstige Gelegenheit zur Aufteilung von Chilperichs Reich nicht zu versäumen, versuchten Sigibert, der
Ehemann der Brunichild, und seine Brüder, Chilperich abzusetzen. Das
Resultat war eine über drei Generationen geführte Fehde, in deren Verlauf
die Familie der Merowinger fast ausgerottet wurde und die erst nach dem
Tod von zehn Königen und der Hinrichtung Brunichilds II. durch Chilperichs Sohn Chlothar II. 613 endete.

Der dritte Reichsteil war Burgund, zu dem nicht nur das alte Königreich Burgund, sondern auch ein bedeutender Teil Galliens mit der
Hauptstadt Orléans gehörte. In dieser Region lebten ursprünglich zu
einem erheblichen Prozentsatz Burgunder, Römer und Franken. Burgund

stützte sich in erster Linie auf die wichtige Kirchenprovinz Lyon, die lange Zeit das Zentrum der senatorischen Macht gewesen war. König Guntram (561–592) benötigte diese römischen Aristokraten für seine Verwaltung und besetzte sein wichtigstes Amt, das des *patricius*, dreimal in Folge mit Römern. Die drei Bevölkerungsgruppen gingen innerhalb kurzer Zeit ineinander auf, allerdings blieb die römische Tradition dominierend. Angesichts der Bedeutung der Rhône verlegte Guntram um 570 seinen Hof nach Chalon und machte die Stadt damit sowohl zu einem religiösen als auch politischen Zentrum seines Reiches.

Obwohl Guntram unausweichlich in die gewalttätige Fehde zwischen den Ehefrauen seiner beiden Brüder verwickelt wurde, scheint er stärker als die anderen Frankenkönige von einer christlich-römischen Herrschaftsidee durchdrungen gewesen zu sein, vielleicht ein Ergebnis der Tatsache, daß sein Reich das römischste der drei Teilreiche war. Hier konnten nicht nur die römische Kultur, sondern auch römische Rechtstraditionen und christliche Vorstellungen von den Pflichten eines Königs Wurzeln schlagen. Aber wie wir gesehen haben, war die römische Tradition für Gewalt genauso anfällig wie die der Franken. Eine einleuchtendere Erklärung für Guntrams Herrschaftsstil war seine persönliche Frömmigkeit; Gregor von Tours beschreibt ihn in äußerst günstigem Licht. Dennoch blieb er durchaus zu der für die Spätantike charakteristischen Brutalität fähig. Als er zum Beispiel seinen Kämmerer verdächtigte, im Königsforst der Vogesen Auerochsen gewildert zu haben, ordnete er eine Entscheidung im Zweikampf an. Nachdem sich der Neffe des Kämmerers und der Wildhüter, der den Vorwurf erhoben hatte, in einem wüsten Kampf Mann gegen Mann gegenseitig getötet hatten, suchte der Kämmerer Zuflucht in einer nahe gelegenen Kirche. Der König ließ ihn ergreifen, an einen Pfahl binden und zu Tode steinigen. Der einzige Unterschied zwischen seinem Verhalten und dem seines Großvaters Chlodwig bestand vielleicht darin, daß er, wie Gregor berichtet, später bereute, einen treuen Diener wegen eines so geringfügigen Vergehens getötet zu haben.

Die ständigen Fehden zwischen den Nachkommen Chlodwigs schwächten alle Parteien und steigerten die Macht der fränkischen und römischen Aristokratie, deren Unterstützung für den Sieg unentbehrlich war. Die führenden Schichten der Merowingerreiche bildeten jedoch keineswegs eine Einheit, wenn sich auch verschiedene Gruppen zeitweise zum Kampf gegen einen besonders verhaßten königlichen Beamten zusammenschließen konnten. Vielmehr kennzeichnete die in der Merowingerfamilie vorhandene Gewaltbereitschaft auch die Beziehungen innerhalb der Aristokratie; in dieser Hinsicht gab es zwischen Römern und Franken keinen Unterschied. Private Kriegsführung war die Regel.

Jegliche Unterscheidung zwischen privaten und staatspolitischen Motiven der merowingischen Könige und Adligen ist künstlich. Zur Erklärung der Existenz adliger Oppositionsgruppen braucht man nicht zwischen dem Widerstand des Adels gegen die Besteuerung und Bevormundung nach römischem Muster und seinen privaten Streitigkeiten zu unterscheiden. Seit langer Zeit waren die Besteuerung wie die Fehden eine Privatangelegenheit gewesen. Wenn man in Gregors Berichten nicht zwischen persönlichen und politischen Motiven unterscheiden kann, dann liegt dies daran, daß sie nicht voneinander zu trennen waren. Ob König oder Adliger, man kämpfte für die Familienehre und eine eigenständige Herrschaft. Aber erst im 7. Jahrhundert übernahm der Adel in diesem Kampf die führende Rolle.

Eine der Gruppen, die ein gewisses Verantwortungsbewußtsein für die *res publica*, die öffentlichen Angelegenheiten, bewahrt hatten, war der Klerus. Obwohl auch er fast ausschließlich aus der römischen oder romanisierten fränkischen Aristokratie stammte und oft tief in die blutrünstigen Fehden verwickelt war, verstand er es insgesamt doch, die Macht und den Einfluß seiner Gesellschaftsschicht nicht nur für sich selbst und seine Familien, sondern auch in bezug auf sein Amt zu erhalten und auszubauen. König Chilperich I. beklagte sich einmal: „Keiner herrscht jetzt überhaupt als allein die Bischöfe."[2] Natürlich war das eine Übertreibung, aber im Frankenreich des 6. Jahrhunderts hielt niemand so fest wie die Bischöfe die Schlüssel sowohl zur weltlichen als auch zur geistlichen Macht in seiner Hand.

Über die fränkische Kirche ist viel geschrieben worden. In Wirklichkeit gab es sie gar nicht. Die religiöse Landschaft setzte sich aus mehreren Kirchen zusammen, an deren Spitze jeweils ein Bischof stand und welche die kultischen und politischen Zentren der lokalen Eliten bildeten. Im Laufe des 6. Jahrhunderts vermittelten die fränkischen Könige dem Episkopat ein gewisses Zusammengehörigkeitsgefühl; dennoch blieb dieser ebenso in Parteien gespalten wie die gallorömische Gesellschaft, die ihn kontrollierte und die Bischofsämter besetzte.

Außerdem existierten neben der Bischofskirche zumindest zwei und schließlich drei königliche Kirchen, von denen jede einzelne ihre eigenen Traditionen hervorbrachte, ihre eigenen Beziehungen zu den lokalen Eliten pflegte und ihren eigenen religiösen Mittelpunkt besaß. Diese Bezirke entsprachen ihrerseits den wichtigsten Kulturregionen des Frankenreiches, der Region nördlich der Loire, Aquitanien und dem Osten einschließlich der Rhône und der provenzalischen Küste.

Die Bischöfe: edel von Geburt und im Glauben

Die erste Kirche in Gallien war die Bischofskirche gewesen; ihre Traditionen reichen in die ältesten Zeiten der senatorischen Aristokratie zurück. Die Zeit ihrer Entstehung, das späte 3. Jahrhundert, fällt mit der Entstehung der Provinzaristokratie zusammen; beide entwickelten sich also gleichzeitig und bildeten eine nicht voneinander zu trennende Institution. Die große Mehrheit der frühen merowingischen Bischöfe war aus der gallorömischen Aristokratie hervorgegangen. Angesichts der Bedeutung der Bischöfe im spätrömischen Gallien war auch nichts anderes zu erwarten. Die im 7. Jahrhundert verfaßten Heiligenviten merowingischer Bischöfe beginnen denn auch in der Regel mit der Beschreibung der adligen Familie, aus welcher der Bischof entstammte: „Er war edel von Geburt, aber noch edler durch seinen Glauben", eine Charakteristik, die in der gesamten Hagiographie mit geringen Variationen ständig wiederholt wird. Die Botschaft ist eindeutig: Ein Bischof mußte angesehene Vorfahren besitzen. Dieser weltliche Rang konnte jedoch durch religiöse Tugend ersetzt werden, die dann ihrerseits die ganze Familie, aus der er stammte, adelte.

Statistische Untersuchungen der sozialen Herkunft der merowingischen Bischöfe sind mit großer Vorsicht zu genießen, weil entsprechende Angaben fehlen. Wie Martin Heinzelmann gezeigt hat, sind von den 707 namentlich bekannten Bischöfen der acht Kirchenprovinzen Tours, Rouen, Sens, Reims, Trier, Metz, Köln und Besançon zum Beispiel 328 nur dem Namen nach bekannt.[3] Von den 179 Bischöfen, die einer bestimmten Gesellschaftsschicht zugeordnet werden können, stammten jedoch nur acht eindeutig nicht aus der senatorischen Aristokratie, wie zum Beispiel Iniuriosus von Tours, der „von niederer, aber dennoch freier Abstammung" war. Angesichts der aristokratischen Grundtendenz der Quellen kann man natürlich davon ausgehen, daß solche Informationen um so seltener weitergegeben wurden, je niedriger die gesellschaftliche Herkunft war. Doch trotz fehlender biographischer Angaben weisen viele Indizien darauf hin, daß die große Mehrheit der Bischöfe aus mächtigen und bedeutenden Familien stammte. So hatten Verwandte der Bischöfe als *referendarius, maior domus* oder *domesticus* häufig wichtige und

hohe weltliche Ämter inne, wie sie früher die Bischöfe selbst verwaltet
hatten, und in den Bischofslisten einzelner Diözesen und ihrer Nachbar-
diözesen sind immer wieder die gleichen Namen verzeichnet.
Dies kommt so häufig vor, daß man davon sprechen kann, daß „bischöfliche Familien" die Bischofssitze über Generationen hinweg für
sich beanspruchten. Am berühmtesten ist der Fall des Geschichtsschrei-
bers Gregor von Tours. Beide Eltern Gregors stammten aus aristokratischen Familien der Auvergne, die in Langres, Genf, Lyon und natürlich
in Tours Bischöfe gestellt hatten. Gregor rühmt sich dessen, daß von
seinen 18 bischöflichen Vorgängern alle bis auf fünf seine Verwandten
gewesen seien. Vermutlich ist sein Fall typisch. Wir wissen zum Beispiel,
daß es in Nantes, Châlons, Paris, Sens, Laon, Metz, Orléans und Trier
die Regel war, daß Söhne ihren Vätern oder Neffen ihren Onkeln nach-
folgten.

Solche Bischofsdynastien belegen sowohl die Macht der Bischöfe bei
der Ernennung ihrer Nachfolger als auch das oft über Generationen
zurückreichende Netzwerk zwischen den aristokratischen Familien ganz
Galliens. Die Kontrolle der Bischofsämter war eines der wichtigsten
Ziele der Familienpolitik, wobei die Rivalität unter senatorischen Familien gefährlich und tödlich sein konnte. Ein drastisches Beispiel dafür
sind die Auseinandersetzungen zwischen der Familie des Gregor von
Tours und der des Felix von Nantes (ca. 512–582). Felix stammte aus
einer der mächtigsten Familien Aquitaniens. Energisch förderte er die
kirchlichen und weltlichen Interessen sowohl seines Bistums als auch
seiner Familie, die recht eng miteinander verknüpft waren. Sein Bewun-
derer Venantius Fortunatus schreibt ihm die Bekehrung des „wilden
Volkes der Sachsen" zu, das heißt der sächsischen „Piraten", die an der
Küste siedelten und von den Merowingern förmlich anerkannt worden
waren. In Nantes selbst versuchte Felix, zum Nutzen seiner Stadt den
Handel auf das rechte Ufer der Loire zu orientieren.[4] Von diesen Bemühungen profitierte auch seine Familie.

Felix hatte das Bischofsamt als Nachfolger seines Vaters Eumerius, der
549 oder 550 gestorben war, angetreten und pflegte einen hochadligen
Lebensstil. Fortunatus hat seinen Lieblingssitz, das im Poitou an der
Loire gelegene Landgut Charcé, das mehr als 3000 Hektar umfaßte, als
ideales Adelsgut mit Weinbergen und pinienbedeckten Hügeln beschrieben. Im späten 6. Jahrhundert besaß die Herrschaft der Familie über
Nantes vermutlich bereits eine lange Tradition; Martin Heinzelmann
hat darauf hingewiesen, daß in den Bischofslisten von Nantes schon im
4. und 5. Jahrhundert die relativ seltenen Namen Eumerius und Nonne-

chius – so hieß auch der Verwandte und Nachfolger des Bischofs Felix –
häufig wiederkehren. Im Gegensatz zu Fortunatus schätzte Gregor diese Familie wenig und
Felix schon gar nicht. Er beschrieb ihn als einen Mann „von unendlicher
Habsucht und Selbstüberhebung".⁵ Gregors Haß war verständlich. Als
580 der Archidiakon Rikulf versuchte, Gregor abzusetzen, vermutlich
weil er sich vom örtlichen Klerus hatte wählen lassen, unterstützte Felix
den Archidiakon nicht nur, sondern nahm ihn auch in Nantes auf, nach-
dem der Plan gescheitert war. Welche Motive Felix dabei bewogen, ist unklar. Aber sicherlich hingen
sie ebenso stark mit der Rivalität zwischen den Familien wie mit der Kir-
chenpolitik zusammen. Er hatte Gregors Bruder Peter, einen Diakon der
Kirche von Langres, beschuldigt, er habe seinen eigenen gewählten Bischof
und Verwandten Silvester ermordet, um dessen Nachfolge anzutreten.
Dieser Vorwurf empörte Gregor, vielleicht weil er der Wahrheit ziemlich
nahekam. Einige Jahre zuvor war Peter mit Sicherheit in die Verurteilung
und Absetzung eines anderen Diakons namens Lampadius verwickelt
gewesen, und diese Verstrickung führte schließlich zu Peters Tod. Auch
die Anschuldigungen, die Felix gegen Peter wegen Silvester vorbrachte,
mögen zumindest teilweise der Wahrheit entsprochen haben. Mit Sicherheit
beanspruchte Gregors Familie Langres als einen „ihrer" Bischofssitze,
und Peter mag der Meinung gewesen sein, daß nicht Silvester, sondern
ihm selbst im Jahre 572 die Nachfolge des Bischofs Tetricus gebührte. Wie
sich die Angelegenheit auch verhalten haben mag, Lampadius stachelte
den Sohn des Silvester so lange auf, bis dieser Peter in Langres auf offener
Straße erschlug. Offensichtlich billigte Felix die Art nicht, in der die
Mitglieder der Familie Gregors nach dem Bischofsamt strebten.

Genauso dachte Gregor über Felix. Als dieser im Sterben lag, versuchte er, seinen Neffen Burgundio zum Nachfolger zu ernennen. Gregor war als Metropolitanbischof für die Tonsur und die Weihe des jungen
Burgundio zuständig, und er genoß die süße Rache, die Unrechtmäßig-
keit dieses Vorgehens ausführlich darzulegen; er sandte Burgundio mit
dem Rat nach Hause: „Kehre also, Teuerster, nach Nantes zurück und
bitte den, der dich erwählt hat, er möge dir zuerst die Tonsur erteilen.
Und wenn du es dann zum Priester gebracht hast, so zeige dich treu und
fleißig im Dienste der Kirche; wenn dann Gott deinen Oheim abrufen
wird, so wirst du mit Leichtigkeit zur Bischofswürde aufsteigen."⁶ Nach
dem Tod des Bischofs Felix konnte Gregor nicht verhindern, daß Non-
nechius, ein entfernter Verwandter des Verstorbenen, ernannt wurde,
aber immerhin nicht der von Felix gewählte Burgundio.

Solche komplexen Familienrivalitäten konzentrierten sich auf das Bischofsamt, weil dieses einen Preis darstellte, um den es sich zu kämpfen lohnte. Die Herrschaft über die großen Bistümer war der Schlüssel zum Erhalt der regionalen Macht einer Sippe. Außerdem verschaffte sie großen Reichtum. Vom 4. Jahrhundert an waren riesige Landflächen an die Kirche übertragen worden, und den gesamten Grundbesitz kontrollierte der Bischof. Einen Eindruck davon, wie eine Familie von diesem Reichtum profitieren konnte, vermitteln die wenigen erhaltenen Testamente fränkischer Bischöfe: Remigius von Reims zum Beispiel setzte seine Kirche und seinen Neffen Lupus, den Bischof von Soissons, den Priester Agricola und den 616 verstorbenen Bertram von Le Mans als Erben ein. Bertram machte seine Kirche zum Alleinerben. Diese Testamente verfügen über Ländereien, Kirchen, Sklaven, *coloni* und bewegliche Güter, welche die Familie durch Erbschaft, königliche Geschenke, Kauf, Tausch und Konfiszierung erworben hatte. Die Prosperität der Familie erforderte die Kontrolle über den Besitz des Bischofs, und nachdem solche Schenkungen über Generationen hinweg üblich geworden waren, verwundert es nicht, daß die Familien die Besetzung der Bischofsstühle allmählich als ein Erbrecht betrachteten, für dessen Verteidigung es sich selbst zu töten lohnte.

Gemordet wurde ohne Unterschied in gallorömischen wie fränkischen Familien, soweit man diese zu jener Zeit überhaupt noch voneinander unterscheiden kann. Im allgemeinen geht man davon aus, daß der fränkische Episkopat sich bis weit ins 8. Jahrhundert fast ausschließlich aus den Reihen der gallorömischen Aristokratie rekrutierte. Tatsächlich ist das Bischofsamt als Bollwerk der römischen Bevölkerung eingeschätzt worden, denn es allein konnte die römischen Traditionen und die römische Kultur vor den barbarischen Franken schützen.

Zwar stammten im 6. Jahrhundert und im Süden noch im 7. und 8. Jahrhundert die Bischöfe aus den großen senatorischen Familien. Aber Allianzen und Heiratsverbindungen zwischen Römern und Franken gab es schon vor Chlodwig, und im Laufe des 6. Jahrhunderts begannen diese Familien zu verschmelzen, indem sie die Königsnähe und militärische Macht des fränkischen Großen mit den kulturellen Traditionen, dem regionalen Patronat und dem Netz der Verwandtschaftsbeziehungen der senatorischen Aristokratie vereinten. Die meisten Belege, die das Gegenteil beweisen sollen, beziehen sich auf die römischen Namen in den merowingischen Bischofslisten, die einige Historiker als Beweis für eine fortdauernde Beherrschung des Episkopats durch „römische" Familien angesehen haben. Es ist allerdings schwierig, präzise zwischen römi-

schen und fränkischen Familien – vor allem im Norden und in Burgund
– zu unterscheiden, erst recht aufgrund von Namen. Söhne, die für den
Klerikerstand vorgesehen waren, erhielten womöglich ohne Rücksicht
auf den familiären Hintergrund christliche oder lateinische Namen,
andererseits dominierten im Norden sogar in Familien römischer Abstammung schon sehr früh germanische Namen, was zum Teil seinen
Grund in Heiratsverbindungen zwischen Franken und Römern, zum
Teil in politischen Loyalitätsbezeugungen gegenüber den fränkischen
Königen hatte. In der zweiten Hälfte des 6. Jahrhunderts finden sich
unter den Nachkommen der Familie des Bischofs Remigius von Reims
nicht nur römische Namen wie Lupus, sondern auch die fränkischen
Namen Romulf und sehr wahrscheinlich Leudegisel und Attalenus. Derselbe Vorgang vollzog sich am Rhein, als in Trier und Köln die alten
römischen Familien mit den fränkischen Sippen, mit denen sie die Macht
teilten, verschmolzen, ebenso wie in Burgund, wo eine aufstrebende
lokale Aristokratie burgundische, fränkische und römische Adelstraditionen in sich vereinte. Im Vordergrund aller Bemühungen stand die
Erhaltung der Macht und Autonomie der Familie – unabhängig von
deren Abstammung.

Die außerordentliche materielle und politische Bedeutung des Bischofsamtes erklärt, warum sich bereits in der Antike die Tradition herausbildete, für dieses Amt erfahrene Männer auszuwählen, die ihre Fähigkeiten in Politik und Verwaltung bereits unter Beweis gestellt hatten.
Zwar kamen manche Bischöfe nach einer regulären Laufbahn als Kleriker ins Amt und stiegen vom Lektor zum Priester und dann zum Bischof
auf, aber das waren so große Ausnahmen, daß ihr Eintreten – wie in dem
Fall des Bischofs Nivard von Reims oder des Heraclius von Angoulême
– von den Hagiographen für erklärungsbedürftig gehalten wurde. Nachdem Cato 551 von Klerus und Volk zum Kandidaten für die Nachfolge
des heiligen Gallus in Clerment gewählt worden war, präsentierte er
seinen klerikalen Werdegang als Nachweis seiner Qualifikationen: „Auch
habe ich alle Stufen des geistlichen Amts immer nur nach kirchenrecht-
licher Vorschrift erlangt. Zehn Jahre war ich Lektor, fünf Jahre habe ich im
Amt des Subdiakonen gedient, fünfzehn Jahre aber brachte ich als Diakon
zu, und zwanzig Jahre bekleide ich die Würde des Priestertums. Was bleibt
mir denn noch übrig, als daß ich das Bistum empfange, das mein treuer
Dienst verdient hat?"[7] – Er bekam den Job nicht.

Viele Bischöfe traten ihr Amt nach einer weltlichen Karriere an, und
selbst für diejenigen, die innerhalb des Klerus aufstiegen, war nicht das
Priestertum der übliche Weg zu einem kirchlichen Amt.

Junge Männer, die für ein Bischofsamt vorgesehen waren, wurden normalerweise zu einem engen Verwandten, der Bischof war, zur Erziehung geschickt. Eine sorgfältige Erziehung galt als Voraussetzung für das Bischofsamt, da der Bischof seinerseits für die Erziehung des Klerus und anderer junger Leute verantwortlich war, die Verwandte oder Verbündete an seinen Hof schickten. Da jedoch die meisten dieser Bischöfe ihr Amt in einem späteren Lebensabschnitt übernommen hatten, war diese Erziehung stärker von der Tradition der spätrömischen Wissenschaft als von theologischer, asketischer oder spiritueller Unterweisung geprägt. Die niederen Weihen konnten schnell erworben werden, aber die von ehrgeizigen Klerikern am meisten begehrte Position war die des Archidiakons. Dieser war die wichtigste Person am bischöflichen Hof; er kontrollierte die Temporalia der Diözese und verwaltete meistens im Auftrag des Bischofs das gesamte Bistum. Daher überrascht es nicht, daß der Archidiakon meist ein aussichtsreicher Kandidat für die Nachfolge seines Bischofs war, zumal er einerseits umfangreiche Erfahrungen gesammelt hatte und andererseits als Verwalter des Diözesanbesitzes über die Mittel verfügte, den König, den übrigen Klerus und die Gläubigen zu bestechen. Das traf zum Beispiel für Rikulf zu, mit dem Gregor soviel Ärger hatte. Angesichts der kräftigen Unterstützung, die Rikulf beim Klerus von Tours fand, mag dieser durchaus Rikulf dem Bischof vorgezogen haben, trotz oder vielleicht sogar wegen der traditionellen Ansprüche von Gregors Familie und Rikulfs relativ einfacher Abstammung.

Die wenigen Bischöfe, die eine solide theologische und asketische Bildung vorweisen konnten, erlangten ihr Amt häufig aus dem Ordensleben heraus. Nur im Kloster konnte einigermaßen verläßlich eine ernsthafte religiöse Erziehung erworben werden, und wenn diese sich mit dem administrativen und politischen Geschick eines fähigen Abtes verband, erwuchs daraus tatsächlich ein eindrucksvoller Kandidat für das Bischofsamt. Außerdem waren viele Äbte erst nach einer Zeit des aktiven Hofdienstes ins Kloster eingetreten. Von vornehmer Herkunft, mit besten Beziehungen, vorzüglich ausgebildet und erfahren, galten sie aus der Sicht ihrer Familie, des Klerus und des Königs als ideale Bischöfe. Das Exempel eines solchen Bischofs war Papst Gregor der Große (590–604), der aus einer römischen Adelsfamilie kam und von 579 bis 585 Präfekt einer Stadt gewesen war, sich dann in ein von ihm selbst gegründetes Kloster zurückzog, bevor er sich gezwungen sah, die Würde des höchsten kirchlichen Amtes anzunehmen. In Gallien nahmen die Karrieren von Bischöfen wie Salvinus von Albi, Numeranus von Trier und Guntharius von Tours einen ähnlichen Verlauf.

Auch wenn viele Bischöfe vor ihrer Ernennung erst weltliche Ämter ausgeübt hatten und dann ins Kloster eingetreten waren, so gelangte doch eine sehr viel größere Anzahl unmittelbar aus ihren säkularen Positionen zur Bischofswürde. Das Bischofsamt krönte einen *cursus honorum* im traditionellen Sinne. Im 5. und 6. Jahrhundert verliefen diese Karrieren häufig über die aus der Spätantike verbliebenen Ämter oder Positionen als Provinzverwalter; im 7. Jahrhundert bildete der Dienst am Königshof die entscheidende Etappe. So war es auch dem Ururgroßvater Gregors, dem Bischof Gregor von Langres, ergangen. Dieser ältere Gregor hatte vierzig Jahre lang als Graf von Autun gedient, vermutlich von 466 bis 506, hatte mit Armentaria eine Frau aus ebenfalls senatorischer Familie und vermutlich Tochter des Bischofs Armentarius von Langres, geheiratet und eine Familie gegründet. Nach dem Tod seiner Frau „bekehrte er sich zum Herrn" und wurde zum Bischof von Langres gewählt, ein Amt, das er bis zu seinem Tode um das Jahr 540 innehatte.[8]

In der Mitte des 6. Jahrhunderts häuften sich solche „Bekehrungen" im Zusammenhang mit den oben beschriebenen politisch-familiären Rivalitäten. So wollten zum Beispiel nach dem Tod des Bischofs Ferreolus von Uzès sowohl Albinus, der Präfekt von Marseille und Kandidat des *rector* der Provence Dynamius, als auch Jovinus, der abgesetzte Vorgänger und Rivale des Dynamius, seine Nachfolge antreten. Albinus wurde von Dynamius ohne die Zustimmung König Guntrams ernannt. Man hätte sicher versucht, ihn abzusetzen, wäre er nicht kurz danach gestorben. Sein rechtzeitiges Ableben eröffnete den Weg für eine Neubesetzung, aber bevor Jovinus installiert werden konnte, ernannte Dynamius den Diakon Marcellus, einen Sohn seines Freundes Felix und Angehörigen einer mächtigen senatorischen Familie aus Marseille. Das Ergebnis war ein Krieg, in dessen Verlauf Jovinus die Stadt Uzès belagerte, bis Bischof Marcellus seinen Abzug erkaufte.[9]

Im Laufe des 6. und 7. Jahrhunderts geschah es immer öfter, daß der *comes*, der Vertreter des Königs, in einer *civitas* zum Bischof avancierte. In einigen Fällen mag die Bischofswürde als selbstverständliche Krönung des *cursus honorum* gegolten haben, die auf das Amt des *comes* folgte. Der Unterschied zwischen weltlichem und geistlichem Amt war so undeutlich geworden wie in der Zeit vor Diokletian der Unterschied zwischen ziviler und militärischer Laufbahn.

Männer in hohen Stellungen waren meist verheiratet, und wenn die Frau anders als Armentaria, die Frau des Bischofs Gregor von Langres, vor der Wahl ihres Gatten nicht verstorben war, hielt sie als *episcopa*,

Frau des Bischofs, Einzug in die bischöfliche Residenz und das öffentliche Leben. Das Zölibatsgebot für den Klerus war noch relativ neu und wurde im fränkischen Königreich nicht sonderlich streng befolgt. Obwohl seit der zweiten Hälfte des 4. Jahrhunderts mehrere Päpste die sexuelle Enthaltsamkeit des Klerus gefordert hatten, wurde diese erst unter dem wachsenden Einfluß der aus dem Osten stammenden asketischen Tradition, die – wie wir im zweiten Kapitel sahen – die senatorische Aristokratie im 4. Jahrhundert erfaßte, zum Ideal der gallischen Bischöfe. Im 6. Jahrhundert ging man im allgemeinen davon aus, daß verheiratete Männer, die in den Klerus eintraten, ihre Ehefrauen zwar behielten, die ehelichen Beziehungen aber abbrachen, und daß die Frauen ihren Männern bei der Ausübung ihres Amtes zur Seite standen. Um jegliche Spur von Skandal zu vermeiden, lebten sie getrennt; die Frau des Bischofs durfte das Schlafzimmer ihres Mannes nicht einmal betreten, das in einigen Fällen eine Art Dormitorium war, in dem der Bischof umgeben von seinen Klerikern schlief.

Im Verlauf des 6. Jahrhunderts waren immer weniger Diakone, Priester und Bischöfe verheiratet, und der Status der Klerikerfrauen verschlechterte sich durch Konzilsbeschlüsse zunehmend. Dennoch spielten diese und besonders die *episcopae* bis über die Mitte des Jahrhunderts hinaus zusammen mit ihren Ehemännern eine öffentliche Rolle. Das hinreißendste Porträt einer *episcopa* liefert Gregor von Tours mit der Charakteristik der Frau des Bischofs Namatius von Clermont-Ferrand aus dem späten 5. Jahrhundert. Nach seinem Bericht betrieb sie persönlich den Bau der Kirche des heiligen Stefan. Sie saß gerne in der Kirche, las „eine ältere Darstellung seines Lebens und gab den Malern an, was sie auf den Wänden darstellen sollten".[10] Trotz dieser vorteilhaften Schilderung nennt Gregor aber noch nicht einmal den Namen dieser Frau. Etwas nachteiliger beschreibt er die Frau des Sidonius Apollinaris, die Tochter des Kaisers Avitus. Nach seiner Wahl zum Bischof pflegte Sidonius den Bettlern, die an seine Tür klopften, das Familiensilber zu schenken. Seine Frau, die ebenfalls ungenannt bleibt, beschimpfte ihn wegen der ihrer Meinung nach übertriebenen Freigebigkeit, ließ dann die Bettler aufspüren und kaufte das Silber zurück.[11]

Der Niedergang des asketischen Ideals in der Adelsgesellschaft des 6. Jahrhunderts mag zu einem Wandel im Verhalten der *episcopa* und ihres Ehemannes geführt haben. Jedenfalls berichtet Gregor wenig Gutes über die Frauen seiner bischöflichen Zeitgenossen. Typischer war nach Gregors Ansicht Susanna, die Frau des Bischofs Priscus von Lyon, der 573 geweiht wurde. Sie unterstützte nicht nur ihren Mann bei der Verfolgung der Anhänger seines Vorgängers, des heiligen Nicetius, sondern sie und ihr Gefolge pflegten auch die Räume des Bischofs aufzusuchen. Mit großer Befriedigung berichtet Gregor, daß sie schließlich wahnsinnig wurde. Vom Teufel besessen, irrte sie barhäuptig durch die Straßen von Lyon, verkündete überall, daß Nicetius in Wirklichkeit ein Mann Gottes gewesen sei, und flehte ihn an, er möge sie verschonen.[12]

Der einzige ernst zu nehmende Rivale des Bischofs im Kampf um die Macht in der Stadt war der *comes*. Aber mit dem Zerfall der Zivilverwaltung hatten sich die Bedingungen dieses Wettbewerbs verändert. Das Amt des Bischofs genoß ein höheres Ansehen als das des *comes*, zumal oft Aristokraten Bischöfe wurden, die zuvor als *comites* gedient hatten. Im Verlauf des 6. Jahrhunderts verlor das Amt des *comes* fortschreitend sein Ansehen und seine Macht an das des Bischofs, was zum Teil damit zusammenhängt, daß viele Bischöfe aus höheren Gesellschaftsschichten stammten. Während später die Kirche eine Schneise der sozialen Mobilität eröffnete, wie es sie im weltlichen Bereich nicht gab, galt im 7. und 8. Jahrhundert weithin gerade das Gegenteil. Andererseits kamen *comites* zwar in der Regel aus denselben Gesellschaftsschichten wie die Bischöfe, gelegentlich waren sie aber auch einfacher Herkunft und konnten je nach Fähigkeit und Geschick im Königsdienst aufsteigen. So zum Beispiel Leudast, der *comes* der Stadt Tours, der Gregors größter Feind war. Wenn man Gregor Glauben schenken darf, war Leudast das klassische Beispiel eines Aufsteigers. Er wurde als Sohn eines Sklaven geboren und war so zart, daß er nicht einmal in der Küche arbeiten konnte. Dennoch machte er durch königliche Gunst Karriere, wurde Seneschall und schließlich *comes* von Tours. Höher konnte er nicht hinaus; obwohl er in manchen Gegenden mächtige Freunde besaß, war er kein ernsthafter Gegenspieler für den über glänzende Beziehungen verfügenden Bischof. Später wurde er auf Befehl der Königin Fredegund zu Tode gefoltert.[13]

Gegen Ende des 6. Jahrhunderts hatte sich das Kräfteverhältnis zwischen dem *comes*- und dem Bischofsamt so stark verschoben, daß die Ernennung eines *comes* der Zustimmung des Bischofs bedurfte bzw. daß in Wirklichkeit der Bischof den *comes* ernannte. So hatte König Theudebert zum Beispiel Gregor gebeten, Leudast wieder zu ernennen. Der *comes* galt kaum noch als Stellvertreter des Königs, sondern war zum Beamten der bischöflichen Verwaltung geworden.

Die von solchen Bischöfen erworbene Verwaltungserfahrung bereitete sie gut auf die Administration ihrer Bistümer vor. Ihre politische Macht ermöglichte es ihnen, vielfach als Beschützer ihrer Gemeinde gegen königliche Forderungen aufzutreten. Wenn Bischöfe sich Königen oder ihren Beauftragten in den Weg stellten, um unübliche oder übermäßige Steuern abzuwehren, waren sie gegenüber dem König insofern im Vorteil, als sie die lokale Machtelite repräsentierten, deren Unterstützung der König benötigte. Der Schutz, den der Bischof seiner Gemeinde angedeihen ließ, war oft genauso eine Verteidigung der örtlichen, zum großen Teil ererbten Herrschafts- und Besitzverhältnisse wie Schutz des Gottesvolkes.

Geburt, Ausbildung und erwiesene Kompetenz in der Verwaltung waren für einen Bischof unerläßlich, aber allein nicht ausreichend; der Bischof mußte auch gewählt und konsekriert werden. Dabei führten kirchlicher Brauch – von einem Kirchenrecht kann man noch nicht wirklich sprechen –, das Vorrecht des Königs und die lokale Machtpolitik häufig zu erheblichen Krisen.

Die Tradition verlangte, daß der Bischof von „Klerus und Volk" gewählt wurde. In der Praxis wurden die meisten Bischöfe wahrscheinlich nicht auf diese Weise gewählt, obwohl im isolierten spätrömischen Gallien dieser Formel manchmal annähernd entsprochen wurde, wenn man unter „Klerus" in erster Linie den Archidiakon und unter „Volk" die senatorische Aristokratie versteht. Nach der Errichtung des fränkischen Königtums wurde ein neues Element eingeführt bzw. wiedereingeführt, die Zustimmung des Königs. Daher mußten im 6. Jahrhundert bei der Ernennung des Bischofs der König, der Diözesanklerus und die Aristokratie zusammenwirken. Zusätzlich gab es im Hintergrund die Volksmenge, die bei Bedarf dazu ermuntert werden konnte, bei umstrittenen Nachfolgeregelungen ihren Ansichten Ausdruck zu verleihen.

Da es keine eingespielten Verfahren für die Regelung der Nachfolge gab, wurde der nahende Tod eines Bischofs von allen Seiten mit einer Mischung aus Angst und Hoffnung erwartet. Der Tod eines Bischofs und ein Interregnum konnten Gewalttätigkeiten, Plünderungen und die Begleichung alter Rechnungen mit sich bringen. Tatsächlich hat man gewöhnlich eine solche Phase der Unruhen erwartet. Als der Bischof Theodor von Marseille von seinem Gegner Dynamius gefangengenommen wurde, plünderte der darüber entzückte Klerus die bischöfliche Residenz, „gleich als ob der Bischof schon tot wäre".[14] In diesem Falle überlebte der Bischof aber und wurde sogar zu seinem Bischofssitz zurückgebracht. In anderen Fällen brachten diejenigen, die auf die Amtsnachfolge spekulierten, den Amtsinhaber zu Tode. Dieser Vorwurf wurde gegen den eigenen Bruder Gregors erhoben, und Gregor selbst beschuldigte Bischof Frontonius von Angoulême, seinen Vorgänger Marachar ermordet zu haben;[15] in Lisieux verschworen sich ein Priester und

der Archidiakon zur Ermordung des Bischofs Aetherius, und nur das
Versagen des für den Auftrag angeworbenen Klerikers rettete diesem das
Leben.[16] Um eine geordnete Nachfolge sicherzustellen und ihrer Familie das
Amt zu erhalten, versuchten manche Bischöfe, die Wahl und die Weihe
ihres Nachfolgers bereits zu ihren Lebzeiten durchzusetzen. Wir haben
oben von dem Versuch des Bischofs Felix von Nantes erfahren, seinem
Neffen die Nachfolge zu sichern. Solche Praktiken widersprachen dem
kirchlichen Gewohnheitsrecht und stießen auf ernsthaften Widerstand.
Häufiger äußerte der Bischof eine starke Vorliebe für einen bestimmten
Nachfolger, wie zum Beispiel der heilige Bischof Maurilio von Cahors,
der erfolgreich darauf drang, daß Ursicinus, der *referendarius* der Königin Ultrogotha, zum Nachfolger gewählt wurde.[17] Auf ähnliche Weise
verschaffte Bischof Sacerdos von Lyon seinem Nachfolger Nicetius das
Amt.[18]

Die Auseinandersetzung zwischen rivalisierenden Familien, königlichen Kandidaten und den Favoriten des lokalen Klerus nahmen ernste
Formen an, sobald der Bischof tot war. Normalerweise mußten drei
Dinge sichergestellt werden, die Wahl, die Bestätigung durch den König
und die Weihe, wobei letztere am wichtigsten war. War jemand erst
einmal geweiht, so konnte seine Wahl noch so skandalös sein und die
Bestätigung durch den König noch ausstehen; selbst wenn er im äußersten Falle verbannt oder gar exkommunziert wurde, war es außerordentlich schwierig, vor seinem Ableben einen neuen Bischof zu ernennen,
und auf jeden Fall blieb er Bischof. Bischof Faustianus von Dax wurde
auf dem zweiten Konzil von Mâcon von König Guntram zwar abgesetzt,
weil er auf Anordnung des königlichen Rivalen Gundovald geweiht
worden war, aber anschließend mußten die drei Bischöfe, die ihn konsekriert hatten, für ihn sorgen und ihm jährlich 100 Goldstücke bezahlen.[19]
Die Heiligkeit der Weihe war so unantastbar, daß der Erwählte Gottes
Bischof blieb, ohne Rücksicht darauf, wie er dieses Amt erlangt hatte.
Eine ähnliche Haltung bestimmte die Einstellung zu den weltlichen Ämtern, besonders in bezug auf die spätrömischen Kaiser und die Könige.
Gottes Wirken manifestierte sich auch in den verworfensten Menschen,
und er allein konnte sie absetzen, wenn er auch andere Menschen als
Werkzeuge benutzen mochte.

Besser als alles andere weisen die dramatischen Umstände einer Bi-
schofswahl auf die Komplexität und Zwiespältigkeit der politischen
Macht im Frankenreich des 6. Jahrhunderts hin. Dieses äußerst lukrative
Amt machte eine Art von Konsens oder zumindest einen vorübergehen-

den Waffenstillstand zwischen den interessierten Parteien erforderlich. Jeder Fall lag anders, und Gregor von Tours' lebhafte Berichte verschleiern oft mehr als sie erklären. Warum ließ es Childebert nach dem Tod des Bischofs Laban von Eauze zu, daß ein Laie namens Bertram ihn so unter Druck setzte, daß er diesen als Nachfolger Labans bestätigte? Und warum weigerte er sich dann nach Labans Tod, dem Drängen seines designierten Nachfolgers, des Diakons Waldo, nachzugeben, der vermutlich der Patensohn des Bertram war und darüber hinaus die uneingeschränkte Unterstützung der Bürgerschaft von Eauze genoß?[20] Gregor erklärt uns dies nicht, und sonstige Anhaltspunkte besitzen wir nicht. Was auch immer die Motive des Königs gewesen sein mögen, in diesem Augenblick war er in der Lage, seinen Willen gegen Klerus und Volk durchzusetzen. In anderen Fällen, etwa in der Auseinandersetzung in Uzès, wurden nacheinander zwei Kandidaten des Königs von mächtigen Lokalinteressen abgeblockt. Hier erkennt man die Grenzen der königlichen Macht.

Die geistliche Funktion des Bischofs

Die Macht des Bischofs beschränkte sich nicht auf die Zahl seiner Freunde bei Hofe, auf seine Familie und seine guten Beziehungen zu seiner Anhängerschaft in der Bischofsstadt. In seiner Gemeinde galt er im wesentlichen als derjenige, der den Willen Gottes ausführte, der Kern seiner Macht lag in seiner Kontrolle über alles Sakrale. Wenn wir dies hinter den blutigen Intrigen bischöflicher Politik kaum zu erkennen vermögen, dann deshalb, weil wir die im 6. Jahrhundert selbstverständliche Vorstellung von der göttlichen Vorsehung heute nicht mehr teilen.

Ein vorbildlicher Bischof war sowohl Vorgesetzter seines Klerus als auch der Ordensleute seiner Diözese, vor allem aber war er der Verteidiger des Glaubens und der Beschützer der Armen. Verteidigung des Glaubens konnte, allerdings selten, die theologische Verteidigung der Lehre gegen die Irrtümer der Arianer oder – was noch seltener vorkam – eines Chilperich, eines gelehrten fränkischen Königs, der eine Abhandlung über die Dreifaltigkeit zu schreiben versuchte, bedeuten. Aber im Frankenreich gab es ebenso wenige echte Häretiker wie echte Theologen. Den Glauben zu verteidigen bedeutete schon etwas häufiger, in den Diözesen polytheistische Praktiken, das heißt die synkretistischen religiösen Observanzen, die zweifellos von den neu konvertierten Franken

beibehalten wurden, zu bekämpfen. Beim Konzil von Orléans im Jahre
533 beschlossen zum Beispiel die vorwiegend aus dem nördlichen Aquitanien angereisten Bischöfe Maßnahmen gegen Katholiken, die weiterhin
den Götzen opferten, ein Beschluß, der acht Jahre später bei einem
weiteren Konzil an gleicher Stelle wiederholt wurde.[21] Man darf nicht
glauben, daß das Heidentum auf den stärker barbarischen Norden beschränkt war. In Gallien war das Christentum vornehmlich eine Angelegenheit der Aristokratie gewesen, und in den ländlichen Regionen des
gesamten Frankenreiches war das Heidentum keineswegs ausgestorben;
traditionelle bäuerliche Rituale überdauerten Jahrhunderte. Die ländlichen Gebiete konnten erst vollständig christianisiert werden, als ein
Netz von Pfarreien auch den hintersten Winkel des Königreiches um-
spannte, eine Entwicklung, die erst im 9. Jahrhundert einsetzte.

Eine wichtigere, wenn auch prosaischere Aufgabe der Verteidigung
des Glaubens bestand in der Unterweisung der Laien und des Klerus
durch Predigten und die Förderung von Schulen. Bischöfe, die in der
monastischen Tradition, besonders der von Lérins, erzogen worden waren, waren für diese Aufgabe bestens vorbereitet; der merowingische
Bischof Caesarius von Arles hinterließ eine Sammlung von Predigten, in
der seine Fähigkeit, die rhetorische Ausbildung in den Dienst der Erziehung des Klerus und der Laien seiner Diözese zu stellen, deutlich sicht-
bar wird. Im 6. Jahrhundert besaßen die meisten Bischöfe eine solide
Ausbildung in der lateinischen Literatur, wenn auch nicht in der christlichen Lehre, und konnten so wenigstens die Lehren des Caesarius und
anderer ihren eigenen Bedürfnissen anpassen.

Als dringlichere Aufgabe betrachteten die Bischöfe die Aufrechterhaltung der Disziplin in der unruhigen und schwer zu regierenden Welt, in
der sie lebten. Dazu mußten sie zwischen den unterschiedlichen Fraktionen, die ihre Gemeinden und die Gemeinschaft der Bischöfe bildeten,
ein Bewußtsein für Zusammengehörigkeit und gemeinsame Ziele schaffen, Laien und Klerikern Maßstäbe christlichen Verhaltens vermitteln
und diese auch durchsetzen.

In dieser von starken Persönlichkeiten geprägten Welt fanden die rivalisierenden Kräfte der Gesellschaft in der Persönlichkeit des Heiligen
einen ganz wesentlichen Bezugspunkt der Einheit. Eines der wichtigsten
Ergebnisse der neueren Forschung, besonders der von Peter Brown, ist
die Erhellung der entscheidenden gesellschaftlichen Bedeutung der Heiligenverehrung in der frühmittelalterlichen Gesellschaft.[22] In diesen Gemeinden, die oft durch sehr gewalttätige und offen ausgefochtene Rivalitäten gespalten waren und in denen kein lebender Mann, keine lebende

Frau sich einhelliger Zustimmung sicher sein konnte, wurde der Heilige zum alle verbindenden gesellschaftlichen Element. Männliche und weibliche Heilige waren einerseits Teil der übernatürlichen Welt, verblieben aber andererseits durch ihre Grabstätte bei den Menschen und standen ihnen bei. Damit wurde der Heilige zu einer faßbaren, physischen Quelle von Autorität und Macht, zum sicheren Hort in einer von ständigen Wechselfällen bedrohten Welt.

Zwar zweifelte kein Christ an der Macht der Heiligen, es dürfte aber durchaus unterschiedliche Auffassungen über die Heiligkeit eines gerade Verstorbenen gegeben haben. Immerhin waren jeder Mann und jede Frau zu ihren Lebzeiten in irgendeiner Weise in politische Auseinandersetzungen verstrickt. Bischof Priscus von Lyon und seine Frau Susanna waren zum Beispiel keineswegs bereit, den Amtsvorgänger Nicetius für einen Auserwählten Gottes zu halten. In solchen Fällen mußte die Gemeinde zu einem Konsens über den besonderen Status eines Heiligen gelangen, und dieser Vorgang konnte vom Bischof gelenkt werden. Dafür eignete sich die rhetorische Ausbildung der fränkischen Bischöfe vorzüglich; ihre Aufgabe bestand darin, die zerstrittene Gemeinde zu überzeugen und ihr die unfehlbaren Hinweise auf die Macht des Heiligen zu erläutern. Den Konsens über den Heiligen, der gleichzeitig den Konsens über den Bischof herstellte, konnte dieser erreichen, indem er die Mißgeschicke der Feinde und die Erfolge der Freunde des Verstorbenen mit ihrem jeweiligen Verhältnis zu ihm erklärte. Auf diese Weise wurden Bischof und Heiliger, was ihr Ansehen betraf, voneinander abhängig.

Die Kontrolle über die Heiligen wurde den Bischöfen von der übrigen Gesellschaft und auch von den Heiligen selbst nicht ohne Widerstand eingeräumt. Gerade letztere forderten die Bischöfe am stärksten heraus, wogegen der westliche Episkopat ohne Zögern und weitgehend erfolgreich vorging. Während die spirituelle Macht der Bischöfe im Ansehen der toten Heiligen eine ihre stärksten Quellen besaß, war die Macht der lebenden Heiligen ihre stärkste Bedrohung. Im Osten waren heilige Männer und Frauen durch ihr asketisches und weltabgewandtes Leben zu einem wichtigen Faktor der Machtbalance in dörflichen, regionalen und gelegentlich sogar kaiserlichen Angelegenheiten geworden. Solche Menschen erhielten die Anerkennung als Gesandte Gottes nicht vom Bischof, vom Kaiser oder seinen Stellvertretern, sondern unmittelbar durch Akklamation der öffentlichen Meinung. Eine solche Situation war für den bischöflichen Adel des Frankenreiches absolut unannehmbar. Die Geschichte des Langobarden Vulfilaic zeigt, wie die Bischöfe auf diese Bedrohung reagierten.[23]

Als kleines und vermutlich arianisch getauftes Kind hatte Vulfilaic den Namen Martin gehört und, ohne dessen Leben und Werk zu kennen, eine tiefe Verehrung für ihn entwickelt. Mit der Zeit brachte er sich selbst das Lesen bei, wurde Schüler des Abtes Aredius von Limoges und kam schließlich nach Tours, wo er Staub vom Grab des heiligen Martin als Reliquie erhielt. Nach seiner Rückkehr nach Limoges dehnte sich der Staub auf wunderbare Weise aus und strömte aus der kleinen Kapsel, in der er ihn um den Hals trug. Von diesem Wunder inspiriert, begab er sich in die Gegend von Trier, wo er in den Ruinen eines Tempels auf einer Säule eine Statue der Diana fand, die von den Einheimischen verehrt wurde. Vulfilaic bestieg eine andere Säule und hielt dort in Nachahmung des Säulenheiligen Simeon einen harten Winter über aus. Bald strömten die Menschen aus der Umgebung herbei, um den heiligen Mann zu sehen, und von seiner Säule aus predigte er gegen das Götzenbild auf der Nachbarsäule. Von seinen Worten und seinem Beispiel überzeugt und von seinen Gebeten angefeuert, zerstörten die Einheimischen die Statue. Trotz dieses Erfolges erhoben die Bischöfe der Umgebung Einwände. Schließlich schickten sie ihn mit einem Auftrag fort und zerstörten in seiner Abwesenheit seine Säule. Mit gebrochenem Herzen, aber ohne den Mut, den Bischöfen zu widersprechen, reihte er sich in den örtlichen Klerus ein.

Für Gregor und seine Mitbischöfe hatte Vulfilaic alles falsch gemacht, was er falsch machen konnte, mit einer Ausnahme, die ihn aber schließlich rettete.

Erstens war er Bauer. Vulfilaic stammte aus unklaren barbarischen Verhältnissen; im 6. Jahrhundert waren die Langobarden die wildesten und unkultiviertesten Menschen innerhalb der römischen Welt. Seine Unkultiviertheit bewies die Tatsache, daß er den heiligen Martin ohne vorherige Anleitung durch einen dazu qualifizierten Bischof verehrte, der ihm die richtige Form der *reverentia*, die tiefe innere Einsicht, die dem gebildeten Klerus zugänglich war, hätte vermitteln können.

Zweitens hatte er zugelassen, daß ihn das Staubwunder mit Stolz erfüllte. Anstatt in seinem Kloster zu bleiben, sah er in dem Wunder ein Zeichen dafür, daß er irgendwie für höhere und mehr öffentliche Aufgaben auserwählt sei, und unternahm seine eigene Mission. An anderer Stelle erklärt uns Gregor, wie man mit diesem Wunder hätte umgehen müssen. Als in einem Kloster von Bordeaux die Kornernte durch die Gebete eines Novizen auf wunderbare Weise gerettet wurde, ließ der kluge Abt den jungen Mann sofort ergreifen, verprügeln und eine Woche lang in seine Zelle schließen, damit es ihm nicht zu Kopf stieg, daß er zum Werkzeug des göttlichen Willens geworden war.[24]

Drittens hatte Vulfilaic ohne Ausbildung und ohne Erlaubnis zum Volk gepredigt, eine Aufgabe, die dem Bischof vorbehalten war. Hier allerdings war der Blinde der Blinden Führer, und es nützte ihm wenig, daß seine Predigt zur Zerstörung des Götzenbildes und zur Bekehrung der Menschen geführt hatte.

An diesem Punkt war Vulfilaic nur eine Handbreit davon entfernt, mit den Wanderpredigern, Wundertätern und anderen Unruhestiftern gleichgesetzt zu werden, die bis ans Ende ihrer Tage in bischöflichen Gefängnissen dahinsiechten. Vor diesem traurigen Schicksal bewahrte ihn lediglich sein Gehorsam. Er akzeptierte die Entscheidung der Bischöfe, versuchte nicht, die Säule wieder aufzurichten, und beendete seine Tage als Diakon unter strenger bischöflicher Aufsicht.

Sowohl in der Geschichtsschreibung Gregors als auch in seinen Heiligenviten und in der merowingischen Hagiographie insgesamt taucht dieses Thema der bischöflichen Kontrolle über die Heiligen immer wieder auf. Es ist Teil eines alles durchdringenden Plans, jede Form übernatürlicher Macht der Hierarchie unterzuordnen und alles, was nicht assimiliert werden konnte, als Irrlehre oder Heidentum zu brandmarken. Selbst in Gregors Berichten über das Leben der Eremiten ist der Bischof niemals weit entfernt. Als zum Beispiel der Eremit Friardus in der Nähe von Nantes im Sterben lag, war sein letzter Wunsch, den Bischof zu sehen, und er verstarb, sobald dieser bei ihm eingetroffen war. Bevor der heilige Patroclus seine Karriere als Eremit begann, legte er Wert darauf, vor seinem Bischof zu erscheinen und ihn um die Tonsur zu bitten.[25]

Die bischöfliche Tradition versuchte nicht nur, sich die Macht der christlichen Heiligen einzuverleiben, sondern auch den volkstümlichen Glauben in die christliche Tradition zu integrieren. Höchst aufschlußreich ist in dieser Hinsicht der Bericht des Venantius Fortunatus über den heiligen Marcellus von Paris und den Drachen: Ein Drache hatte die Außenbezirke von Paris in Angst und Schrecken versetzt. Bischof Marcellus begab sich hinaus, zähmte das Untier und befahl ihm, zu verschwinden. Das Ungeheuer gehorchte und ward nicht mehr gesehen. Wie Jacques Le Goff dargelegt hat, gehen in dieser Legende bischöfliche Autorität und Volksglaube eine charakteristische Verbindung ein.[26] Der Drache, der die barbarischen und mediterranen Vorstellungswelten bevölkert, symbolisiert nicht nur den Teufel, sondern dient auch als ambivalentes Symbol der Naturkräfte der Erde und des Wassers, die gefährlich und faszinierend zugleich sind. In der Legende erscheint der Bischof als die zähmende Macht, die über die Kräfte der Natur triumphiert, sie aber nicht zerstört. Der ängstliche Drache war vom heiligen Marcellus so beeindruckt, daß er flehend seinen Kopf neigte und wie ein kleiner Hund mit dem Schwanz wedelte. Mit der Vertreibung des Ungeheuers hatte der Bischof die Kräfte der Natur, in diesem Falle die sumpfigen und unbewohnbaren Moore in der Nähe der Seine, anerkannt und sie zugleich in eine rationale und zivilisierende Beziehung zur Menschheit gebracht. Das Ansehen des Bischofs in seiner Gemeinde beruhte daher nicht nur auf seiner Fähigkeit, sich die traditionelle christliche Macht anzueignen, sondern in gleichem Maße auf seinem Vermögen, auch ältere und elementare Gewalten zu bändigen.

Das Kloster

Im Jahre 811 ordnete Kaiser Karl der Große eine Untersuchung an: „Laßt feststellen, ob es in Gallien vor der Verkündung der Regel des heiligen Benedikt in diesen Kirchenprovinzen Mönche gab."[27]
Im 9. Jahrhundert war die Regel des heiligen Benedikt zur Grundregel des Ordenslebens im Westen geworden. Wenn die von Karl dem Großen beauftragten Gelehrten ihre Arbeit gründlich ausgeführt hätten, hätten sie nicht nur antworten müssen, daß es in Gallien bereits vor der Einführung der Benediktregel monastisches Leben gab, sondern daß das benediktinische Mönchtum im Frankenreich eine relativ neue Erscheinung war. Drei Formen monastischer Tradition waren ihm vorausgegangen, die des Martin von Tours, die Tradition von Lérins und die irische Mönchstradition des heiligen Columban. Um das Frankenreich des 6. Jahrhunderts zu verstehen, ist es unerläßlich, die ersten beiden Formen des Mönchtums zu erörtern.

Martin von Tours

Das Leben des heiligen Martin spiegelt wie in einem Brennglas das Weströmische Reich des 4. Jahrhunderts. Martin wurde als Sohn eines Soldaten um 316 im heutigen Szombathely in Ungarn geboren, einem wichtigen pannonischen Verteidigungsposten innerhalb der Donaugrenze. Er kam nach Italien, als sein Vater, ein Militärtribun, nach Pavia versetzt wurde, und wurde dort zum Katechumenen. Dem römischen Gesetz entsprechend, ergriff auch Martin den väterlichen Beruf und zog als Soldat mit seiner Einheit nach Amiens. Dort soll die berühmte Geschichte mit dem Mantel vorgefallen sein: Als er eines Tages am Stadttor einen vor

Kälte zitternden Bettler erblickte, teilte er seinen Uniformmantel in zwei Hälften und gab dem Armen eine davon. Obwohl er mit seinem halben Mantel in der ganzen Stadt ausgelacht wurde, hatte er in der Nacht eine Erscheinung des Herrn, der die verschenkte Mantelhälfte trug. Dieser Mantelteil wurde später zur *cappa*, der wichtigsten Reliquie der fränkischen Könige, die von den Klerikern am Königshof, aus denen die *capella*, die Hofkapelle, bestand, gehütet und verehrt wurde.

Martin wurde in Amiens getauft und erhielt kurz darauf in Worms die Erlaubnis, den Militärdienst zu verlassen. Er begab sich zu Bischof Hilarius von Poitiers, um sich in seinem neuen Glauben zu vervollkommnen. Bald reiste er zum Besuch seiner Eltern nach Italien, wo er erfuhr, daß die arianischen Westgoten Hilarius in den Osten verbannt hatten. Da er nicht nach Gallien zurückkehren konnte, lebte er eine Zeitlang als Eremit auf der Insel Gallinaria im Tyrrhenischen Meer und sammelte erste Erfahrungen mit dem Mönchtum. Als Hilarius 361 die Heimreise nach Poitiers antreten durfte, begab sich Martin sofort zu ihm und erhielt die Erlaubnis, das in Gallinaria begonnene Einsiedlerleben in Ligugé weiterzuführen. Binnen kurzer Zeit verbreitete sich sein Ruf; eine Gemeinschaft von Jüngern scharte sich um ihn, und häufig wurde er gerufen, um in Mittel- und Westgallien zu predigen. Als Bischof Lidorius von Tours 371 starb, lockten die Bürger von Tours Martin in ihre Stadt und machten ihn zu ihrem Bischof.

Obwohl Martin sein Amt gewissenhaft ausübte, führte er weiterhin in einer Zelle in der Nähe der Stadt ein monastisches Leben. Wiederum entstand um ihn ein neues Kloster, Marmoutier. Von hier aus griff er weiterhin in die religiösen Angelegenheiten des Westens ein, und als herausragender Verfechter des rechten Glaubens unternahm er ausgedehnte Reisen, die ihn bis nach Trier und sogar nach Rom führten. Er starb 397 und wurde in einem steinernen Sarkophag in einer Basilika außerhalb der Stadtmauern beigesetzt, die mit der Zeit zu einer vielbesuchten Pilgerstätte wurde.

Zunächst jedoch fanden die Verehrung des heiligen Martin und seine Mönchstradition nicht weit über die Region seines intensivsten Wirkens hinaus Beachtung. Bevor Chlodwig Martin zum besonderen Schutzpatron seiner Familie erkor, war dessen Kult auf die Region an der Loire, auf Aquitanien und einige Gegenden in Spanien beschränkt. Die von ihm begründete Mönchstradition, eine recht eklektische Form, die östliche asketische Elemente mit der Lebensweise des gallischen Klerus im Westen verband, schlug außerhalb der Region seines aktivsten Wirkens keine Wurzeln. Dafür kann man mehrere Gründe anführen: Anders als

der große aristokratische Bischof von Gallien war Martin ein Außenseiter,
ein Soldat – in den Augen römischer Aristokraten ein minderwertiger
Beruf – und zu alledem eine seltsame Kombination von Mönch und
Bischof, ein Asket, der sich dennoch unablässig in weltliche Angelegen-
heiten mischte. Nördlich der Loire und im Südosten Galliens scheint diese
Form des Mönchtums wenig Anziehungskraft ausgeübt zu haben.

Daß dieser höchst außergewöhnliche Mann schließlich so populär
wurde, verdankt er ganz wesentlich seinem Biographen Sulpicius Severus, einem gebildeten und vornehmen Schüler Martins. Dieser porträ-
tierte seinen Lehrer als die Inkarnation eines neuen Bischofstyps, der als
großer Kirchenmann ein aktives Leben führte, das traditionell mit hohen
römischen Ämtern assoziiert wurde, und dennoch in der Lage war, ein
klösterliches Leben der Selbstverleugnung aufrechtzuerhalten. Dieser in
typisch spätlateinischer Prosa verfaßte Bericht über ein aktives und zugleich kontemplatives Leben wirkte sicher auf aquitanische Kleriker
anziehend, die in der Religion mehr als die Alltagsroutine der Verwaltungsaufgaben und die ständige Bedrohung durch politische Auseinandersetzungen suchten.

Entscheidend für die Ausdehnung der Martinsverehrung war aber
nicht der gelehrte aquitanische Mönch und Aristokrat Sulpicius, sondern
Chlodwig, der neu konvertierte Franke. Was Martin für ihn bedeutete,
ist nicht ganz klar. Vor allem muß er in ihm einen wichtigen Verbündeten
bei seinem Sieg über die Westgoten erblickt haben. Da der Martinskult
sich allmählich in den Adelsfamilien derselben Regionen ausbreitete, in
denen Chlodwig seine Eroberungen machte, war dessen besondere Verehrung Martins wohl ein Mittel, enge Beziehungen mit den Führungs-
eliten seiner neu eroberten Länder zu knüpfen. Möglicherweise hat Martin, der pannonische Soldat, der dann in Gallien eine führende Rolle
spielte, Chlodwig auch in besonderer Weise beeindruckt. Im Gegensatz
zur geschönten Darstellung des Sulpicius war Martin eindeutig kein bedeutender Intellektueller und kein Literat wie die meisten Bischöfe, die
Chlodwig im Süden seines Reiches angetroffen haben muß, sondern ein
Mann der Tat, der die Quellen der Macht kannte und damit umzugehen
wußte. Auch Chlodwig war ein relativer Außenseiter, der vielleicht
selbst pannonischer Herkunft zu sein glaubte, wenn die oben erwähnte
Legende bereits im Umlauf war, und auch er war ein Konvertit, der in
Gallien seinen Weg machte. Damit hatten Martin und Chlodwig vieles
gemeinsam.

Jedenfalls wurde der Schutzpatron der aquitanischen Bischöfe durch
Chlodwig zum Schutzheiligen des fränkischen Königreiches und zum

Symbol der neuen fränkischen Kirche. Die Martinsverehrung und mit ihr
der Versuch, ein aktives öffentliches Wirken mit der asketischen, kontem-
plativen Tradition in Einklang zu bringen, breitete sich im Norden bis
Paris, Chartres, Rouen und Amiens aus, im Osten bis Trier, Straßburg
und Basel, im Westen bis Bayeux, Avranches und Le Mans und im Süden
bis Saintes, Angoulême, Limoges und Bordeaux, um nur einige der Städte
zu nennen, in denen im 6. Jahrhundert sein Kult blühte. In den nächsten
beiden Jahrhunderten folgte der Martinskult der fränkischen Ausdehnung nach Norden bis Utrecht und nach Osten bis Linz.

Das aquitanische Mönchtum sollte nicht als eine systematische Bewegung oder gar eine Gruppe von Klöstern verstanden werden, die eine
bestimmte Regel oder einen Kanon von Regeln befolgten. Es bestand
vielmehr aus einer Reihe von lokal begrenzten Initiativen, die zwar von
Martins Vorbild inspiriert, aber institutionell nicht mit Marmoutier verbunden waren. Auch wissen wir wenig über die innere Organisation und
Ordnung dieser Gemeinschaften – wie wir sehen werden, in anderen,
strenger formalen Mönchstraditionen ein erhebliches Problem.

Das Beispiel Martins wirkte nicht nur auf Männer, sondern auch auf
Frauen anziehend. Während sich jedoch Männergemeinschaften um einen besonders eindrucksvollen Eremiten bildeten, scharten sich Frauen-
gemeinschaften um Oratorien oder Basiliken, in denen die Überreste der
von den frommen Frauen besonders verehrten Heiligen aufbewahrt wurden. Frauenklöster befanden sich meistens in Städten oder deren unmittelbarer Umgebung, wo sie vom Bischof überwacht und vor Männern
geschützt werden konnten. Eine der üblichen Formen, zu einer Frau zu
kommen, war nämlich immer noch der Brautraub, und Adelsklöster
waren geeignete Örtlichkeiten, in denen man eine Frau um ihrer Erbschaft willen rauben, vergewaltigen und dann heiraten konnte.

Die Rhôneklöster

Die einzige Region, in der sich der Martinskult außer in Aquitanien
schon vor Chlodwig durchsetzte, war die am stärksten romanisierte Region des Frankenreiches, das Rhônetal. Hier entwickelte sich fast gleichzeitig und parallel ein anderes Mönchtum, das aber aristokratischer geprägt und sorgfältiger geordnet war und unmittelbarer an die östliche
Mönchstradition anknüpfte. Beide Traditionen und ihre Anhänger be-
argwöhnten einander; die Unterschiede und Meinungsverschiedenheiten
spiegelten vermutlich nicht nur verschiedene klösterliche Observanzen,

sondern auch bedeutsame Spaltungen innerhalb der späten gallorömischen Aristokratie im Westen.

Lérins, das erste große Rhônekloster, wurde zwischen 400 und 410 vom heiligen Honoratus, dem Angehörigen einer konsularischen Familie aus Nordgallien, gegründet. Als junge Männer hatten er und sein Bruder sich dem asketischen Leben verschworen und waren in den Osten gepilgert, um dort das östliche Mönchtum kennenzulernen. Nachdem sein Bruder auf der Peloponnes gestorben war, kehrte Honoratus nach Gallien zurück und gründete auf der Insel Lerinum ein kleines Kloster nach dem Vorbild der Klöster, die er im Osten kennengelernt hatte.

Zur selben Zeit, wie Honoratus Lérins gründete, errichtete Johannes Cassianus das Kloster Sankt Viktor bei Marseille. Cassian war ein Schüler des Johannes Chrysostomus in Konstantinopel und des Papstes Leo des Großen in Rom gewesen, aber geprägt hatte ihn vor allem die fünfzehnjährige Erfahrung seines Einsiedlerlebens in Syrien und seines Mönchslebens in der ägyptischen Wüste. So brachte Cassian östliches Mönchtum unmittelbar nach Westen, und zwar sowohl in seinen *Instituta*, worin er das monastische Leben und die klösterliche Disziplin detailliert beschreibt, als auch in seinen *Collationes*, einer Sammlung der Weisheiten und Sprüche der ägptischen Anachoreten. Letztere stellen zwar kaum eine wörtliche Wiedergabe der Lehren der Wüstenväter dar, dokumentieren aber doch den Geist und die Lebendigkeit des östlichen Mönchtums und empfehlen es dem Westen als Vorbild.

Das von Honoratus und Cassian eingeführte östliche Mönchtum kam gerade rechtzeitig nach Westen, um den von den Wirren des 5. Jahrhunderts vertriebenen Aristokraten des Nordens eine geistige und kulturelle Zuflucht zu bieten. Insbesondere die Klosterinsel Lérins wurde zum Zufluchtsort für die nordgallischen Aristokraten, die wie Honoratus selbst vor den politischen und gesellschaftlichen Unruhen der Heimat geflohen war. Die Liste dieser Flüchtlinge ist lang und enthält vornehme Namen. Lediglich als Beispiele seien genannt: Der heilige Hilarius, ein Verwandter des Honoratus und später Erzbischof von Arles, Caesarius aus Chalon-sur-Saône, der sein Leben ebenfalls als Erzbischof von Arles beendete; Salvian, der aus Köln oder Trier nach Marseille kam, und Faustus, der ursprünglich aus der Bretagne kam, Abt von Lérins und später Bischof von Riez wurde.

Anders als das von Martin initiierte Mönchtum, bewahrte das Mönchtum an der Rhône einen stark aristokratischen Charakter. Diese elitäre Tradition wird deutlich in der Qualität der dort entstandenen Schriften und dem Niveau der theologischen Auseinandersetzung. Diese Männer

waren vor ihrer Hinwendung zum Ordensleben sorgfältig in der heidnischen Rhetorikertradition ausgebildet worden, und obwohl sie nach
Lérins gekommen waren, um Stillschweigen, Einsamkeit, Enthaltsamkeit
und Gebet zu pflegen, nutzten sie dennoch weiterhin ihre intellektuellen
Fähigkeiten. Daher brachte Lérins, anders als die Klöster aus der Mar-
tinstradition, Intellektuelle hervor oder nahm zumindest Einfluß auf das
Geistesleben. Das eindrucksvollste Beispiel dafür, welchen Einfluß Lérins im 5. Jahrhundert auf Theologen ausübte, ist die Teilnahme Cassians
und mindestens zweier seiner Mönche an der Polemik um die Gnadenlehre des heiligen Augustinus. Diese sogenannten Semipelagianer, die
wie andere Mönche dem asketischen Leben, dem Verzicht und der
Selbstbeherrschung große Bedeutung zumaßen, konnten die pessimisti-
sche Beurteilung der menschlichen Kräfte durch den afrikanischen Bischof nicht teilen. Die augustinische Lösung des Spannungsverhältnisses
zwischen Unausweichlichkeit und Verantwortung zu akzeptieren, bedeutete für sie die Zerstörung der Eigenverantwortung. Die Prädestinations-
lehre des Augustinus galt nicht nur als fatalistische, häretische Erklärung
des Problems der göttlichen Gnade oder der menschlichen Willensfrei-
heit, sie war außerdem neu. In seinem Angriff gegen diese Neuerung der
augustinischen Theologie fand Vincentius von Lérins eine Formulierung,
die zur grundlegenden Definition des orthodoxen Konsenses werden
sollte: Die Gnadenlehre des Augustinus sei nicht akzeptabel, weil sie nicht
mit dem übereinstimme, was „überall, immer und von allen" *(ubique*
semper ab omnibus) geglaubt worden sei.[28] Diese Formulierung zeigt, wie
fest die monastische Bildungselite die kosmopolitische und universale
Kultur der christlich-römischen Zivilisation aufrechterhielt.

Der aristokratische Charakter von Lérins zeigt sich auch in seiner
Anziehungskraft; es war ein zwar abgeschiedener, aber lebendiger und
angenehmer Zufluchtsort, wo die entwurzelten Eliten in der Hingabe an
die Welt des Geistes und in der Suche nach spiritueller Vollkommenheit
für eine kurze Zeit oder für ein ganzes Leben Trost finden konnten. Viele
Mönche, die wie Hilarius, Faustus und Caesarius später Bischofsämter
übernahmen, gründeten in ihren Städten ähnliche Gemeinschaften. Da
die Mehrzahl dieser Bischofssitze an der von Rhône und Saône gebildeten Flußachse lagen, drang das Mönchsideal von Lérins allmählich nach
Norden vor, nach Arles, Lyon, Autun, St. Maurice d'Agaune, zu den
Klöstern des Jura und sogar bis Troyes.

Obwohl die Unterschiede zwischen den Traditionen Martins und denen von Lérins und Marseille mehr in der Gewichtung als in den Inhalten begründet waren, galten sie im 6. und noch im 7. Jahrhundert als

tiefgreifend. Zwar ist über die Organisation der Martinsklöster wenig bekannt, das Mönchtum an der Rhône stand in seiner Strenge aber offensichtlich der östlichen Tradition näher. Das aquitanische Mönchtum scheint mehr ein Ergebnis von Improvisation gewesen zu sein; ein heiliger Mann tauchte auf, eine Gruppe von Jüngern sammelte sich um ihn, und die daraus entstehende Gemeinschaft lebte mehr als Gruppe von Eremiten denn als reguläre Klostergemeinschaft zusammen. Diese lokkere Form des klösterlichen Lebens kannte und verurteilte Cassian in seinen *Instituta*, ohne jedoch Martins Namen zu erwähnen. Tatsächlich scheinen sich die Verfechter der beiden Traditionen das 6. Jahrhundert hindurch gegenseitig ignoriert zu haben; denn sie vermieden es, die jeweils andere Tradition unmittelbar anzugreifen, und wo irgend möglich sogar, von ihrer Existenz auch nur zu sprechen. So erwähnen Hilarius von Arles, Eucherius von Lyon, Vincentius von Lérins, Caesarius von Arles und die anderen führenden Vertreter des Rhônemönchtums niemals den heiligen Martin. In manchen weitgehend von Lérins beeinflußten Regionen wie dem Jura, wo die Martinsvita des Sulpicius gelesen und der Heilige verehrt wurde, galt dieser einfach nicht als Teil einer monastischen Tradition, die an Lérins und Marseille anknüpfte.

Andererseits spricht Gregor von Tours, der große Verfechter der Martinsverehrung im 6. Jahrhundert, kaum über das Rhônemönchtum. In allen seinen Berichten über die gallischen Bischöfe und Heiligen erwähnt er nicht ein einziges Mal Caesarius von Arles, Faustus von Riez, Honoratus, Hilarius oder Salvian. Lérins nennt er nur im Zusammenhang mit der Überführung der Gebeine des heiligen Hospitius; die dort gepflegte asketische Tradition erwähnt er nicht. Die beiden Welten des gallischen Mönchtums blieben geteilte Lager.

Dennoch waren die Ähnlichkeiten größer als die Unterschiede. Beide waren ungefähr gleichzeitig aus östlichen Mönchstraditionen entstanden. Beide erfaßten vorwiegend Kleriker. Wir haben oben gesehen, wie eng der Bischof mit der von Gregor gepriesenen Mönchs- und Eremitentradition verbunden war. Im Rhônegebiet war Ordensleben vorwiegend eine Angelegenheit adliger Kirchenmänner; unterstützt wurde es vom Klerus, nicht von den Laien. Letztere blieben dem Mönchtum gegenüber zum großen Teil neutral, solange sie selbst nicht der Welt entsagen und ins Kloster eintreten wollten. Lediglich Äbte, die das Kloster verließen und einen Bischofssitz übernahmen, spielten in der weltlichen Gesellschaft eine wichtige Rolle. Daher beeinflußten diese beiden Welten einander kaum.

Im Laufe des späten 5. und des 6. Jahrhunderts begannen die beiden Formen des Ordenslebens miteinander zu verschmelzen. Bischofssynoden forderten immer häufiger die Durchsetzung der im Rhônetal befolgten strengeren Regeln, etwa die strikte Unterordnung der Mönche unter den Abt und die *stabilitas loci*, wonach die Mönche in dem Kloster, in welchem sie ihre Gelübde abgelegt hatten, verbleiben und nicht herumreisen und neue Einsiedeleien und Zellen gründen sollten. Die im Rhônetal gepflegte Form monastischen Lebens erschien den Konzilen weit sinnvoller als die spontanere aquitanische, weil sie den Bischöfen die Aufsicht über die Mönche erleichterte. Insgesamt aber, ob im Rhônetal oder in Aquitanien, stand das Ordensleben fest unter bischöflicher Kontrolle oder sollte es wenigstens stehen. Diese Unterordnung verlangte bereits das erste fränkische Konzil, das 511 stattfand. Der dort beschlossene Canon 19 stellte kategorisch fest: „Aus Gründen der religiösen Demut sollen Äbte der Autorität des Bischofs unterstehen und müssen vom Bischof zurechtgewiesen werden, wenn sie gegen die Regel verstoßen haben."[29]

Bischöfe gegen Mönche

Daß dieser Beschluß auf den folgenden Synoden des 6. Jahrhunderts wiederholt werden mußte, weist darauf hin, daß die Bischöfe die Klosteraufsicht zwar beanspruchten und die Äbte diese theoretisch anerkannten, Äbte und Äbtissinnen aber gelegentlich zum Verdruß ihrer Bischöfe beträchtliche Selbständigkeit entwickelten. Diese Widerspenstigkeit konnte soziale und politische Ursprünge haben wie in dem Fall der Revolte im Kloster vom Heiligen Kreuz, das Radegunde, die Ehefrau Chlothars I., in Poitiers gegründet hatte.[30] Nach Radegundes Tod weigerten sich die Nonnen, die wie ihre Gründerin aus königlicher Familie stammten, deren Nachfolgerin anzuerkennen, und revoltierten. Einige verließen das Kloster und heirateten, während andere mit Hilfe ihres bewaffneten Gefolges auf die Bischöfe, die zu Verhandlungen angereist kamen, losgingen. Dieser Fall bildete jedoch in jeder Hinsicht eine Ausnahme. Die aufrührerischen Nonnen waren Merowingerinnen; Agnes, die Nachfolgerin der Radegunde, scheint eines der wenigen Konventsmitglieder gewesen zu sein, die nicht aus königlicher Familie stammten; aus ungeklärten Gründen hatte sich der Bischof von Poitiers lange Zeit geweigert, die Klosteraufsicht zu übernehmen. Eine solche Situation kann kaum als typisch gelten.

Häufiger und verhängnisvoller war eine andere Form des Ungehorsams. In seinem *Liber in gloria confessorum* berichtet Gregor, daß Bischof Agricola von Cavillon nach dem Tod des Desideratus sofort seinen Archidiakon aussandte, um dessen Leichnam einzuholen. Desideratus hatte als Einsiedler inmitten einer um seine Person entstandenen Mönchsgemeinschaft gelebt. Die Mönche verweigerten jedoch die Übergabe des Leichnams.[31] Dies war eine ernsthafte Bedrohung der Grundfesten der bischöflichen Macht. Wie wir gesehen haben, bildeten sich Mönchsgemeinschaften meistens um einen wegen seiner Frömmigkeit bekannten Eremiten, um eine Basilika oder das Grab eines als heilig geltenden Mannes. Und gerade von solchen verstorbenen Heiligen konnten Bischöfe ihre Macht beziehen, wenn sie die Kontrolle über den Zugang zu ihnen besaßen. Wenn im Westen die Heiligenverehrung der bischöflichen Kontrolle entzogen werden konnte, wie es lange Zeit im Osten der Fall gewesen war, konnte das Monopol der religiösen und politischen Aufsicht des Bischofs ebenso wie das seiner aristokratischen gallorömischen Verwandtschaft in Gefahr geraten. Und genau dies geschah im 7. und 8. Jahrhundert.

Angesichts der realen und potentiellen Gefährdungen ihrer Position durch Beauftragte fränkischer Herren, rivalisierende Familien, verärgerte Verwandte und unbotmäßige Heilige fanden die Bischöfe Halt in der gegenseitigen Solidarität. Vielleicht in Erkenntnis ihrer prekären Existenz stellten die fränkischen Bischöfe ihre Differenzen so weit zurück, daß sie sich zu regelmäßigen regionalen und Reichskonzilen zusammenfanden, wo sie gemeinsame Probleme erörterten und Gegenmaßnahmen beschlossen. Unter der Leitung der Metropoliten agierten sie als Gruppe und berieten über Fragen, die für einen einzelnen Bischof zu komplex oder zu gefährlich waren.

Die Initiative zur Einberufung der Reichskonzile ging allerdings nicht vom zerstrittenen fränkischen Episkopat aus. Das erste Reichskonzil begann 511 auf Betreiben Chlodwigs, weitere folgten von Zeit zu Zeit auf Initiative der Könige. Darüber hinaus wurden viele Konzile einschließlich des ersten nicht von allen Bischöfen des fränkischen Reiches besucht; diese beschränkten sich stärker auf ihren regionalen Gesichtskreis, wenn auch an einigen Konzilen, etwa am Konzil von Orléans im Jahre 549, tatsächlich die Bischöfe oder deren Stellvertreter aus der gesamten fränkischen Welt teilnahmen.

Die den Synoden zur Erörterung vorgelegten Probleme waren eine Kombination von aktuellen Schwierigkeiten und allgemeineren, die Bischöfe und das Königreich betreffenden Fragen. Ein Großteil der Beschlüsse galt der Kollegialität der Bischöfe und der Aufrechterhaltung der bischöflichen Autorität. Man forderte die Abhaltung jährlicher Provinzialsynoden, um so die „Brüderlichkeit und Liebe" zwischen ihnen zu fördern. Damit suchten sich die Bischöfe vor ihren Mitbrüdern, ihrem Klerus und den Eingriffen des Königs zu schützen. Ein zweiter wichtiger Komplex war die Disziplin des Klerus. Wo immer es möglich war, versuchten die Bischöfe, Unklarheiten zu beseitigen und im weltlichen oder Diözesanklerus jene Form der christlichen Askese zu fördern, die sie im nach der Regel lebenden Mönchsklerus so sehr bewunderten. In fortschreitendem Maße wurden die Traditionen der westlichen religiösen und gesellschaftlichen Praxis dem östlichen asketischen Ideal angeglichen, gleichzeitig aber auch die klösterlichen Gemeinschaften aufgefordert, sich der strikten Aufsicht des Bischofs zu unterwerfen.

Im folgenden Jahrhundert wurde diese korporative bischöfliche Kontrolle über die Disziplin und die Ausübung der Religion im Frankenreich aber von einer neuen Form des Mönchtums grundsätzlich herausgefordert. Dieses Mönchtum trat auf dem Kontinent in den letzten Jahren des 6. Jahrhunderts in Erscheinung und breitete sich unter der Herrschaft der beiden größten Merowinger, Chlothars II. und Dagoberts I., rasch aus. Bevor wir uns näher mit dieser Herausforderung beschäftigen, müssen wir zunächst das Frankenreich unter diesen beiden großen Königen betrachten.

V. Das Frankenreich unter Chlothar II. und Dagobert I.

Das wiedervereinigte Frankenreich

„Brunichild wurde vor Chlothar gebracht, ... da er sie zutiefst haßte ...; er ließ sie drei Tage lang verschiedenen Foltern aussetzen, dann gab er den Befehl, sie zuerst auf ein Kamel zu setzen und im ganzen Heer herumzuführen und sie dann mit dem Haupthaare, einem Fuß und einem Arm an den Schwanz eines über alle Maßen bösartigen Pferdes zu binden; dabei wurde sie dann durch die Hufe und den rasenden Lauf in Stücke gerissen."[1]

Die brutale Demütigung und Zerstückelung der Königin Brunichild war der letzte dramatische Akt (613) der Konsolidierungsphase des fränkischen Königreiches unter Chlothar II. (584–629). Die nächsten 25 Jahre seiner Herrschaft und der seines Sohnes Dagobert I., der seit 623 zusammen mit seinem Vater und von 629 bis 639 alleine regierte, sollten zur friedlichsten, erfolgreichsten und bedeutendsten Periode der fränkischen Geschichte seit der Regierungszeit Chlodwigs werden. Es war auch die Zeit, in der jene adligen Kräfte, die schließlich die merowingische Dynastie stürzen sollten, ein neues Selbstverständnis entwickelten und ihre Macht in Ruhe ausbauten und festigten.

Chlothars Sieg war durch das Zusammenwirken der burgundischen und austrasischen Aristokratie möglich geworden. Der von Gregor bewunderte Burgunderkönig Guntram war 592 kinderlos gestorben, und sein Neffe Childebert II., der Sohn Brunichilds und des austrasischen Königs Sigibert I., gelangte auf den Thron. Nach Childeberts Tod 596 versuchte Brunichild, als Regentin für ihre minderjährigen Enkel Theudebert II. (595–612) und Theuderich II. (596–613) sowohl Austrasien als auch Burgund zu beherrschen. Vergeblich bemühte sich Chlothar II., die Zeit der Minderjährigkeit zu nutzen, um die beiden Königreiche an sich zu reißen.

599 vertrieb der austrasische Adel, der mit der Herrschaft Brunichilds unzufrieden war, die alte Königin, und sie floh in das Königreich ihres Enkels Theuderich, wo sie herzlich empfangen wurde. Zunächst arbeiteten die Brüder in dem Bestreben, ihren neustrischen Vetter Chlothar zu verdrängen, zusammen; es gelang ihnen auch, einen beträchtlichen Teil

seines Reiches zu erobern. Die Spannungen zwischen den Parteigängern Brunichilds – vorwiegend dem Adel in den stärker romanisierten Gegenden Burgunds – und ihrem Enkel Theuderich einerseits sowie den austrasischen und burgundischen Franken andererseits erreichten jedoch im Jahre 612 ein solches Ausmaß, daß Theudebert das Reich seines Bruders überfiel. Der Angriff endete in einer Katastrophe; Theudebert wurde gefangengenommen, in Châlons-sur-Marne eingekerkert und getötet. Theuderich befahl, seinem minderjährigen Neffen Merowech den Schädel einzuschlagen.

Die Vereinigung der beiden Königreiche hielt nur einige Monate lang. Der von Arnulf von Metz und Pippin I. vertretene austrasische Adel forderte Chlothar auf, in das Königreich zu kommen. Theuderich versuchte, gegen sie vorzugehen, starb aber überraschend in Metz. Brunichild wollte ihre Herrschaft über Burgund erhalten, indem sie ihren Urenkel Sigibert, den ältesten Sohn des Theuderich, zum König über beide Reiche erhob, aber Sigibert und seine Urgroßmutter wurden vom burgundischen Adel verraten und Chlothar in die Hände gespielt. Sigibert und sein Bruder Corbus wurden hingerichtet, sein Bruder Merowech, dessen Pate Chlothar war, nach Neustrien verbannt, und Brunichild erlitt das oben nach dem Chronisten Fredegar beschriebene Schicksal.

Chlothars Sieg war eigentlich ein Sieg des austrasischen und burgundischen Adels, weshalb er unmittelbar nach der Hinrichtung Brunichilds Maßnahmen zum Vorteil derjenigen ergriff, die ihm zum Sieg verholfen hatten. Warnachar, der besondere Favorit Theuderichs II. und Brunichilds, dessen Verrat die Festnahme der Königin ermöglicht hatte, wurde unverzüglich zum *maior domus* von Burgund ernannt; Chlothar schwor einen feierlichen Eid, daß er ihn niemals aus seinem Amt entfernen werde. In Austrasien setzte Chlothar einen gewissen Rado als *maior domus* ein, der in dieser Region vermutlich eine ähnliche Rolle gespielt hatte.

Kurz danach erließ Chlothar in Paris ein Edikt mit 24 Artikeln, worin er im wesentlichen versprach, die traditionellen Rechte des Adels, der Kirche und des Volkes zu respektieren.[2] Das war zwar nichts Neues, aber diese Maßnahmen sollten gewährleisten, daß der in den Jahren der inneren Auseinandersetzungen und der Willkürherrschaft der Westgotin Brunichild und ihrer Nachkommen üblich gewordene Machtmißbrauch unterbunden wurde. Es ist nicht ohne Ironie, daß ein großer Teil der Opposition gegen Brunichild auf ihren Versuch zurückging, römische Steuertraditionen wiedereinzuführen, das Edikt aber vermutlich als Ant-

wort auf Bittschriften erlassen wurde, welche Bischöfe aus dem Süden
verfaßt hatten, die sich auf römische und westgotische Traditionen beriefen. So versprach Chlothar, daß die Bischöfe von Klerus und Volk
gewählt werden sollten und daß der König den Gewählten bestätigen
werde, wenn dieser des Amtes würdig sei; er verbot den Bischöfen die
Ernennung ihrer Nachfolger; er bestätigte die Aufsichtsgewalt des Bischofs über seinen Klerus; er garantierte, daß Witwen und Jungfrauen,
die sich in Klöstern oder in ihren eigenen Häusern einem religiösen
Leben weihten, nicht zur Heirat gezwungen werden konnten. Ein Großteil des Edikts betrifft das Justizwesen. Außer bei schweren Missetaten
sollten Kleriker nur von Kirchengerichten abgeurteilt werden; Verfahren, in die Kleriker und Laien verwickelt waren, sollten in Anwesenheit
eines kirchlichen und eines öffentlichen Richters verhandelt werden;
weder Freie noch Sklaven durften ohne Urteil bestraft oder hingerichtet
werden; Juden durften gegen Christen nicht gerichtlich vorgehen.
Chlothar befaßte sich auch mit Mißständen im Steuerwesen. Wo immer
unrechtmäßige Steuern erhoben worden waren, sollten förmliche Untersuchungen eingeleitet werden, um sie zu berichtigen; es sollten keine
Zölle erhoben werden, die nicht bereits während der Herrschaft der
Könige Guntram, Chilperich und Sigibert eingeführt worden waren;
kein königlicher Steuereinnehmer durfte in kirchliche oder private Immunitäten eingreifen; der Besitz von Personen, die bei ihrem Tod kein
Testament hinterlassen hatten, sollte an ihre rechtmäßigen Erben und
nicht an den König fallen.

Schließlich versprach das Edikt, die Autorität und die traditionelle
Rolle der lokalen Machthaber zu respektieren. In einem berühmten Kapitel versprach Chlothar, daß „kein Richter [vermutlich kein königlicher
Beamter] aus einer Provinz oder Region in einer anderen ernannt"
werde. Manche Historiker haben darin einen Rückzug der königlichen
Politik gesehen, eine Garantie der lokalen Autonomie, die einer Abtre-
tung königlicher Gewalt an den lokalen Adel gleichkam. In Wirklichkeit
spiegelt sich darin das seit der Römerzeit üblich gewordene Verfahren,
lokalen Beamten die Verantwortung zu übertragen, was bedeutet, daß
die Ernennung königlicher Beamter in ähnlicher Weise wie die Wahl der
Bischöfe erfolgte. Außerdem verbietet ein anderes Kapitel weltlichen
und geistlichen Magnaten, die in mehr als einer Region Ländereien besaßen, Richter oder Beauftragte zu ernennen, die nicht aus der jeweiligen
Region kamen. Obwohl also das Edikt weder das Ergebnis einer Verfas-
sungsrevolution noch einer Preisgabe königlicher Rechte an den Adel ist,
bestätigt es die zutiefst lokale Grundstruktur des Frankenreiches. Herr-

schaft im Sinne von Steuereinziehung und Rechtswahrung zwischen damit einverstandenen Freien war innerhalb der *civitas* oder des *pagus*, das heißt des die Stadt umgebenden Verwaltungsbezirks, eine lokale Angelegenheit. Kein Versuch des Königs, der Kirche oder eines Großgrundbesitzers, in dieses System Außenseiter einzuschleusen, sollte toleriert werden. Folglich wurde die Herrschaft über die drei von Chlothar vereinten Teilreiche nie zentralisiert, im Gegenteil. Jeder Teil bewahrte unter Chlothar seine eigenen regionalen Machtgrundlagen und in gewissem Umfang auch seine Institutionen; ähnliches gilt auch für die Regierungszeit Dagoberts, den Chlothar 623 mit der Verwaltung Austrasiens an der Herrschaft beteiligte und der ihm 629 als König des gesamten Frankenreiches nachfolgte. Im Laufe des 7. Jahrhunderts verstärkte sich diese Tendenz noch, während andere Regionen wie Bayern, Thüringen, Friesland, Aquitanien und die Provence, die früher entweder wie Aquitanien und die Provence unter den drei fränkischen Königen aufgeteilt oder von Austrasien kontrolliert worden waren, sich zu relativ autonomen Unterkönigreichen bzw. Dukaten entwickelten.

Die Regionen des Frankenreiches

Im Zuge der Kooperation zwischen König und Adel, die schließlich zur Wiedervereinigung der Teilreiche führte, wurde die Rolle der königlichen Ratgeber in den fränkischen Regionen außerordentlich wichtig, da sie in weitem Umfang das Ausmaß des königlichen Einflusses bestimmten. In Burgund, wo zur Zeit Brunichilds die königlichen Amtsträger Kontrollinstanzen des Königs gewesen waren, hatte der Adel, scharf gespalten in westliche „Franken" und „Romano-Burgunder" im Rhônetal, wenig Interesse an einer starken Zentralregierung mit einem *maior domus* an der Spitze. Als Warnachar 626/27 starb, ließ der burgundische Adel Chlothar wissen, er wünsche keine weitere Ernennung, sondern bitte um die Erlaubnis, unmittelbar mit dem König zu verhandeln. Dies bedeutete aller Wahrscheinlichkeit nach, daß der Adel sich selbst regieren wollte. Besonders die südlichen Regionen, die in etwa dem alten Königreich Burgund entsprachen, entwickelten das ganze restliche Jahrhundert hindurch separatistische Tendenzen, in deren Zentrum mächtige Adelsfamilien standen.

Wie stark sich innerhalb von weniger als 15 Jahren diese Autonomietendenzen entwickelt hatten, läßt sich im Bericht über Dagoberts Besuch in Burgund im Jahre 628 nachlesen. Fredegar berichtet in seiner Chronik:

„Seine Ankunft hatte die Bischöfe, die Großen, die im Reiche Burgund lebten, und die anderen Gefolgsleute in solche Furcht versetzt, daß sich jedermann wundern mußte; die Armen aber, die nun zu ihrem Rechte kamen, hatte dies mit großer Freude erfüllt."[3] Die Anwesenheit des Königs, der durch Burgund zog, Recht sprach und Unrecht bereinigte, machte sicher großen Eindruck, war aber nur vorübergehend. Lokale Magnaten waren ständig bestrebt, ihre eigene Machtbasis zu festigen und sich der königlichen Aufsicht zu entziehen. Als 626/27 der königliche *maior domus* Warnachar starb, versuchte dessen Sohn Godinus, die von seinem Vater geschaffene regionale Macht durch Heiratsverbindungen zu konsolidieren, und griff dabei zu einem außergewöhnlichen Mittel; er heiratete seine Stiefmutter Bertha, die Witwe seines Vaters. Chlothar war darüber so erbost, daß er ihn töten ließ. Später agitierte in Burgund Brodulf, der Onkel von Dagoberts Halbbruder Charibert II., dem Chlothar lediglich ein Königreich an der Küste Aquitaniens übertragen hatte, massiv gegen Chlothar. Vermutlich versuchte Brodulf, seinen Schwiegersohn auf den burgundischen Thron zu setzen. Bevor Dagobert 628 Burgund verließ, ließ er Brodulf hinrichten. Doch konnte der König sich nicht ständig in Burgund aufhalten, und in seiner Abwesenheit entwickelten sich zwangsläufig erneut Autonomietendenzen.

Im Königreich Austrasien, das unter Sigibert I. und seinen Nachfolgern fast ein ganzes Jahrhundert relativ einheitlicher Herrschaft erlebt hatte, suchte sich der Adel mit unterschiedlichen Mitteln zu schützen. Dort drängte man Chlothar, seinen Sohn Dagobert als König einzusetzen. Außerdem wurden die Bestrebungen Chlothars abgeblockt, das austrasische Königreich durch die Ablösung des austrasischen Teiles von Aquitanien und des Gebiets westlich der Ardennen und der Vogesen zu verkleinern. Als Dagobert gegen die Aufteilung Einspruch erhob, wurde eine Gruppe von zwölf Schiedsmännern gebildet, die den Streit schlichten sollte. Da der wichtigste von ihnen Arnulf von Metz war, neben Pippin I. der mächtigste Repräsentant des austrasischen Adels, überrascht es nicht, daß Dagobert das gesamte Gebiet nördlich der Loire behalten konnte, das zuvor zu Austrien gehört hatte.

Hier wird die Strategie deutlich, die der Adel zur Erhaltung seines Einflusses in Austrasien eingeschlagen hatte. Die Region sollte zentral verwaltet werden und einen eigenen Königshof haben, aber unter der Kontrolle von Pippin und Arnulf bleiben, die 613 Chlothar in das Königreich gerufen hatten. Als Arnulf später den Hof verließ, trat ein anderer Austrasier, Bischof Kunibert von Köln, an seine Stelle. Die Macht dieser Männer war so groß, daß sie den König sogar zwingen konnten, ihre Rivalen auszuschalten, so zum Beispiel Chrodoald, ein führendes Mitglied der mächtigen Familie der Agilolfinger, die Verbindungen in ganz Austrasien nach Bayern und bis ins Langobardenreich besaß. Nachdem Dagobert 629 die Nachfolge seines Vaters angetreten und das Zentrum seiner Aktivitäten nach Paris verlagert hatte, wurde der Einfluß des austrasischen Adels auf den König schwächer. Nur Pippin blieb bei ihm, aber auch er fiel in Ungnade, und vielleicht hatte Dagobert ihn nur deshalb nach Neustrien mitgenommen, weil er ihn im Auge behalten wollte. Dennoch war die strategische Bedeutung Austrasiens so groß, daß der König weder die Region noch deren Adel vernachlässigen durfte. Fränkische Niederlagen gegen die slawischen Wenden unter der Führung des fränkischen Königs Samo in den Jahren 631–633 zwangen ihn, ein verkleinertes austrasisches Königtum zu errichten und seinen zweijährigen Sohn Sigibert als König einzusetzen. Zu dessen Erzieher ernannte Dagobert einen Gegner Arnulfs und Pippins, den *domesticus* Urso. Aber die eigentliche Macht in diesem Königreich teilten sich Bischof Kunibert von Köln, ein enger Freund Pippins, und Herzog Adalgisel, der mit großer Wahrscheinlichkeit ein Arnulfinger war. So blieb der austrasische Adel allen Anstrengungen des Königs zum Trotz an der Macht. Diese wurde durch die Verbindung der beiden führenden Adelsfamilien, und zwar durch die Heirat zwischen Arnulfs Sohn Ansegisel und Pippins Tochter Begga, zusätzlich gefestigt. Aus dieser neuen Sippe, die als Arnulfinger oder Pippiniden bezeichnet wird, sollte die nächste Königsdynastie, die der Karolinger, hervorgehen.

Neustrien war das Herrschaftszentrum Chlothars gewesen, und nach 629 blieb es das auch unter Dagobert. Hier konzentrierten sich das größte Fiskalland, die wichtigsten Städte Paris, Soissons, Beauvais, Vermand-Noyon, Amiens und Rouen sowie die reichsten Klöster des Frankenreiches. Paris wurde immer stärker zur königlichen Hauptresidenz und zum Mittelpunkt der religiösen und politischen Ideologie des Königs. Die großen Königsklöster Saint-Germain-des-Prés und Saint-Denis lagen unmittelbar vor den Toren der Stadt, und besonders letzteres wurde unter Dagobert zum religiösen Zentrum der königlichen Familie. Dagobert beschenkte Saint-Denis reichlich, erhob den Kirchenpatron neben dem heiligen Martin zum Schutzheiligen des Königs und bestimmte die Kirche zur königlichen Begräbnisstätte, was sie bis zur Französischen Revolution blieb.

Außerhalb der drei zentralen fränkischen Regionen war die Kontrolle über das Frankenreich sehr unterschiedlich ausgeprägt. Das an der Küste gelegene Königreich Aquitanien hatte Chlothar seinem Sohn Charibert übertragen, den der Chronist Fredegar als „einfältig" bezeichnet. Wie die Errichtung eines austrasischen Königreiches war die eines Königreiches in Aquitanien die Reaktion auf eine Bedrohung von außen, in diesem Falle von seiten der Gascogner und der Basken. Bis zu Chariberts Tod im Jahre 632 konnte der Friede gewahrt werden, aber kurz danach bedrohten die Basken Aquitanien erneut. Dagobert beauftragte eine burgundische Armee, die Region zu besetzen und zu befrieden, doch diese erzielte nur Teilerfolge. Das von Herzog Arnebert angeführte Kontingent wurde bei seiner Rückkehr in der Landschaft Soule von den Basken aus dem Hinterhalt überfallen und aufgerieben, eine Niederlage, die zur Entstehung der Legende beigetragen haben mag, die ein Jahrhundert später abgewandelt wurde und eine vergleichbare Niederlage der fränkischen Armee unter dem Kommando des Grafen Roland bei Roncesvalles beschrieb.

Parallel zu den Rückschlägen in Aquitanien erlebte Dagobert Niederlagen in Thüringen und bei seinen Feldzügen gegen die Slawen. Die Wenden waren von Samo geeint worden, einem Franken, der zwar als Kaufmann beschrieben wird, aber auch ein fränkischer Agent gewesen sein kann, der ausgesandt worden war, um die Wenden gegen die Awaren zu organisieren, ein Steppenvolk, das in Pannonien an die Stelle der Hunnen getreten war und nicht nur das Byzantinische Reich, sondern auch Italien und das Frankenreich bedrohte. Er war außerordentlich erfolgreich bei der Organisierung der Slawen und der Abwehr der Awaren, weshalb ihn die Slawen zu ihrem König machten, was er etwa 35 Jahre lang blieb. Sein Königreich erstreckte sich von Böhmen bis Kärnten und bedrohte bald das Einflußgebiet der Franken in Thüringen. Dagoberts Versuch, die Wenden zu unterwerfen, schlug fehl, nicht zuletzt wegen der Unzuverlässigkeit Austrasiens. Wie bereits erwähnt, führte diese slawische Bedrohung zur Wiedererrichtung des Königtums in Austrasien.

Nach der Wiedererrichtung des austrasischen Königtums und der Einsetzung des Austriers Radulf als Herzog in Thüringen kam es dort zu ähnlichen Schwierigkeiten. Radulf verteidigte Thüringen erfolgreich gegen die Wenden, machte es aber im Laufe der Zeit zu einem relativ autonomen Königreich. Später, nach Dagoberts Tod, erhob er sich gegen Sigibert, besiegte ihn und ernannte sich selbst zum „König in Thüringen", ein böses Omen für die Zukunft der Merowingerfamilie.[4]

Das am Ende des 6. Jahrhunderts geschaffene, abgelegene Herzogtum Bayern konzentrierte sich um Regensburg, die alte Römerstadt Castra Regina. Es dehnte sich allmählich die Donau hinunter und im Süden zu den Alpen hin aus, füllte das vom Rückzug der Langobarden nach Italien und der Franken nach Austrasien hinterlassene Vakuum und integrierte die verschiedenen römischen und barbarischen Siedler dieser Bergregion. Die Bedrohung durch Awaren, Slawen und Bulgaren hielt Bayern und seine agilolfingischen Herzöge in enger Abhängigkeit von den fränkischen Königen. Um 630 veranlaßte ein auf Anraten seines fränkischen Adels erlassener Befehl Dagoberts, die in Bayern überwinternden bulgarischen Flüchtlinge zu erschlagen, deren Gastgeber, innerhalb einer Nacht tausende Männer, Frauen und Kinder umzubringen. Dennoch mochten die Agilolfinger von Dagobert nicht vollständig abhängig werden. Die Ermordung ihres Verwandten Chrodoald auf Betreiben Pippins belegt, daß am Königshof ein Oppositionspotential vorhanden war. Daher nahmen sie Beziehungen zu den Awaren und Langobarden auf und schlossen im Laufe des 7. Jahrhunderts zahlreiche Heiratsverbindungen mit dem langobardischen Königshaus. Zwar gingen sie nicht so weit wie Radulf und beanspruchten nicht den Königstitel, aber ihre langobardischen Nachbarn zögerten nicht, sie so zu nennen. Der Geschichtsschreiber Paulus Diaconus schrieb im 8. Jahrhundert, Tassilo sei 593 von Childebert zum König von Bayern erhoben worden.

Der Königshof

Chlothar und Dagobert konnten nicht hoffen, das gesamte Frankenreich lasse sich regieren, indem königliche Beamte in die einzelnen Reichsteile entsandt wurden und dort Schlüsselpositionen einnahmen. Statt dessen versuchten sie, Angehörige der regionalen Eliten am königlichen Hof zu Paris zusammenzuziehen, wo diese besser beobachtet, aber auch politisch und kulturell ausgebildet und beeinflußt werden konnten. Da sie die besten und fähigsten Adligen für kirchliche und weltliche Ämter in ihrer jeweiligen Heimatregion auswählten, konnten sie diese anschließend zurückschicken und so ihr Versprechen erfüllen, wichtige Ämter mit Angehörigen der lokalen Elite zu besetzen; gleichzeitig stellten sie auf diese Weise sicher, daß in den entscheidenden Ämtern Männer saßen, die mit dem König zusammenarbeiten konnten.

Die Adelsfamilien ihrerseits betrachteten den Hof als einen Ort, an den sie ihre Söhne und Töchter zur Erziehung schicken, wo sie Kontakte knüpfen und ihren Familien die Ämter sichern konnten, die zur Erreichung der familienpolitischen Ziele erforderlich waren. So wurde der neustrische Hof zu einem wichtigen kulturellen Zentrum des Frankenreiches, wo junge gallorömische Aristokraten aus Aquitanien, wie Desiderius, der spätere Bischof von Cahors, und Eligius, ein Aristokrat aus Limoges, der später Dagoberts Schatzmeister und Bischof von Noyon wurde, Freundschaft mit jungen Adligen aus dem Norden schlossen, so mit Audoenus (bekannt als Saint Ouen, Audoin oder Dado), der später Dagoberts *referendarius* und dann Bischof von Rouen wurde. Hier konnten auch Heiraten angebahnt werden, etwa zwischen dem jungen austrischen Adligen Adalbald aus Ostrewant und Rictrudis, einer Galloromerin aus Aquitanien. Sogar aus Northumbrien schickte König Edwin seine beiden Söhne zur Erziehung an den Hof Dagoberts.

Der Hof übernahm dabei unterschiedliche Aufgaben. Die jungen Männer aus vornehmen Familien hatten bereits eine Erziehung erhalten, bevor sie etwa im Pubertätsalter an den Hof kamen und sich möglicherweise durch einen besonderen Eid an den König banden. Offensichtlich wurden sie gemeinsam mit den Königskindern unter der Leitung eines königlichen Erziehers oder des *maior domus* erzogen. Ihre Erziehung umfaßte vermutlich sowohl eine militärische Ausbildung derjenigen, die für weltliche Ämter vorgesehen waren, als auch eine Ausbildung in Rhetorik und Notariatswesen für diejenigen, die in die königliche Kanzlei eintreten sollten. Dennoch waren die jungen Adligen nicht nur am Hof, um Verwalter zu werden; hier sollten sie das komplexe Netzwerk von Freunden, Patronen und Königsnähe knüpfen und erweitern, das ihre Familien unterstützen und bereichern konnte.

Den umfassendsten Einblick in ein solches kulturelles, gesellschaftliches und politisches Netzwerk vermitteln der Lebenslauf und die Korrespondenz des Bischofs Desiderius. Seine Eltern Salvius und Herchenefreda stammten beide aus der gallorömischen Aristokratie von Albi. Er war eines von fünf Kindern, deren klangvolle römische Namen Rusticus, Siagrius, Selina und Avita an senatorische Traditionen erinnerten. Als erster wurde der älteste Bruder Rusticus an den Hof geschickt, wo er als Kaplan und Diakon amtierte, bevor der König ihm den Bischofssitz von Cahors anvertraute. Auch der zweite Bruder Siagrius kam zu Chlothar an den neustrischen Hof und kehrte später als Graf von Albi in seine Heimat zurück. Schließlich wurde er zum *patricius* der Provence ernannt, der in seiner Stellung einem *dux* vergleichbar war.

Auch Desiderius wurde nach dem Studium der Rhetorik und des Rechtes an den Hof berufen, wo er als Schatzmeister amtierte. Zu seinen Mitarbeitern zählten einige der bedeutendsten und einflußreichsten Männer des 7. Jahrhunderts – der zukünftige Bischof Paul von Verdun, Abbo von Metz, Eligius von Nantes und Audoenus von Rouen. Das höfische Leben bot vielfältige Möglichkeiten. Der Hof Chlothars und

Dagoberts geriet zunehmend unter klerikalen Einfluß; bischöfliche Höflinge wie Eligius und Audoenus besaßen weit größeren Einfluß als Bischöfe des 6. Jahrhunderts, und sowohl am Hof als auch in den Provinzen
schlug eine neue monastische Kultur, auf die wir später näher eingehen
werden, im fränkischen Adel tiefreichende Wurzeln. Aber der Hof bot
auch all jene Möglichkeiten der Zerstreuung und Verführung, die Königshöfe überall charakterisierten. Besonders nachdem Dagobert um 629
seine erste, kinderlos gebliebene Frau Gomatrudis verstoßen und Nanthild geheiratet hatte, war der Hof, wenn man dem eher feindlich geson-
nenen Fredegar glauben darf, für seine Ausschweifungen berüchtigt, und
als der König älter wurde und es sich immer deutlicher abzeichnete, daß
auf seinen Tod eine erneute Reichsteilung unter minderjährigen Nachfolgern folgen würde, wurde der Hof auch zu einem Zentrum der Intrigen.
Offensichtlich sorgte sich die Mutter des Desiderius um den guten Ruf
ihres Sohnes; in einem aus dieser Zeit erhaltenen Brief beschwört sie ihn,
sich sowohl vor den Gefahren der Hofpolitik als auch den moralischen
Versuchungen zu hüten: „Sei wohltätig gegenüber jedermann", rät sie
ihm, „bewahre vor allem deine Keuschheit, sei vorsichtig in Wort und
Tat."[5]

Desiderius folgte ihrem Rat und wurde nach der Ermordung seines
Bruders Rusticus 630 von Dagobert als dessen Nachfolger zum Bischof
von Cahors ernannt. Eine solche Karriere wurde immer typischer für das
frühe 7. Jahrhundert. Zwar war es schon in der Vergangenheit nicht
außergewöhnlich gewesen, daß Angehörige der königlichen *familia* zu
Bischöfen ernannt wurden, aber nun wurde dies zum Regelfall. Offensichtlich behielt sich Dagobert persönlich das Recht zur Ernennung und
Bestätigung der Bischöfe vor und überließ es nicht seinem Halbbruder
oder später seinem Sohn – ein Mittel, die Königsherrschaft auch in
Austrien und im südlichen Aquitanien zu sichern.

In Cahors stellte Desiderius jene beiden Fähigkeiten in den Dienst des
Königs, die die Bischöfe des 7. Jahrhunderts auszeichneten: Sein Bio-
graph beschreibt ausführlich das umfangreiche Kirchenbauprogramm,
das er in Gang brachte, lobt aber auch seine Leistungen im Festungsbau.
Er ließ nicht nur die Stadtmauern ausbessern, sondern auch Türme und
befestigte Stadttore bauen. Auch errichtete er seinem Biographen zufolge das erste Kloster von Cahors, in welchem er begraben zu werden
wünschte. Daneben pflegte er enge Kontakte mit den Aristokraten, mit
denen zusammen er erzogen worden war und am Hof gedient hatte. In
seiner Korrespondenz, die erhalten geblieben ist, finden sich nicht nur
Briefe seines Erzbischofs bzw. an diesen und andere aquitanische Bi-

schöfe, sondern unter anderem auch Briefe an Dagobert, Sigibert III., Grimoald, den *maior domus* von Austrien, Chlodulf, der offensichtlich ein Sohn des Arnulf von Metz war, Bischof Medoald von Trier, Abbo von Metz, Audoenus von Rouen, Paul von Verdun, Felix von Limoges, Eligius von Noyon und Palladius von Auxerre. Diese weitläufigen Verbindungen waren eindeutig ein Resultat der am Hof verbrachten Jahre und einer weiterhin wichtigen Stellung im Königreich. In zwei Briefen an Abbo von Metz bzw. Audoenus von Rouen erinnert er mit Freude an die glücklichen Tage, die sie gemeinsam am Hofe Chlothars verbracht hatten.

Über Desiderius und seine ebenfalls am Hof erzogenen Mitbischöfe wissen wir aufgrund ihrer Korrespondenz und der nach ihrem Tod verfaßten Biographien ziemlich viel. Weit weniger gut informiert sind wir hingegen über die weltlichen Amtsträger, die am Hof ausgebildet worden waren, wenn man auch vermuten darf, daß zwischen ihnen ein ähnliches Netzwerk von Beziehungen entstand. Einige, wie Siagrius, der Bruder des Desiderius, kehrten als *comites* in ihre Heimat zurück. Andere wie Radulf wurden als *duces* in die Grenzregionen des Frankenreiches geschickt, wo sie vielleicht schon enge Verbindungen besaßen oder rasch ausbildeten. Wieder andere wie der Austrier Adalbald, der die Aquitanierin Rictrudis heiratete, wurden offensichtlich mit Frauen aus unsicheren Regionen verheiratet, damit die zur effektiven Herrschaftsausübung notwendigen Bande geknüpft wurden. Solche Bemühungen trafen oft auf Widerstand; Adalbald wurde auf Betreiben seiner Schwäger ermordet. Dennoch wird deutlich, daß im ersten Viertel des 7. Jahrhunderts zahlreiche austrasische und neustrische Familien Verbindungen nach Aquitanien, in die Provence, nach Burgund und zu den rechtsrheinischen Gebieten entwickelten, die am Hof der Könige geknüpft wurden, während eine beträchtliche Anzahl von Aquitaniern, vorwiegend Bischöfe, Ämter im nördlichen Frankenreich erhielten.

So spielte der Hof unter Chlothar und Dagobert dadurch bei der Durchsetzung des königlichen Herrschaftsanspruchs eine wesentliche Rolle, daß er Persönlichkeiten an sich zog, ausbildete und dann als kompetente Amtsinhaber in die Reichsgebiete aussandte. Weniger auffällig vollzogen sich in diesen Jahrzehnten zwei andere Entwicklungen, die sich auf die europäische Geschichte aber ebenfalls nachhaltig auswirken sollten: Es entstand erstens die „zweigeteilte" Domäne, die für die folgenden Jahrhunderte die landwirtschaftlichen Strukturen prägte, und es kam zweitens zu einer allmählichen Christianisierung der königlichen Tradition, die durch die neue Domänenorganisation begünstigt wurde.

Die königlichen Domänen

Der von Chlodwig konfiszierte kaiserliche Besitz in Nordgallien war stets der Grundpfeiler des Reichtums der Merowinger gewesen. Vorwiegend aus diesem Grund erhielten seine Söhne bei der Reichsteilung nach seinem Tod Hauptstädte, die zwischen Rhein und Loire relativ nahe beieinander lagen. Die *civitas* von Paris bestand zumindest zu drei Vierteln aus Fiskalland; der größte Teil befand sich in Chelles, Rueil und Clichy; in Soissons gruppierte sich Fiskalland um Bonneuil-sur-Marne, Compiègne und Nogent-sur-Marne; an der unteren Seine lag Fiskalland um Etrépagny, dem Forst von Bretonne und um die später erbauten Klöster Jumièges und Saint-Wandrille; das umfangreichste Königsland bei Amiens lag um Crécy-en-Ponthieu.

Diese riesigen königlichen Domänen unterlagen während der Merowingerzeit ständigen Veränderungen. Teile davon wurden wichtigen Magnaten übertragen, andere wurden zum Standort bedeutender Klöster. Jedoch besaßen sie einige Kennzeichen, die sie von anderen Gebieten und Gütern von Privatpersonen unterschieden. Dabei handelt es sich erstens um die topographischen und demographischen Charakteristika dieser Gebiete. Es gab in dieser sanft gewellten Region im wesentlichen zweierlei Arten von Böden. Der eine Bodentyp war ein sandiges Hochland, das leicht zu bearbeiten war und sich zur Bewirtschaftung durch einzelne bäuerliche Familien anbot, der andere ein schweres, fruchtbares Tiefland, das besser von Gruppen bäuerlicher Arbeitskräfte bewirtschaftet wurde, die massivere und teurere Geräte wie den schweren Pflug benutzten.

Nachdem die klassischen römischen Villen, wie oben dargelegt, aufgegeben worden waren, wurde die Region relativ dicht von Franken besiedelt, was vom Beginn des 6. Jahrhunderts an eine umfangreiche Entwaldung und die zunehmende Umstellung von der Viehzucht auf den Getreideanbau zur Folge hatte.

Da darüber hinaus ein Großteil dieses Grundbesitzes Fiskalland blieb, war er nicht den häufigen Teilungen unterworfen wie privater Allodialbesitz des Adels, der ständig mit Kauf, Verkauf und Tausch von Land beschäftigt war. Normalerweise bedeutete der Tod eines Grundbesitzers die Aufteilung des Landbesitzes unter seine Erben. Da es sich hier jedoch um Fiskalland handelte, unterschieden sich die Dienste und Abgaben, die freie und unfreie Bauern zu entrichten hatten, von denen auf Allodialland. Besonders die Pächter einzelner großer Höfe waren auf dem Teil des Landes, dessen Erträge unmittelbar dem König zustanden, zu umfangreichen Diensten verpflichtet.

So setzte vermutlich schon zur Zeit Chlothars und Dagoberts eine Entwicklung ein, in deren Verlauf sich allmählich eine Domänenstruktur herausbildete, welche für die landwirtschaftliche Organisation des Hochmittelalters typisch wurde. Diese Struktur war grundsätzlich zweigeteilt. Der eine Teil bestand aus einzelnen Bauernstellen, den sogenannten Mansen – ein Begriff, der sich in der ersten Hälfte des 7. Jahrhunderts durchsetzte –, die gegen festgesetzte Abgaben bewirtschaftet wurden. Solche Mansen wurden offensichtlich häufig im Laufe der Rodungsphase geschaffen und mit Freien, ans Fiskalland gebundenen Bauern oder mit Sklaven als unfreien Pächtern besetzt. Andererseits bildete ein beträchtlicher Teil des Anwesens den Herrenhof, und obwohl dieser im 7. Jahrhundert noch vorwiegend von Sklaven bewirtschaftet wurde, mußten die Mansenbauern auf der Domäne, deren Ertrag unmittelbar dem König zufloß, in festgesetztem Umfang Dienstleistungen erbringen.

Da diese Ländereien Fiskalland waren, blieb hier das spätrömische Steuersystem, das privatisiert worden und in der Hofverwaltung aufgegangen war, länger als staatliches oder zumindest königliches System erhalten. Die Kontinuität der Besitzverhältnisse ermöglichte einen dauerhaften Einzug von Einnahmen und eine fortlaufende Planung, und da es sich um Fiskalland handelte, konnte sich kein Bischof und kein lokaler Adliger zwischen die königlichen Beamten und die Bauern stellen und eine Verminderung der Steuern oder gar, wie im 6. Jahrhundert geschehen, eine Vernichtung der Steuerlisten verlangen.

Diese Ländereien müssen hohe Gewinne abgeworfen haben und bildeten eine Hauptquelle des königlichen Reichtums, mit dem der königliche Hof, die Bauvorhaben, die königlichen Repräsentationsaufgaben und die von den Königen erwartete Freigebigkeit finanziert wurden. Dieses Modell breitete sich allmählich im gesamten Frankenreich aus und wurde in Burgund, Austrasien und sogar im entfernten Bayern bereitwillig übernommen, wo die Bodenbeschaffenheit, die Bevölkerung und die Verfügbarkeit von Fiskalland entsprechende Gewinne versprachen. Im Süden setzte es sich weniger durch, weil ältere, gallorömische Traditionen und eine andere Art der Bewirtschaftung sich gegenüber der Umstrukturierung als resistenter erwiesen.

Aber nicht nur die neue Gutsorganisation, sondern die Güter selbst waren vom Adel als Belohnung für seine Dienste und von den Kirchen zum Dank für ihre Gebete heiß begehrt. Zwar waren die Könige verpflichtet, Bittstellern gegenüber großzügig zu sein, und schenkten ihnen daher gelegentlich Land, aber sie scheinen es nach Möglichkeit vermieden zu haben, Fiskalbesitz an Laien zu übertragen. Wohl erfahren wir von großzügigen Schenkungen an verschiedene Adlige, besonders an diejenigen, die Chlothar gegen Brunichild unterstützt hatten, aber von diesen Gütern waren die meisten von oppositionellen Adligen konfisziert worden. Dennoch mußten die Könige gelegentlich Fiskalland verschenken, und normalerweise bestätigten sie mit diesen Schenkungen die Immunität, das heißt dieselben Rechte über die Bauern und an den Einkünften, wie sie sie selbst innegehabt hatten. Die langfristigen Auswirkungen dieser Praxis erwiesen sich als unheilvoll, weil die königlichen Einkünfte an den neuen Besitzer übergingen und damit die Macht des Königs allmählich untergraben wurde.

Im Gegensatz dazu vergaben Chlothar und besonders Dagobert weit großzügiger Fiskalland an die Kirche. Dies war eine alte Tradition. Chlodwig hatte die Kirche von Sainte-Geneviève, in der er beigesetzt wurde, mit Fiskalland beschenkt, Childebert I. Saint-Germain-des-Prés auf königlichem Land gegründet. Chlothar und besonders Dagobert begünstigten Saint-Denis, das in der Nähe ihrer Lieblingsvilla Clichy lag. Dagobert schenkte dem Kloster nicht nur konfiszierte Güter wie die des aufrührerischen Herzogs Sadregisel aus Aquitanien, sondern auch beträchtliche Ländereien aus Fiskalbesitz bei Paris und in entfernteren Regionen, etwa im Limousin, in Le Mans und der Provence.

Dagobert verfolgte mit dieser Vergabe von Königsgut bestimmte Absichten. Mit der Zeit jedoch hatte sie eine unvorhergesehene, doppelte Wirkung. Langfristig schwächte sie die Stellung des Königtums gegenüber der Aristokratie, die entweder solche Güter als Geschenk erhalten hatte oder der es gelungen war, die Kontrolle über die von den Königen reich beschenkten Klöster zu erwerben. Sie trug aber auch dazu bei, die zweigeteilte Domäne über das Pariser Becken und das Fiskalland hinaus zu verbreiten, bis sie schließlich im späten 8. Jahrhundert zum dominierenden Modell der landwirtschaftlichen Struktur geworden war.

Keine dieser beiden Auswirkungen hatte Dagobert jedoch beabsichtigt, als er Saint-Denis und andere Kirchen beschenkte. Seine Motive waren religiöser und monarchischer Art – er verband die königliche Tradition mit einer speziellen Form des Christentums in der Absicht, beide zu stärken.

Die Christianisierung der königlichen Tradition

Über ein Jahrhundert lang hatten die fränkischen Könige eine gut funktionierende, enge Zusammenarbeit mit den Kirchen gepflegt. Unter Dagobert wurde diese Verbindung jedoch systematischer, expliziter und weitreichender. Das Königtum förderte die Ausbildung und Ernennung von Bischöfen wie Desiderius, deren persönliche Loyalität außer Frage stand. Aber dies war nur einer der Gründe für die enge Beziehung zwischen Monarch und Kirche; die Vermutung, daß Dagobert einen fränkischen Episkopat zum Schutz vor den Ansprüchen der adligen Laien habe schaffen wollen, ist anachronistisch. Vielmehr bemühte er sich intensiv um den spirituellen Schutz und die innere Festigung seines Reiches, um jene *stabilitas*, die eine gut ausgestattete Kirche verschaffen konnte.

Zwei Wege führten zu dieser *stabilitas*. Zunächst sollte, wie Dagobert zu Beginn seines Briefes darlegte, in welchem er die Ernennung des Desiderius zum Bischof von Cahors verkündete, „unsere Wahl und Entscheidung in allen Dingen mit dem Willen Gottes übereinstimmen".[6] Diese Verpflichtung Gott gegenüber erwuchs aus der Tatsache, daß „alle Territorien und Königreiche bekanntlich unserer Macht unterworfen wurden, damit sie durch die Großzügigkeit Gottes regiert werden". Diese Formulierung ist nicht neu und bedeutet auch nicht, daß Dagobert sich als König „von Gottes Gnaden" – eine später von den Karolingern benutzte Wendung – verstand, sondern sie enthält die Anerkennung der Tatsache, daß der König von Gott abhängig ist, sowie der Pflichten, die sich aus dieser Abhängigkeit ergeben.

Diese Verpflichtung umfaßte die Besetzung kirchlicher und weltlicher Ämter mit gottesfürchtigen Männern wie Desiderius und die Ausübung einer gerechten Herrschaft. Wie sie umgesetzt wurde, haben wir oben beschrieben. Die von Dagobert am Königshof ausgebildeten und über das gesamte Königreich verteilten Bischöfe waren, ganz abgesehen von ihren politischen und gesellschaftlichen Verbindungen, hervorragend befähigte und an den Maßstäben ihrer Zeit gemessen würdige Kirchenmänner. Dagoberts Bemühen um Gerechtigkeit kommt nicht nur in solchen Reisen zum Ausdruck, wie sie 629 Burgund in Unruhe stürzten, sondern auch in der Kodifizierung der Gesetze der ripuarischen Franken, der Alemannen und möglicherweise auch der Bayern: Anders als die salische und die burgundische Rechtssammlung sind die späteren Codices keine Aufzeichnungen des Gewohnheitsrechts durch römische Juristen auf Anordnung des lokalen Königs, sondern auferlegtes Recht. Der erste

Codex wurde für das von Dagoberts Sohn Sigibert regierte kleine Königreich Austrasien verfaßt, die anderen beiden fränkischen Gesetze erlie-
ßen *duces*, die ein Merowingerkönig ernannt hatte.

Der zweite Weg zur *stabilitas* führte über die Vergabe von Almosen
und besonders über die Freigebigkeit gegenüber den Klöstern. Fredegar,
der an Dagoberts späterer Regierungszeit viel auszusetzen hatte, erkannte dessen Freigebigkeit vorbehaltlos an. Und er vermutete, der König hätte sogar seine Seele retten können, wenn er noch freigebiger gewesen wäre; „er hätte dann doch noch – ... denn er verteilte ja über alle
Maßen reiche Almosen an die Armen – das Ewige Königreich verdient,
so glaubt man, wenn bloß seine Gebefreude seine Habsucht überwogen
hätte".[7]

In Wirklichkeit war Dagobert ein geradezu verschwenderischer Al-
mosengeber und verlangte noch auf seinem Sterbebett, sein Sohn solle
seine letzten Schenkungen an Saint-Denis bestätigen. Die Freigebigkeit
gegenüber Saint-Denis haben wir oben bereits erwähnt; sie wurde geradezu zum Kennzeichen der Regierungszeit Dagoberts. Er stattete das
Kloster nicht nur mit umfangreichem Grundbesitz aus und verlieh ihm
die Immunität, sondern schenkte ihm auch große Mengen Gold, Gem-
men und wertvolle Gegenstände. Der Überlieferung nach richtete er
beim Kloster auch die große Oktobermesse ein, die über Jahrhunderte
ein wichtige Einkommensquelle der Mönche darstellte. Und schließlich
wählte er Saint-Denis zur letzten Ruhestätte.

Diese Freigebigkeit war keine Einbahnstraße. Als Gegenleistung erwartete Dagobert den geistlichen Beistand der Mönche. Insbesondere
führte er in Saint-Denis die Tradition der *laus perennis* ein, des im-
merwährenden Chorgesangs nach dem Vorbild von Saint-Maurice
d'Agaune, wobei ein Mönchschor den anderen ablöste, so daß zu jeder
Stunde des Tages und der Nacht Gebete für den König, seine Familie und
das Königreich zu Gott aufstiegen. Dagobert nahm seine Pflichten ernst
und erwartete dasselbe von seinem Lieblingskloster.

Die Ausbildung der Adelstradition

Welche Regel die Mönche von Saint-Denis zur Zeit Dagoberts befolgten,
wissen wir nicht. Vermutlich standen sie in irgendeiner Weise der Tradition des heiligen Martin nahe. Nach Dagoberts Tod führte sein Sohn die
sogenannte Mischregel ein, die aus den Regeln Benedikts und Columbans stammte. Diese Form des Mönchtums, die im 7. Jahrhundert zu-

nehmend an Bedeutung gewann, war Teil eines religiösen und gesellschaftlichen Wandels, der im Laufe der Zeit die fränkische Welt grundlegend veränderte und das Schwergewicht der Macht von den merowingischen Königen und Bischöfen auf die fränkischen Adligen und Mönche verlagerte.

Die fränkischen Adelsfamilien, die ihre Unabhängigkeit und Macht in den unruhigen letzten Jahren des 6. Jahrhunderts ausgebaut hatten, waren keine Neuschöpfung, wie man früher annahm. Wie wir gesehen haben, existierte bereits vor Chlodwig ein fränkischer Adel, der auch unter seinen Nachfolgern stets eine bedeutende Rolle spielte. Anders als die gallorömische Aristokratie, die nicht nur über eine starke politische und gesellschaftliche Basis verfügte, sondern auch in der orthodoxen Christenheit eine Schlüsselstellung einnahm, weil sie über die Besetzung hoher Ämter entschied und diese auch selbst ausübte, spielte der fränkische Adel nach der Bekehrung der Franken zum Christentum in der Gesellschaft keine religiöse Rolle. Zwar mögen die Mitglieder des Adels weiterhin wegen ihrer *utilitas*, also wegen ihrer militärischen Fähigkeiten und ihres politischen Scharfsinns, Ansehen genossen haben, und in einer nicht vollständig christianisierten Gesellschaft haben sie möglicherweise auch Reste ihrer früheren religiösen Bedeutung bewahrt. Eligius von Noyon traf zum Beispiel in der Nähe seiner Stadt auf Verwandte des neustrischen *maior domus* Erchinoald, die Sommerfeste mit Spielen und Tänzen abhielten, die zumindest er als heidnische Rituale betrachtete, jene hingegen als Teil ihres seit unvordenklichen Zeiten überlieferten Brauchtums bezeichneten.[8] Mit der Konversion Chlodwigs wurde der Adel jedoch rasch christlich, wenigstens insofern, als er Christus als den mächtigsten der siegverleihenden Götter anerkannte und die Durchführung christlicher Rituale verlangte, um sein eigenes Wohlbefinden und das seiner Familien zu sichern.

Dennoch blieb dem fränkischen Adel vor dem letzten Viertel des 6. Jahrhunderts der Weg zur unmittelbaren Mitwirkung an dem sich ausbreitenden christlichen Kult weitgehend verschlossen. Bischof zu werden, bedeutete die Übernahme der kulturellen und gesellschaftlichen Traditionen der senatorischen Aristokratie aus dem Süden; dazu fanden sich im 6. Jahrhundert fränkische Familien nur vereinzelt bereit. Mönch zu werden, war für einen fränkischen Adligen ebenfalls unüblich. Wie wir gesehen haben, waren die Klöster überwiegend Gründungen der Bischöfe, die sie unterhielten und streng kontrollierten. Zwar bot Lérins Adligen eine Art mönchischer Existenz, aber auch dies war eine römische kulturelle und religiöse Tradition, die vornehmlich adlige Kleriker anzog, die sich bereits für das Mönchsleben entschieden hatten. Die Adligen im Norden hatten kaum Beziehungen zu solchen Klöstern, die tief in der gallorömischen Kulturtradition wurzelten und unter der strengen Aufsicht des aus der alten Elite stammenden Bischofs standen. All dies begann sich zu ändern, als eine Persönlichkeit in Erscheinung trat, die für das Gallien des 6. Jahrhunderts so außergewöhnlich und fremdartig war, wie es im 4. Jahrhundert der heilige Martin gewesen war – der irische Mönch Columban.

Columban

Die irische Gesellschaft und die Form des Christentums, die sie hervorbrachte, unterschieden sich grundlegend von allen auf dem Kontinent bekannten Formen. Von allen Regionen Westeuropas, die die neue Religion früh und bereitwillig übernommen hatten, war Irland als einzige nie Bestandteil des römischen Imperiums gewesen. Es blieb eine isolierte und archaische keltische Gesellschaft. In einem sehr technischen Sinne war diese Gesellschaft insofern unzivilisiert, als die Stadt, das wichtigste Element der antiken Gesellschafts- und Kulturorganisation, ihr vor den im 8. Jahrhundert einsetzenden Einfällen der Wikinger völlig unbekannt war. Darüber hinaus war das Land extrem dezentralisiert; es war in kleine Königreiche oder Stämme aufgeteilt, die ihrerseits aus Familienverbänden bestanden, die als *septs* bezeichnet wurden, dem Äquivalent des germanischen Wortes *Sippe*.

Umstritten ist, wann das Christentum erstmals bis Irland vordrang, aber linguistische Erkenntnisse weisen darauf hin, daß bereits im späten 4. oder frühen 5. Jahrhundert einige Iren Christen waren. Es gab jedoch weder Bischöfe noch Bistümer, bevor in der ersten Hälfte des 5. Jahrhunderts zunächst Bischof Palladius und kurz danach Patrick auf die Insel kamen und eine Kirchenorganisation nach dem Vorbild der gallischen Kirche, die sie vom Festland kannten, aufzubauen begannen. Während das von Patrick eingeführte System zunächst im Norden angenommen wurde, blieb in anderen Gegenden Irlands die ältere, nicht-episkopale Form des kirchlichen Lebens erhalten, und nach seinem Tod verschwand selbst in den Gegenden, wo er die größten Erfolge erzielt hatte, ein Großteil seiner Kirchenorganisation. Da Irland weder Städte noch Provinzen kannte, war es kaum eine ideale Region für den Ausbau einer episkopalen Kirche; im 6. Jahrhundert wurde die irische Kirche zu einer Konföderation von Mönchsgemeinschaften, von denen jede einzelne in etwa einer Sippe entsprach und unter der Jurisdiktion des „Erben" des Gründungsheiligen der Region stand.

Diese Klöster hatten viele Elemente der östlichen Mönchstradition – vermutlich auf dem Weg über Lérins – aufgenommen, aber grundlegend abgewandelt und der irischen Kultur angepaßt. Sie unterstanden dem unbeschränkten Weisungsrecht des Abtes, dessen Amt innerhalb der herrschenden *sept* erblich war. Wenn Mitglieder klösterlicher Gemeinschaften neue Klöster gründeten, verblieben sie unter der Aufsicht des Abtes des Gründungsklosters. Innerhalb der Klöster gab es häufig einen Bischof, aber er besaß nur liturgische und kultische und keine administrativen Funktionen. Anders als die Klöster des Kontinents, die Gemeinschaften von Männern oder Frauen beherbergten, die der Welt zu entfliehen wünschten, waren diese irischen Klöster die Zentren des christlichen Lebens und die wichtigsten religiösen Institutionen, auf die sich die religiöse Praxis der Laien konzentrierte und nach deren Vorbild sie ausgeübt wurde. Sie waren auch Zentren einer umfangreichen lateinischen Literatur und Wissenschaft, wenn auch recht esoterischer Art, zum Teil weil die lateinische Sprache vom irischen Alltagsleben gänzlich abgeschieden war. Sie bildeten aber auch Zentren einer außerordentlich strengen asketischen Lebensweise; einige waren zönobitisch organisiert, andere bestanden aus Einsiedlerzellen.

Zu den besonderen Eigenheiten des irischen Mönchtums gehörte die Vorliebe seiner Mönche, in die Ferne zu ziehen. Dabei handelte es sich nicht um Pilgerfahrten im moderneren Sinne, also nicht um eine Reise zu einem besonderen Schrein und zurück, sondern um den Versuch, die Vorstellung vom christlichen Dasein als einer Reise durch ein fremdes Land zwischen Geburt und Tod auszuleben. So machten sich viele irische Mönche auf den Weg, trennten sich von allem, was ihnen vertraut war, und reisten allein oder mit Gleichgesinnten nach Schottland, Island und auf den Kontinent – nicht in der Absicht, zu missionieren, sondern einfach, um als Mönche und Pilger in der Fremde zu leben. Von allen Pilgern, die den Kontinent erreichten, war Columban, der um 590 von Schottland aus in Gallien eintraf, der wichtigste.

Columban und seine Weggefährten fanden Zugang zum Hof des Königs Guntram von Burgund, jenes Königs, den Gregor von Tours am meisten bewunderte. Guntram nahm sie freundlich auf und erlaubte ihnen, sich in der Festungsruine von Annegray in den Vogesen niederzulassen. Ihre außerordentlich strenge Lebensweise zog viele Menschen an, und bald erhielt Columban von Guntram eine weitere Ruine, in der er das Kloster Luxeuil gründete. Kurz danach kam eine weitere Gründung in Fontaines hinzu. Er blieb zwanzig Jahre lang in Burgund, aber mit der Zeit führte die wachsende Popularität seiner mönchischen Lebensweise und Observanz zu Spannungen mit den Bischöfen. Einige Vorwürfe richteten sich gegen die in seinen Gemeinschaften praktizierten Riten, insbesondere dagegen, daß Columbans Mönche Ostern nach dem irischen und nicht nach dem kontinentalen Kalender feierten. Wichtiger war jedoch die Beziehung zwischen seinen Klöstern und dem Episkopat. Gallische Klöster unterstanden der strikten Aufsicht des Ortsbischofs. Columban kontrollierte nach irischer Tradition seine Klöster selbst und lehnte jede Einflußnahme der burgundischen Bischöfe ab. Er beugte sich dem Anspruch der Bischöfe nicht und appellierte an Papst Gregor den Großen (590–604) in Rom, er möge ihm die Weiterführung seiner keltischen Tradition gestatten, ein in Gallien bislang unerhörter Vorgang. Gregor verstarb jedoch, bevor der Appell ihn erreicht hatte.

Bevor diese Streitfrage entschieden werden konnte, geriet Columban in Konflikt mit Königin Brunichild und deren Sohn Theuderich, dessen Polygamie er offen zu verurteilen wagte. Schließlich wurde er aus Burgund verjagt und begab sich an den Hof Chilperichs in Neustrien. Hier wie im austrasischen Königreich des Theudebert wurde er sehr freundlich empfangen. Er wanderte nach Alemannien, wo er mit polytheistischen Elementen vermischte Reste christlicher Observanz vorfand und sich eine Zeitlang in Bregenz am Bodensee aufhielt. Schließlich ging er jedoch über die Alpen ins Langobardenreich, dessen König Agilulf ihn aufnahm und ihm in Bobbio zwischen Mailand und Genua Land schenkte, wo er seine letzte Klostergründung ins Leben rief. Nach Chlothars Sieg über Brunichild lud ihn der König ein, nach Luxueil zurückzukehren, aber zu dieser Zeit war er bereits zu alt, und so blieb Columban bis zu seinem Tod im Jahre 615 in Bobbio.

Ein christlicher fränkischer Adel

Der Einfluß Columbans auf den fränkischen Adel kann kaum überschätzt werden. Er verkörperte eine Form strengen und furchtlosen Christentums, die weder Ausdruck gallorömischer Kultur noch von den Bischöfen geschaffen worden war. Darüber hinaus wurde sie von einem Heiligen propagiert, der sich nicht von der Welt abwandte, sondern enge Beziehungen zu den mächtigen Familien des gesamten nördlichen Frankenreiches unterhielt. Diese Verbindungen waren besonders stark unter dem Hofadel in Neustrien ausgeprägt und können in der Vita des

Columban nachgelesen werden, die Jonas, ein in Susa geborener Mönch des Klosters Bobbio, unter dem unmittelbaren Nachfolger des Gründers verfaßt hat. Und in der Tat schufen Columban und seine monastische Tradition einen gemeinsamen Boden, auf dem sich die Netzwerke nordfränkischer Aristokraten zusammenschließen konnten, die hier eine ihrem gesellschaftlichen und politischen Rang angemessene religiöse Denkweise vorfanden.

Die Liste der von Columban beeinflußten Adligen liest sich wie ein Who's Who der fränkischen Aristokratie. So wurde Columban zum Beispiel in der Nähe des Marnetals von Agnerich freundlich aufgenommen, der Theudebert nahegestanden hatte und sich nach dessen Tod den Adligen anschloß, die Chlothar II. unterstützten. Sein Sohn Burgundofaro wurde *referendarius* am Hof Dagoberts und später Bischof, seine Tochter Burgundofara Äbtissin. In derselben Region fand Columban auch Zugang zu Autharius und seinen drei Söhnen Audo, Audoenus (Dado) und Rado, von denen Audo später in Jouarre sein eigenes Kloster gründete. Audoenus, der ein Kloster in Rebais errichtete, wurde *referendarius* unter Dagobert und beendete sein Leben als Bischof von Rouen. In Austrasien stand Columban in Verbindung mit den Anhängern Chlothars II., insbesondere mit Romaricus, der später nach Luxeuil ging und dann das Kloster Remiremont gründete, welches in den folgenden Jahrhunderten zu einem bedeutenden Adelskloster wurde. Bertulf, ein Verwandter Arnulfs von Metz, trat ins Kloster Luxeuil ein und folgte Columban später nach Bobbio, wo er schließlich Abt wurde. In Burgund unterhielt Columban sehr enge Beziehungen zur Familie des *dux* Waldelenus, dessen Verwandtschaft im Süden bis in die Provence und im Osten bis Susa verzweigt war. Zwei dieser Verwandten, Eustathius und Waldebert, wurden später Äbte von Luxeuil.

Allen diesen fränkischen Familien waren einige Merkmale gemeinsam. Erstens hatten alle eines oder mehrere Mitglieder, die von diesem neuen Mönchtum fasziniert waren und entweder Luxeuil aufsuchten oder gar als Mönche dort eintraten. Zweitens gründeten sie selbst auf Familienbesitz Klöster. Diese Klöster folgten meistens der Regel, die Columban für seine burgundischen Klöster verfaßt hatte; allerdings verschmolz diese im 7. Jahrhundert mit der Benediktregel, die das fränkische Mönchtum zu beeinflussen begann, woraus sich die sogenannte irisch-fränkische Mönchstradition entwickelte. Die neue Regel bewahrte einen großen Teil der in der Regel Columbans enthaltenen Unabhängigkeit, milderte aber die extremen Formen der irischen Askese. Drittens übernahmen diese Klöster eine neue gesellschaftliche Rolle. Sie bildeten nicht nur

Zentren der Frömmigkeit, sondern auch den geistlichen Mittelpunkt der begrenzten politischen Einheiten, die von den Familien kontrolliert wurden; auf diese Weise wurden sie ein fester Bestandteil des politischen und gesellschaftlichen Lebens der Gründerfamilien. Die Gründer und ersten Äbte oder Äbtissinnen dieser Klöster wurden später als Heilige verehrt, und damit verband sich in ihnen die Adelsherrschaft mit einer auf sakraler Macht und Religiosität beruhenden Familientradition. Das aus der Zeit des heiligen Martin stammende Bild vom rauhen, primitiven gallischen Mönchtum existierte nicht mehr. Die vom fränkischen Adel gegründeten Klöster standen im Einklang mit dessen vornehmem Status. Es waren große Klöster mit reich geschmückten Kirchen, in denen adlige Männer und Frauen ihren gewohnten Lebensstil trotz aller Hingabe an Gott beibehalten konnten. Einen Eindruck von diesem Reichtum vermittelt das Testament der Burgundofara, der Tochter des Agnerich, der Columban gefördert hatte.[9] Sie war Äbtissin eines auf dem Grundbesitz ihres Vaters errichteten Klosters in der Nähe von Meaux, das später Faremoutiers genannt wurde, hatte aber beim Eintritt ins Kloster ihren Besitz nicht aufgegeben. In ihrem 633 oder 634 verfaßten Testament setzte sie ihre Gründung als Haupterben ein. Zur Schenkung gehörte Grundbesitz, den sie von ihrem Vater geerbt oder den sie gekauft hatte; dieser bestand aus ländlichen *villae*, Weinbergen, Mühlen an der Marne und am Aubetin sowie aus Häusern und Grundbesitz in Meaux und in der Umgebung der Stadt. Ihr Kloster war also keineswegs eine ländliche Einsiedelei, sondern eine wohlhabende Institution, die durch persönliche Beziehungen und Besitzverhältnisse mit der Familie des Gründers verbunden war. Diese Bindungen brachen auch beim Tod der Burgundofara nicht ab; das Kloster blieb unter dem Einfluß der Familie, wurde zu deren Grabstätte und ihrem geistlichen Zentrum.

Das beste Beispiel für eine solche Familiengrabstätte ist die Kirche Saint-Paul in Jouarre, die, wie oben schon erwähnt, von Audo, einem Sohn des Columban nahestehenden Autharius, gegründet worden war. Hier befinden sich unter anderem heute noch die Gräber des Audo, der Theodochilda, der ersten Äbtissin von Jouarre, und ihres Bruders Agilbert, der den ersten Teil seiner Laufbahn als Missionar in England verbracht hatte und zum Bischof von Essex ernannt wurde, bevor er als Bischof von Paris auf den Kontinent zurückkehrte. Außerdem birgt die Krypta die Gräber der Agilberta, einer Cousine der Theodochilda, der aus Bayern stammenden Balda, der Tante der Agilberta und der Theodochilda, sowie das Grab der Moda, die Baldas Cousine und Ehefrau des Autharius war. Da alle diese Personen später als Heilige verehrt wurden, wurde die Familiengrabstätte auch zum Zentrum der geistlichen Macht und des Ansehens aller Familienangehörigen.

Der zur selben Zeit zu beobachtende Wandel der fränkischen Bestattungssitten steht vermutlich mit dem Bau solcher Familiengrabstätten in Zusammenhang. Seit dem 4. Jahrhundert waren fränkische Gräber normalerweise in ländlichen Friedhöfen wie Lavoye angelegt worden, wo die Toten vollständig bekleidet und mit Waffen, Gerätschaften und Schmuck beigesetzt wurden. Daran hatte die Christianisierung nichts geändert. Solche Gräber waren kein Ausdruck religiösen Glaubens, sondern gesellschaftlicher und kultureller Kontinuität, der Verbundenheit mit den Vorfahren, die ebenfalls auf diese Weise beigesetzt worden waren.

Von der zweiten Hälfte des 6. Jahrhunderts an wurden diese Bestattungsformen jedoch allmählich von Begräbnissen in oder um Kirchen abgelöst. Dies war lange Zeit eine gallorömische Tradition gewesen, und bereits die königliche Familie Chlodwigs hatte sich für eine Beisetzung innerhalb der Kirche entschieden. Allmählich wurde dies zur Regel, und die Familien suchten nach Grablegen in der Nähe von Heiligengräbern. Wenn eine Familie ihr eigenes Kloster besaß und wie die Nachkommen des Autharius ihre eigenen Heiligen hervorbrachte, um so besser. In anderen Fällen suchte man nicht nach einer neuen Begräbnisstätte, sondern baute eine Grabkapelle auf dem alten Reihengräberfeld. In Mazerny in den Ardennen sind die Gräber des 6. Jahrhunderts zum Beispiel in traditioneller Form, parallel und in Nord-Süd-Richtung, angeordnet. Eine Gräbergruppe aus dem 7. Jahrhundert bildet jedoch ein Rechteck und scheint auf den ersten Blick die Ordnung zu stören, da vierzehn Gräber in Ost-West-Richtung liegen. Der Archäologe Bailey Young hat vermutet, daß diese Gräber ursprünglich innerhalb einer Holzkapelle lagen und eine um die Gräber eines Mannes und einer Frau angeordnete Familiengrabstätte bildeten. Die reichen Beigaben dieser beiden Gräber lassen auf einen hohen Sozialstatus der Toten schließen; es handelt sich vielleicht um die Erbauer der Kapelle, die bis zur vollständigen Aufgabe des Friedhofs vermutlich gegen Ende des 8. Jahrhunderts als ihre Familiengrabstätte diente.[10]

In anderen Fällen, etwa im rheinischen Flonheim und in Arlon in der belgischen Provinz von Luxemburg, wurden offensichtlich Kapellen über Gräbern von Menschen errichtet, die im frühen 6. oder sogar schon im späten 5. Jahrhundert verstorben waren. In diesen Fällen waren die Nachkommen offensichtlich bemüht, ihre Vorfahren, die teilweise vermutlich noch Heiden waren, an den Wohltaten der neuen Tendenz zur Heiligung der Adelsfamilie teilhaben zu lassen.

In engem Zusammenhang mit der Entwicklung von adligen Eigenklöstern wie denen der Familie des Autharius, die nicht dem Bischof, sondern der Gründerfamilie unterstanden, füllte sich der Begriff „Heiligkeit" mit neuen Inhalten, die das Selbstverständnis des Adels veränderten. Im vierten Kapitel haben wir das vom gallorömischen Episkopat ausgeformte Modell der Heiligkeit kennengelernt. Heilige waren entweder Männer senatorischer Abstammung, die das aktive Leben eines Bischofs führten, oder heilige Männer und Frauen, die der Welt entsagten, um Mönche oder Einsiedler zu werden, sich von der Welt vollständig abwandten, aber unter der strikten Aufsicht und Leitung des Bischofs verblieben. Im 7. Jahrhundert taucht zunehmend ein neuer Heiligentypus auf – der Adlige, der am Königshof diente, bevor er auszog, um ein Kloster zu gründen, einen Bischofssitz zu verwalten oder Missionsreisen zu unternehmen, aber seine engen Bindungen an die Welt nie aufgab. Dies waren keineswegs Männer und Frauen, die vor den Übeln ihrer Zeit flohen, sondern sie pflegten meistens gute Beziehungen zu den Königen und anderen Adligen. Sie beteiligten sich sogar nach dem Klostereintritt weiterhin an der weltlichen Politik. Die Hagiographen, die ihre Viten verfaßten, legen Wert darauf, sie in diesem Lichte darzustellen, und erinnern an Matthäus 22,21: „Gebt dem Kaiser, was des Kaisers und Gott, was Gottes ist."[11] In der Hagiographie des 7. Jahrhunderts wurde der Anteil des Kaisers nicht vergessen; selten wurden Heilige mit so guten Beziehungen zu den Königen beschrieben, was besonders bemerkenswert scheint, wenn man sich an die Vorwürfe erinnert, die gegen Dagobert wegen der an seinem Hof herrschenden Unmoral erhoben worden waren. Audos Bruder, der heilige Audoenus von Rouen, war zum Beispiel ein Heiliger in königlichen Diensten, den Dagobert, wie uns berichtet wird, mehr liebte als alle anderen Höflinge. Der heilige Wandregisel war ein Adliger aus Austrasien, der in der königlichen Verwaltung diente und selbst dann noch zu Pferd, das heißt in der klassischen Fortbewegungsart des Adels, an den Hof kam, als er bereits die Tonsur erhalten hatte. Der berühmteste unter diesen neuen Heiligen war Arnulf von Metz, ein vertrauter Ratgeber und Beauftragter des Königs und gleichzeitig eine der führenden Persönlichkeiten des austrasischen Aristokratie.

Natürlich hatten auch viele der früheren senatorischen Bischöfe wichtige weltliche Ämter ausgeübt; wir haben gesehen, daß das Bischofsamt die Krönung des spätantiken *cursus honorum* darstellte. Doch gehen die Hagiographen des 5. und 6. Jahrhunderts rasch und fast entschuldigend über diese weltlichen Karrieren hinweg. Der entscheidende Bruch zwischen dem früheren weltlichen Leben und der kirchlichen Laufbahn wird betont, und in einigen Fällen sogar der Eindruck erweckt, als ob die Heiligen nach ihrer Konversion weltliche Ämter nur symbolisch ausgeübt hätten. Sulpicius Severus stellte Martin von Tours so dar, als ob er bereits vor der Entlassung aus der römischen Armee dem Waffenhandwerk entsagt hätte. Die Heiligenviten des 7. Jahrhunderts hingegen gehen detailliert auf das Leben ihrer Helden vor der Konversion ein; sie beschreiben ihre Familien, die ausgezeichneten Heiratsverbindungen, die sie eingegangen waren, ihre Tätigkeit am Hof, ihre Macht und das Ansehen, das sie genossen. Im Gegensatz zu Sulpicius, der Martin als friedliebenden Soldatenmönch beschreibt, preist der Verfasser der Vita des Arnulf von Metz dessen außerordentliche Geschicklichkeit im Umgang mit Waffen. Die merowingische Hagiographie schreckte nur davor zurück, Heilige zu beschreiben, die nach ihrer Konversion dem Herrn weiterhin als Krieger dienten. Der Heilige des 7. Jahrhunderts verließ seine Familie oder seine Gesellschaftsschicht nie. Seine Heiligkeit strahlte vielmehr auf die Familie zurück und verklärte die gesamte Verwandtschaft; damit wurde die Familie und ihr gesellschaftliches Umfeld geheiligt.

Dieser Wandel in der Darstellung ist mehr als eine Veränderung der literarischen Tradition. Die Hagiographie diente im wesentlichen als eine Form der Propaganda; die Berichte über adlige Heilige waren Teile eines Programms, das am Hof und zunehmend in den Machtzentren des nordfränkischen Adels entwickelt wurde, um die Bildung einer selbstbewußten christlichen fränkischen Elite durch eine eigene kulturelle Tradition, die sich von Neustrien aus im ganzen Frankenreich verbreitete, zu feiern, zu legitimieren und voranzutreiben.

Daß der neue Heiligentypus und das irisch-fränkische Mönchtum, mit dem er identifiziert wurde, den Bedürfnissen der Elite entgegenkamen, bedeutet nicht, daß es sich dabei lediglich um einen politischen Schachzug des Adels handelte. Diese neue politische Form der Heiligkeit hat die Christianisierung des Frankenreiches vermutlich stärker gefördert als die ältere gallorömische Tradition. Das Christentum war lange Zeit ein städtisches Phänomen geblieben, und selbst in den am stärksten romanisierten Teilen Westeuropas war es nur ganz sporadisch in ländliche Gebiete vorgedrungen. Die verstärkte kirchliche Betätigung des fränkischen Adels und das Wirken irischer Wandermönche wie Columban führten dazu, daß die christliche Lehre und der christliche Kult in ländlichen Regionen Wurzeln schlugen. Religiöser Kult und politische Macht wurden als unauflösliche Einheit betrachtet, ob auf der Reichsebene eines

Königs Dagobert oder auf der lokalen Ebene des fränkischen Adels, der in seinem Machtbereich einen einheitlichen Kult durchzusetzen versuchte. Es lag daher im Interesse des Adels, die Ausbreitung des Christentums zu unterstützen. So hat zum Beispiel die Familie des Gundoin, der in der ersten Hälfte des 7. Jahrhunderts *dux* im Elsaß war, dort, aber auch im nördlichen Burgund Klöster gegründet und die Verehrung der heiligen Odilia eingeführt. Natürlich war es kein Zufall, daß Odilia aus dieser Familie stammte, ebensowenig aber auch, daß die Familie enge Kontakte zu Columban unterhielt. In ähnlicher Weise betrieb die Familie des thüringischen Herzogs Rodulf die Christianisierung von ihren Residenzen in Erfurt und Würzburg aus. Für solche Adlige waren Kult und Herrschaft nicht voneinander zu trennen.

Einige der wichtigsten Missionsunternehmen leiteten in enger Zusammenarbeit mit Dagobert königliche Bischöfe, die am Hof von Neustrien ausgebildet worden waren. Der Aquitanier Amandus gründete mit Unterstützung des Königs Klöster in Flandern, vor allem in Elnone, dem späteren Saint-Amand, in Gent und Antwerpen. Von Noyon aus betrieben Acharius und seine Nachfolger Eligius und Mummolinus die Missionierung ebenso eifrig voran wie Audomar von Thérouanne aus. Alle diese Unternehmungen wurden ausnahmslos vom König vor allem durch Schenkungen riesiger Teile von Fiskalland gefördert.

Diese Aktivitäten waren ein Versuch, das Christentum und den fränkischen Einfluß im Norden durchzusetzen, und zwar besonders in Friesland, das unter Chlothar II., Dagobert und ihren unmittelbaren Nachfolgern wegen seiner herausragenden Rolle für den Handel sowie Lage an den Handelsrouten zwischen Paris, London, Köln und den Gebieten zwischen Schelde und Weser zunehmend an Bedeutung für das Frankenreich gewann. Die enge Verbindung zwischen der Expansion des Christentums und der Beteiligung des Königs an diesem Handel erkennt man am Bau einer Kirche in Utrecht.[12] Um 600 stieg die Bedeutung der Rheinmündung für den Handel mit Köln; um diese Zeit von den Friesen geprägte Goldmünzen, die merowingische Münzen nachahmten, wurden in Südwestengland, an der Westküste von Jütland von der Elbemündung bis Limfjord und rheinaufwärts bis Koblenz und sogar bis zum Bodensee gefunden. Um 630 war Dorestad südlich von Utrecht zum Zentrum des friesischen Handels aufgestiegen. Zu dieser Zeit gründete Dagobert die Kirche von Utrecht und unterstellte sie Bischof Kunibert von Köln, dem er die Festung von Utrecht mit der Auflage schenkte, die Friesen zu missionieren. Gleichzeitig sandte er die beiden Münzmeister Madelinus und Rimoaldus von Maastricht nach Dorestad, damit sie den zunehmenden Handelsaustausch dieser Region regulierten und daraus Gewinne erwirtschafteten. Die Christianisierung der Region war also eng mit der Kontrolle ihrer wirtschaftlichen Aktivitäten verbunden. Die Auswirkungen der irisch-fränkischen religiösen Bewegung beschränkten sich aber nicht auf den König, den Hof von Neustrien und den nordfränkischen Adel. Auch Männer aus dem Süden wie Desiderius von Cahors waren tief davon beeindruckt, und als die Verschmelzung der Adelstraditionen weiter fortgeschritten war, dehnte sich die Bewegung ebenso nach Süden und Osten wie nach Norden aus. Zwar hatten schon einzelne gallorömische Bischöfe ihre Verpflichtung zur Christianisierung der Landbevölkerung sehr ernstgenommen; aber erst in der ersten Hälfte des 7. Jahrhunderts erfolgte im Norden wie südlich der Loire und östlich des Rheins der erste ernsthafte, gut vorbereitete und systematische Versuch, das Christentum nicht nur in den Eliten, sondern in der gesamten Bevölkerung zu verbreiten. Zum erstenmal in der europäischen Geschichte kehrte sich die Richtung, in der religiöse Impulse verliefen, um. Nachdem Jahrhunderte hindurch mediterrane Formen des Christentums nach Norden vorgedrungen waren, eroberte und veränderte vom Norden aus eine neue, vitale Form des Christentums, die eng mit den königlichen und adligen Interessen und Machtgrundlagen verbunden war, allmählich den romanisierten Süden.

VI. Der Niedergang der Merowinger

Dagoberts Nachfolger

„Von Chalon aus, wo er sein Werk der Gerechtigkeit fortgesetzt hatte, reiste er über Autun nach Auxerre und dann weiter über Sens nach Paris; dort ließ er auf den Rat der Franken hin Königin Gomatrudis in der *Villa* von Reuille zurück, weil sie unfruchtbar war, und heiratete Nanthild, eine außergewöhnlich schöne Jungfrau, und machte sie zu seiner Königin."[1] Diese Beschreibung von Dagoberts zweiter Ehe in den lange nach den Ereignissen niedergeschriebenen *Gesta Dagoberti* zeigt, wie spätere Generationen Dagoberts Beschluß beurteilten, Königin Gomatrudis zu verlassen. Fredegar, der Gewährsmann der *Gesta*, nennt keine Gründe für die Trennung und erwähnt lediglich, daß in Reuille die Hochzeit mit Gomatrudis stattgefunden hatte; er verliert auch kein Wort über Nanthilds Schönheit, sondern weist lediglich darauf hin, daß sie vor ihrer Hochzeit eine einfache Dienstmagd gewesen sei.[2] Wie wir gesehen haben, hielten es die Merowinger in der Regel nicht für notwendig, sich von einer Frau zu trennen, wenn sie eine andere heirateten. Doch mag Dagobert in diesem Falle mehrere Gründe gehabt haben: Gomatrudis war die Schwester seiner Stiefmutter Sichildis; er hatte sie auf Anordnung seines Vaters geehelicht. Sie war daher vermutlich die Tante seines Stiefbruders Charibert und Schwester des Brodulf, den er gerade hatte hinrichten lassen, weil dieser zugunsten von Charibert gegen ihn konspiriert hatte. Eine Scheidung von seiner Frau war der logische Schritt, um sich endgültig vom Einfluß dieser Familie zu befreien, deren Verbindung mit der Königsfamilie sein Vater arrangiert hatte.

Dennoch ist auch die spätere Version, die den Scheidungsgrund in der Unfruchtbarkeit der Frau sieht, verständlich. 629 muß Dagobert verzweifelt auf einen Erben gewartet haben, und wenn nicht er, dann bestimmt „die Franken", das heißt der Adel. Seit Bestehen der Dynastie hatte das Fehlen eines erwachsenen Erben immer Unruhe mit sich gebracht – ein langes Interregnum mit heftigen Auseinandersetzungen um den Einfluß auf den künftigen König oder die Könige, eine Gelegenheit, die Macht der Adelsparteien zu steigern und die von Dagobert ersehnte *stabilitas* zu zerstören. Er hatte aus der von seinem Vater erreichten Konsolidierung Nutzen ziehen können, weil er sechs Jahre vor dessen Tod an der Herrschaft beteiligt wurde. Eine gemeinsame Herrschaft war eines der sichersten Mittel, die dynastische Kontinuität zu wahren. So stand er 629 unter dem Druck, vor sich selbst und dem Adel gegenüber, einen oder mehrere Erben zu zeugen. Zwar würden die Adligen keinen Autokraten dulden, aber ein schwacher König nutzte niemandem. Zeiten schwacher Zentralgewalt bedeuteten normalerweise Unruhen, das Aufleben alter Fehden und gewalttätiger Auseinandersetzungen zwischen den Großen des Reiches. Ein starkes Königreich benötigte einen starken König und Dagobert daher einen Sohn. Die zweite Heirat war aber nicht der einzige Versuch, einen Erben zu bekommen. Im folgenden Jahr gebar ihm Ragentrudis, eine Frau aus Austrasien, seinen ersten Sohn, Sigibert III. Um 633 schenkte ihm Nanthild einen zweiten Sohn, Chlodwig II.

Aber es war zu spät. Dagobert starb 639, und seine Söhne waren noch zu jung, um jene Kontinuität zu sichern, die zur Aufrechterhaltung der von ihrem Vater und ihrem Großvater geschaffenen Tradition notwendig war. Und diese Situation blieb fast das ganze folgende Jahrhundert hindurch unverändert. Sigibert III. starb jung und hinterließ mit Dagobert II. einen minderjährigen Sohn, der die Tonsur erhielt, in ein irisches Kloster verbannt wurde und erst zwanzig Jahre später zurückkehrte. Chlodwig II. regierte nach einem zweijährigen Interregnum und einer langen Zeit der Minderjährigkeit bis 657 und hinterließ bei seinem Tod wiederum minderjährige Söhne, Childerich II. in Austrasien, Chlothar III. in Neustrien und Theuderich III., der 673 die Nachfolge seines Bruders Chlothar antrat. So gelang es der Merowingerfamilie fast vierzig Jahre lang nicht, auch nur annähernd eine funktionierende Zentralverwaltung des Reiches sicherzustellen.

Doch waren nicht alle diese Merowinger solche *rois fainéants*, Nichtstuer oder Taugenichtse, wie der Volksmund sie später nannte. Childerich II. versuchte zum Beispiel, seinen königlichen Herrschaftsanspruch durchzusetzen und die Verwaltung seines Reiches zu leiten; er wurde deshalb ermordet. Auch sein Bruder Theuderich begnügte sich nicht damit, nur sein Teilreich zu regieren, sondern vereinigte nach dem Tod des *maior domus* Ebroin das Königreich und brachte es tatsächlich fertig, eine kurze Zeit zu herrschen, wurde dann aber in der Schlacht von Tertry 687 von Pippin II. geschlagen und bis zu seinem Tod 690 oder 691 unter strenger Aufsicht gehalten. Bei seinem Tod wiederholte sich das Unheil; er hinterließ mit Chlodwig IV. einen minderjährigen Sohn. So standen die merowingischen Könige von 691 an unter der Kontrolle der verschiedenen Adelsgruppierungen, die nun die Hauptakteure im Kampf um die politische Vorherrschaft geworden waren. Die Angehörigen der königlichen Familie waren nützliche Symbolfiguren, um die sich die Parteien scharen konnten, spielten aber keine selbständige Rolle. Sogar die genauen familiären Verbindungen zwischen den Merowingern sind unklar. Die Zeitgenossen hielten es nicht einmal für notwendig, die genaue Verwandtschaftsbeziehung zwischen dem letzten Merowingerkönig Childerich III. (743–751) und den berühmteren Nachkommen Chlodwigs festzuhalten.

So trugen die zahlreichen Perioden der Minderjährigkeit mehr als alles andere zum Zerfall der königlichen Macht bei. Dieser Umstand und nicht ein angeblich erblicher Degenerationsprozeß führte zum Untergang der Dynastie. Dennoch kann man auch damit das Geschehen nicht vollständig erklären. Andere Königsfamilien überlebten vergleichbare Phasen und errangen dann wieder die Herrschaft. Der Machtverlust der Merowinger war Teil einer komplexeren Veränderung der fränkischen Welt im 7. und 8. Jahrhundert. Zwar erwuchsen diese Veränderungen aus den politischen, gesellschaftlichen, wirtschaftlichen und religiösen Traditionen, die bereits unter Chlothar II. und Dagobert Gestalt angenommen hatten, aber sie mußten keineswegs unausweichlich zum Zerfall des merowingischen Königtums führen; erst zusammen mit den langen Zeiten der Minderjährigkeit erwiesen sie sich als fatal.

In Neustrien-Burgund und in Austrasien kämpften adlige Gruppierungen um die Kontrolle des Fiskus und der Klöster und um das Amt des *maior domus*. In den Randgebieten Friesland, Thüringen, Alemannien, Bayern, Provence und Aquitanien machten sich die Herzöge zu Herren autonomer Fürstentümer.

In diesem Kampf ging das Gleichgewicht zwischen Reformmönchtum und Königsdienst verloren, und der fränkische Episkopat nahm stärker denn je die Merkmale weltlicher Herrschaft an, weil Bischöfe sich nicht mehr nur um die Verwaltung ihrer *civitas* kümmerten und dem König als Ratgeber dienten, sondern unmittelbar in die Auseinandersetzungen um die Kontrolle über die fränkischen Reichsteile verwickelt wurden. Gleichzeitig erlitt die vom gallorömischen Adel ererbte Erziehungstradition der Kirche irreparable Schäden. Der in der Mitte des 8. Jahrhunderts so deutlich zu Tage tretende Niedergang der Literatur im Frankenreich war vermutlich weniger als ein Jahrhundert alt.

Der Verlust von Friesland und damit des Nordseehafens Dorestad sowie zeitweilige Wirren in der Provence, die die Mittelmeerhäfen Fos und Marseille in Mitleidenschaft zogen, beeinträchtigten die Fernhandelsverbindungen des Königreichs an beiden Enden. Durch die inneren Unruhen wurde auch die regelmäßige Plünderung der Nachbarkönigreiche beendet und damit der Nachschub an Beute und Tributen unterbrochen, der die Hauptquelle des Münzgeldes für diesen Handel gewesen war. Anstelle der Goldmünzen, die zur Selbstdarstellung und für den Fernhandel benutzt wurden, tauchten jetzt lokale Silbermünzen auf, die zwar von lebhaften regionalen Handelsverbindungen zeugen, aber vermutlich auf den Niedergang des Fernhandels hinweisen.

Und dennoch erfolgten zu dieser Zeit eine umfangreiche Missionierung, die Konsolidierung des irisch-fränkischen Mönchtums, die fortschreitende Verbreitung der Benediktregel in weiten Teilen des Frankenreiches und die Ausbildung derjenigen geographischen Einheiten, die sich langfristig als stabiler erwiesen als das Frankenreich. Jede dieser Veränderungen müssen wir betrachten.

Neustrien-Burgund

Obwohl der austrasische Adel gehofft hatte, Dagobert werde seinem ältesten Sohn Sigibert ein geeintes Königreich übergeben, bestimmte dieser vier Jahre vor seinem Tod, daß Sigibert nur Austrasien, der jüngere Chlodwig II. dagegen Neustrien und Burgund erben sollte. Zusätzlich erhielt Sigibert ein Drittel des königlichen Besitzes, die Städte Poitiers, Clermont, Rodez, Cahors in Aquitanien, Marseille in der Provence und andere Städte südlich der Loire. Die anderen beiden Drittel des königlichen Besitzes wurden gleichmäßig zwischen Dagoberts Witwe Nanthild und Chlodwig aufgeteilt, der beim Tod seines Vaters etwa vier Jahre alt war.

Dagobert hatte Aega, ein führendes Mitglied des neustrischen Adels und einen treuen Anhänger des Königshauses, zum *maior domus* und Regenten ernannt (639–641). Zusammen mit Nanthild leitete dieser sowohl den Hof als auch das Reich. Als Aega starb, folgte ihm Erchinoald (641–658), ein weiterer Hochadliger aus Neustrien, der mit Dagoberts Mutter Haldetrud verwandt war. Seine Besitzungen lagen an der unteren Seine in der Gegend von Jumièges und Saint-Wandrille sowie in der Gegend von Noyon und Saint-Quentin, an der Marne und der Somme.

Erchinoald scheint zu einer großen und mächtigen Adelsfamilie gehört zu haben, die im 7. Jahrhundert lange Zeit versuchte, Neustrien zu beherrschen. Die Art, wie er und seine Familie an der Festigung und Ausdehnung ihrer politischen und gesellschaftlichen Stellung arbeiteten, veranschaulicht den Wandlungsprozeß des neustrischen Adels in den auf Dagoberts Tod folgenden Generationen. Dann entschied der fränkische Adel nach Erchinoalds Tod durch Wahl, wer *maior domus* werden sollte, und er wählte 658 Ebroin; zum erstenmal wurde das Amt vom Adel und nicht vom König oder Regenten allein besetzt. Indizien weisen darauf hin, daß die späteren Hausmeier Waratto (680–686), dessen Sohn Ghislemarus (680) und Schwiegersohn Bercharius (686–688) mit Erchinoald verwandt waren. Nachdem Pippin II. Bercharius 687 bei Tertry besiegt hatte und ihn vermutlich ein Jahr später hinrichten ließ, verheiratete er seinen eigenen Sohn Drogo mit Anstrudis, der Witwe des Bercharius und Tochter des Waratto. Das Netz der Verwandtschaftsbeziehungen und das von dieser Familie im Laufe des 7. Jahrhunderts angehäufte Vermögen waren so umfangreich geworden, daß es den Pippiniden an der Zeit schien, beides zu übernehmen.

Erchinoald pflegte enge Beziehungen zum irisch-fränkischen Mönchtum. Ursprünglich nahm er Wandermönche wie den Abt Furseus auf, der um 641 nach Neustrien kam, nachdem er in Irland und Ostengland Klöster gegründet hatte. Erchinoald half Furseus bei Klostergründungen in Lagny und auf seinem eigenen Besitz in Péronne. Er schenkte ihm auch die Ländereien des Wandregisel, auf denen Furseus das Kloster Fontenelle gründete.

Die Unterstützung des Mönchtums war Teil der Strategie, mit welcher Erchinoald die Stellung seiner Familie festigte, die vom Königshof immer unabhängiger wurde. Vor allem aber machte er Furseus zum Mittelpunkt seines Familienkultes. Er bat den irischen Abt, Pate seines Sohnes zu werden, und lud ihn deshalb nach Péronne ein. So verband eine spirituelle Verwandtschaft Furseus und die Nachkommen des Erchinoald. Zwar stammten die dem Furseus in Péronne für das Kloster überlassenen Güter aus dem königlichen Fiskus, aber nach den nahezu zeitgenössischen *Virtutes Sancti Fursei* schrieb Erchinoald den Besitz nicht der Freigebigkeit des Königs, sondern der Gnade Gottes zu, nachdem der Heilige den Ort erwählt hatte: „Ich danke Gott, der mir diesen Besitz verlieh, den du zu deinem Wohnsitz erwählt hast."[3] Die Gründung von Péronne und die Anwesenheit des Heiligen sollten eindeutig Erchinoald zugute gehalten werden, und beides beanspruchte er als sein Eigentum. Als Furseus in Mézerolles, einem kleinen Kloster an der Somme, das er auf dem Besitz des Herzogs Haimo gegründet hatte, starb, erschien der *maior domus* und forderte: „Gebt mir meinen Mönch." Nach dem Bericht der *Virtutes* fiel die Entscheidung durch eine Art Gottesurteil. Zwei wilde Bullen wurden vor einen Karren gespannt, auf dem der Leichnam des Heiligen ruhte, und durften ziehen, wohin Gott es bestimmte. Die Bullen zogen stracks nach Péronne, wo Furseus beigesetzt wurde.

Die Sorgfalt, mit der Erchinoald seine Beziehungen zu Furseus sowohl zu dessen Lebzeiten als auch nach dessen Tod pflegte, besagt nicht, daß er die irische Mönchstradition bedingungslos unterstützte. Nach dem Tod des Furseus vertrieb er die irischen Mönche aus Péronne und ersetzte sie vermutlich durch Franken. Gefährlich wurde für die Zukunft der Familie des Erchinoald, daß die Mönche bei Iduberga, der Frau Pippins I., Zuflucht fanden und damit bei einer Angehörigen der höchsten Kreise des austrasischen Adels.

Nanthild und Erchinoald besaßen in Burgund, wo seit Chlothar II. kein königlicher *maior domus* mehr regiert hatte, wenig Einfluß. 642 reiste Nanthild nach Orléans im Königreich Burgund und zog dort die Regierung an sich. Sie wollte ihren Einfluß in der Region stärken und überzeugte tatsächlich einen Teil des Adels so weit, daß er Flaochad zum *maior domus* wählte, einen Mann mit engen Verbindungen nach Neustrien und insbesondere zu Nanthild, deren Nichte er heiratete. Erchinoald erblickte darin offensichtlich eine Gelegenheit, außerhalb Neustriens Unterstützung für seine eigene Position zu finden; denn er traf mit Flaochad eine Vereinbarung, in der beide versprachen, sich gegenseitig in ihren Ämtern zu unterstützen. Obwohl Flaochad den Großen und Bischöfen des Reiches Treue geschworen hatte, stieß er bald auf eine umfangreiche Adelsopposition unter der Führung des burgundischen *patricius* Willebad. Fünfzehn Jahre zuvor war dieser einer der drei Getreuen Dagoberts gewesen, die für den Tod des Brodulf verantwortlich waren. Zunächst waren Flaochad und Willebad offensichtlich Verbündete, Flaochads neues Amt hatte aus ihnen jedoch persönliche Feinde gemacht.

Die Gründe für die von Willebad angeführte Opposition vermitteln umfangreiche Einsichten in das burgundische Königreich in der Mitte des 7. Jahrhunderts. Man hat sie bereits mit der Feindschaft der Burgundorömer gegen den „Franken" Flaochad, als Versuch, die lokale Autonomie zu erhalten, und sogar als Privatfehde zwischen dem *patricius* und dem *maior domus* zu erklären versucht. Die Gründe waren jedoch recht vielfältig. Seit der Zeit des letzten *maior domus* hatte Willebad zu denjenigen Burgundern gehört, die am stärksten von der relativen Vernachlässigung der Region durch die Zentralgewalt profitiert hatten. Durch seine Herrschaft über die Gebiete von Lyon, Vienne und Valence war er außerordentlich reich und mächtig geworden. Auch andere hatten davon profitiert, besonders um Chalon, das alte Zentrum des Burgunderreiches, und die Ernennung eines *maior domus* mit engen Bindungen zum fränkischen Neustrien bedeutete offenbar eine Bedrohung dieser Unabhängigkeit. Doch war Willebad keineswegs der Anführer eines geeinten Burgund.

Andere burgundische Adlige, einschließlich des *dux* Chramnelenus von Besançon und des *dux* Wandalbertus von Chambly, die beide aus der Familie des Waldelenus stammten, der Columban unterstützte, sowie des *dux* Amalgar von Dijon, unterstützten Flaochad. Der Grund lag vielleicht nicht so sehr darin, daß sie als Römer und Franken gegen die einheimischen Burgunder einen Entscheidungskampf um die Autonomie führten, als darin, daß sie die anderen großen Familien Burgunds repräsentierten, die lange Zeit mit Willebad rivalisiert und vielleicht sogar mit seiner Familie in der Vergangenheit Fehden geführt hatten. Ein von Neustrien unterstützter *maior domus* verschaffte ihnen in ihrem Kampf gegen Willebad einen starken auswärtigen Verbündeten; die Auseinandersetzung endete in einer blutigen Schlacht bei Autun, an der nur die Hauptgegner und ihre engsten Verbündeten beteiligt waren. Fredegar berichtet, daß die übrigen Krieger aus Neustrien und Burgund einfach nur zuschauten, ein Beweis dafür, daß zumindest bis zu diesem Zeitpunkt der Kampf kein ethnischer oder nationaler Widerstandsakt oder offener Aufruhr war, sondern eher eine private Fehde.[4] Es handelte sich also sowohl um einen inneren Konflikt zwischen den wichtigsten Familien Burgunds als auch um einen äußeren, wobei burgundische Adlige sich der neustrischen Oberhoheit widersetzten.

Die langfristigen Ergebnisse der Bemühungen, in der Region das Amt des *maior domus* wieder einzuführen und die neustrische Oberhoheit zu festigen, waren dürftig. Zwar wurden Willebad und seine engsten Parteigänger getötet, aber Flaochad konnte seinen Sieg nicht auskosten; elf Tage nach der Schlacht starb er am Fieber. Nanthild, die das ganze Projekt in Gang gesetzt hatte, war bereits einige Monate vor der letzten Konfrontation gestorben. Das Amt des *maior domus* blieb unter einem gewissen Radobertus offensichtlich bestehen, bis die beiden Königreiche 662 endgültig unter dem neustrischen *maior domus* Ebroin vereint wurden. Der wahre Sieger der Auseinandersetzung war vermutlich die Familie des Waldelenus. Sie dehnte ihren Einfluß in den nächsten Jahrzehnten südlich von Besançon nach Südburgund und bis in die Provence aus.

Zusätzlich zu dem Status, den Erchinoald aufgrund seiner Verwandtschaft mit der Großmutter Chlodwigs II. innehatte, zu seinem Amt als *maior domus*, zu seinem ererbten oder vom Fiskus erworbenen Wohl-

stand und zu seinem spirituellen Prestige als „Besitzer" einer erlesenen
Sammlung von irischen Mönchen verfügte er über eine weitere Stütze
seiner Macht: Er hatte dem jungen König Chlodwig eine Frau aus den
Reihen seiner eigenen Sklavinnen zugeführt. Balthild war als angelsächsische Sklavin ins Frankenreich gekommen, wo Erchinoald sie gekauft
hatte und nach dem Bericht seines Biographen von ihrer Schönheit,
Intelligenz und ihrem starken Charakter so fasziniert war, daß er sie zu
seiner Frau – oder seiner Konkubine – machen wollte. Statt dessen
wurde sie zur Frau seines Königs.

Frauen niederer Herkunft zu heiraten, war, wie wir gesehen haben, bei
den merowingischen Königen seit Charibert I. (561–567) üblich, der
zwei Dienerinnen seiner Frau, die Schwestern Merofled und Marcoveifa,
geheiratet hatte. Später ehelichte Chilperich I. (560/61–584) mit Fredegund eine Magd seiner Frau. Zwei der Frauen Theudeberts II., Bilichild
und Theudechild, waren ebenso wie Dagoberts Frau Nanthild Unfreie
gewesen. Solche Ehen waren politisch äußerst vorteilhaft. Die Ehe mit
der Tochter eines Adligen bedeutete zwangsläufig den Abschluß einer
Allianz mit der Familie der Frau und verschaffte ihren männlichen Verwandten hohe Ämter. Dies konnte allerdings auch andere Adelsgruppen
verstimmen und in der Verwandtschaft der Königin eine starke Opposition erzeugen, falls ihre Söhne bei künftigen Reichsteilungen nicht be-
rücksichtigt wurden. Die Schwierigkeiten, die Dagobert mit der Verwandtschaft seiner Frau Gomatrudis zu überwinden hatte, zeigen, wie
ernsthaft diese Bedrohung werden konnte. Sklavinnen und Frauen niederer Herkunft vertraten hingegen keine mächtigen Adelsparteien, und
wenn sie keine Söhne gebaren oder in Ungnade fielen, konnten sie vom
Hof entfernt werden. Wenn sie jedoch männliche Erben gebaren und
sich wie Nanthild und Balthild als klug und intelligent erwiesen, konnten sie zu beträchtlichem Einfluß gelangen.

Da solche Königinnen keine mächtige männliche Verwandtschaft besaßen, neigten sie dazu, Unterstützung bei der Geistlichkeit zu suchen,
und wurden so zu den bedeutendsten Klostergründern und Förderern
der Missionierung. Dies galt zum Beispiel für Balthild, die besonders mit
den Bischöfen Chrodobert von Paris und Audoenus von Rouen sowie
mit den Äbten Waldabert von Luxeuil, Theudefrid von Corbie – einem
von ihr gegründeten Kloster – und Filibert von Jumièges enge Verbindungen pflegte. Nach dem Tod ihres Gatten Chlodwig im Jahre 657
übernahm sie mit Unterstützung ihrer geistlichen Ratgeber die Regentschaft für ihren minderjährigen Sohn Chlothar III. (geb. 657, gest. 673).
Ihre außerordentliche Freigebigkeit gegenüber kirchlichen Einrichtun-

gen trug dazu bei, daß die Region Paris, die vorwiegend aus Fiskalland bestand, weitgehend in geistlichen Besitz kam, eine Politik, die ihr und ihren Söhnen eine Zeitlang kräftige Unterstützung sicherte, die aber letztlich den Arnulfingern die Instrumente in die Hand gab, sich in Neustrien eine starke Machtposition zu schaffen. Doch solche Absichten waren Balthild zu ihrer Zeit zweifellos ferngelegen.

Zu ihren Aktivitäten im Bereich der Klostergründung und Klosterreform zählten die Gründung von Corbie und Chelles, die Einführung der Mischregel in Saint-Denis, dessen Ausstattung mit der kirchlichen Immunität gegenüber dem Bischof und mit der weltlichen Immunität gegenüber dem König sowie die Förderung zahlreicher anderer Basiliken und Klöster durch Schenkungen. Damit verfolgte sie nicht nur das Ziel, den politischen Rückhalt dieser Einrichtungen zu gewinnen. Das Programm der geistlichen Reform war die Fortsetzung der bereits von Dagobert betriebenen Bemühungen um die „Stabilität des Königreiches" und darüber hinaus ein vorzügliches Mittel, das Ansehen des Königshauses zu mehren. Die Basiliken, die sie und andere merowingische Könige gründeten, waren zum größten Teil königliche Begräbnisstätten und dienten derselben Funktion wie Jouarre und kleinere, von Adelsfamilien gestiftete Klöster. Die Reformierung dieser Einrichtungen und die Einführung einer liturgischen Ordnung, in der das Gedenken an die Toten einen festen Platz hatte, war eng mit der Entstehung eines königlichen Kults verknüpft; Balthild schuf so eine Verbindung zwischen früheren Merowingern und ihren eigenen Söhnen. Wie der Autor der Balthildvita es mit einer Wendung ausdrückte, die er höchstwahrscheinlich aus einem der königlichen Privilegien für solche Institutionen entliehen hatte, wurden diese Schenkungen vorgenommen, damit „es ihnen [den Mönchen] angenehmer werde, um die Milde Christi, des höchsten Königs, für den König und um Frieden zu bitten".[5]

Gleichzeitig setzte eine Entwicklung ein, die der traditionellen Verbindung zwischen den Heiligen und der Königsfamilie einen neuen Bedeutungsgehalt verlieh. Balthild, ihr Ehemann und ihre Söhne legten im Bestreben, sich unmittelbar mit der Macht dieser besonderen Toten zu umgeben, innerhalb des Königspalastes eine Sammlung von Reliquien an. Sie begnügten sich nicht damit, die Heiligen an den traditionellen Orten zu verehren, die insgesamt die Heiligengeographie des Frankenreiches bildeten, sondern begannen, die Heiligen um sich zu versammeln. Bereits Chlodwig II. hatte den Arm des heiligen Dionysius aus dessen Basilika geholt; wenig später wurde die königliche Sammlung um die *cappa* des heiligen Martin bereichert, die jahrhundertelang in Tours verehrt worden war und im Laufe der Zeit zum Mittelpunkt der Hofkapelle wurde, die ihren Namen von dieser *cappa* erhielt.

Im Jahre 658 starb Erchinoald, und Balthild, die dessen Familie vermutlich nicht zusätzlich stärken wollte, erwählte zusammen mit den „Franken" Ebroin zu dessen Nachfolger, einen Adligen aus der Gegend von Soissons, der bereits früher im Königsdienst gewesen war. Ebroin und Balthild versuchten zielstrebig, die Königshöfe von Neustrien und Burgund zusammenzulegen und in beiden Teilreichen ihren Herrschaftsanspruch im Namen Chlothars durchzusetzen. Das Ergebnis war natürlich eine heftige Opposition in Neustrien und Burgund.

Der erste Mordanschlag gegen Ebroin schlug fehl; er wurde von einem Sohn des *dux* Radebert namens Ragnebert angeführt, einem Adligen aus Neustrien, der vermutlich mit dem burgundischen *maior domus* Radobertus verwandt war, den Ebroin abgelöst hatte. Ragnebert und seine Komplizen wurden festgenommen, er selbst in ein burgundisches Kloster gesteckt und auf Geheiß Ebroins getötet.

Das Attentat ist kennzeichnend für den Widerstand, auf den Ebroin und Balthild stießen. Ragnebert wurde in der Diözese Lyon als Märtyrer verehrt, ebenso übrigens Willebad, der ebenfalls von der Hand eines Neustriers gestorben war. Dennoch war in der zweiten Hälfte des 7. Jahrhunderts der eigentliche Streitpunkt nicht die Autonomie Burgunds gegenüber der neustrischen Vorherrschaft, sondern die individuelle Macht der neustrischen und burgundischen Führungsgruppen. Die privaten Interessen überwogen vor den regionalen, und sogar Adlige in hohen Kirchenämtern machten aus ihren Besitzungen in zunehmendem Maße unabhängige Herrschaftsgebiete, indem sie Münzstätten einrichteten und ihre Angelegenheiten autonom regelten. Balthild und Ebroin versuchten, diese Entwicklung durch die Ernennung loyaler Bischöfe, die am Königshof aufgewachsen und erzogen worden waren und das irisch-fränkische Mönchtum unterstützten, aufzuhalten. Das bedeutete aber einen Bruch des von Chlothar II. gegebenen Versprechens, die Ämter mit Vertretern der jeweiligen Region zu besetzen. Daher stieß diese neue Politik auf die härteste Opposition von Adelsfamilien wie der des Bischofs Aunemund von Lyon und seines Bruders Dalfinus, des Grafen der Stadt, die Lyon und das Umland der Stadt in ein autonomes Herrschaftsgebiet verwandelt hatten. Aunemund wurde als Anführer der burgundischen Opposition hingerichtet. In der Vita des Angelsachsen Wilfrid wird Balthild beschuldigt, den Tod von neun Bischöfen angeordnet zu haben; doch war dies das einzige ihr zur Verfügung stehende Mittel, die Autonomie solcher bischöflich-adliger Enklaven zu beenden. In Lyon ersetzte sie Aunemund durch ihren treuen Parteigänger und Almosenverwalter Genesius. Erembert, einen Mönch aus dem Kloster Saint-Wandrille, ernannte sie zum Bischof von Toulouse und einen anderen Getreuen, Leodegar, den Bruder des Grafen von Paris, zum Bischof von Autun. Während Balthilds gesamter Regentschaft unterstützten diese Männer die von ihr und Ebroin geführte Politik. Als die Regentin jedoch 664 oder 665 gezwungen wurde, sich in ihr Kloster Chelles zurückzuziehen, gingen sie zur Opposition über, allen voran Leodegar. 673 starb Chlothar überraschend, und Ebroin erhob dessen jüngeren Bruder Theuderich III. zum König. Daraufhin verlagerte der neustrisch-burgundische Adel seine Unterstützung auf Theuderichs Bruder Childerich II., der in Austrasien zu König ernannt worden war. Von allen verlassen, mußte Ebroin sich ins klösterliche Exil nach Lexeuil begeben, während sein Strohmann Theuderich nach Saint-Denis verbannt wurde.

Der Zusammenschluß von Neustrien und Burgund hielt nicht lange. Leogedar fiel bei Childerich II. bald in Ungnade und wurde ebenfalls nach Luxeuil geschickt. 675 wurde Childerich – vielleicht auf gemeinsames Betreiben von Leodegar und Ebroin – ermordet, woraufhin wiederum Unruhen ausbrachen. Ebroin und Leodegar kehrten aus dem Exil zurück, letzterer schloß sich Theuderich III. an, der aus Saint-Denis zurückgeholt worden war. Die Partei Leodegars wählte Leudesius, den Sohn des Erchinoald, zum *maior domus*, während Ebroin sich austrasischen Adligen anschloß, die sich um Chlodwig III., einen angeblichen Sohn Childerichs, sammelten. Ebroin trug den Sieg davon, tötete Leodegar und Leudesius und brachte es fertig, Neustrien und Burgund für weitere fünf Jahre zusammenzuschließen. Als er jedoch versuchte, seine Macht auch auf Austrasien auszudehnen, stieß er bei einem Nachkommen Arnulfs von Metz und Pippins I., Pippin II., auf Widerstand. 680 wurde Ebroin von einem neustrischen Adligen ermordet, der anschließend bei Pippin Zuflucht fand.

Austrasien

Die lange Reihe von Interregna und die daraus folgenden mörderischen Auseinandersetzungen in Neustrien-Burgund zerstörten die von Dagobert geschaffene Einheit. Wie dies jedoch geschah, kann nur vermutet werden, da viele Einzelheiten außerordentlich unklar sind. Unsere Kenntnisse von den damaligen Vorgängen in Austrasien sind noch weit dürftiger. Zum erstenmal seit Chlodwig regierte jemand ein fränkisches Teilreich, der möglicherweise nicht aus königlichem Geblüt stammte. Sigibert III., den Dagobert zum Herrscher über Austrasien bestimmt hatte, starb 656 und hinterließ mit Dagobert II. einen Sohn. Was dann geschah, ist Gegenstand umfangreicher und wahrscheinlich nie zu beendender Diskussionen. Die einzige nahezu zeitgenössische erzählende Quelle, der *Liber Historiae Francorum*, berichtet: „Als nun im Laufe der Zeit auch König Sigibert starb, ließ Grimoald dessen kleinen Sohn namens Dagobert scheren, schickte ihn mit dem Bischof Dido aus der Stadt Poitiers in die Fremde nach Irland und machte seinen eigenen Sohn zum König. Die Franken aber waren darüber sehr erzürnt, legten Grimoald einen Hinterhalt, ergriffen ihn und brachten ihn dem Frankenkönig Chlodwig zur Verurteilung. In der Stadt Paris wurde er in den Kerker geworfen, in schmerzvolle Fesseln gelegt und starb schließlich als gerechte Strafe für das, was er an seinem Herrn verübt hatte, unter heftigen Qualen."[6]

Dieser Grimoald war der *maior domus* Grimoald I., Sohn Pippins I. des Älteren, und sein oben erwähnter Sohn war Childebert, der offensichtlich eine Zeitlang in Austrasien herrschte. Damit wird deutlich, daß die Familie, die im folgenden Jahrhundert die Merowinger ablösen sollte, in der Mitte des 7. Jahrhunderts bereits einen entsprechenden, wenn auch fehlgeschlagenen Versuch unternommen hatte, der vom neustrischen Adel vereitelt worden war. Es bleibt jedoch völlig offen, ob dies wirklich der Sinn des Unternehmens war; immerhin war das königliche Nachfolgerecht erstmals von der Adelsmacht in Frage gestellt worden.

Wie so viele Teile der merowingischen Geschichte läßt sich auch der exakte Ablauf dieser Ereignisse nicht rekonstruieren; dennoch fehlt es nicht an Verfechtern der einen oder anderen wissenschaftlichen Theorie. Nimmt man den oben zitierten Bericht für bare Münze, so scheint der Usurpationsversuch gescheitert zu sein. Da Sigibert III. 656, sein Bruder Chlodwig 657 starb, könnte der Eindruck entstehen, daß die Usurpationsphase höchstens ein Jahr dauerte, bevor Grimoald an die Neustrier verraten und hingerichtet wurde. Dieser Annahme widerspricht jedoch ein urkundlicher Beleg dafür, daß Grimoald 661 noch lebte. Deshalb nahm man an, daß Dagobert bis 661 regierte und Grimoald ihn in diesem Jahr nach Irland verbannte und seinen eigenen Sohn zum König machte. Zur Stützung dieser Theorie ging man davon aus, daß ein Schreiber bei der Niederschrift der oben zitierten Passage irrtümlich „Chlodoveo" (Chlodwig) statt „Chlothario" geschrieben habe und daß die Hinrichtung Grimoalds in Wirklichkeit unter Chlothar III. um 661 oder 662 stattgefunden habe. Eine andere, auf das „sechste Jahr des Königs Childebert" datierte Urkunde legte jedoch den Schluß nahe, daß die Usurpation noch früher erfolgt sein müsse und daß Grimoalds Sohn in Austrasien und Neustrien vom Tod Sigiberts bis zum Tod Childeberts im Jahre 661 als rechtmäßiger König anerkannt wurde; erst danach wurde sein Vater verraten und hingerichtet. Andere Forscher spekulierten, daß es sich gar nicht um eine Usurpation im strengen Sinne gehandelt habe, sondern daß Grimoald der Nachkomme einer Tochter der Merowingerfamilie gewesen sei und daher mit einem gewissen Recht seinem Sohn einen merowingischen Namen gegeben und ihn zum Nachfolger Sigiberts gemacht habe. Möglicherweise war Dagobert II. nicht von dem ehrgeizigen Grimoald, sondern von den Neustriern ins Exil geschickt worden. Die ganze Vorstellung von einer Usurpation wäre dann eine spätere Uminterpretation aus neustrischer Sicht. Genau werden wir es aber nie wissen.

Was immer in Austrasien tatsächlich geschehen ist, der gesamte verwirrende Vorgang belegt höchst bedeutsame Einstellungsveränderungen hinsichtlich der Beziehung der Region zum merowingischen Königtum. Als Grimoalds Sohn als König anerkannt wurde, war Dagobert II., der Sohn Sigiberts III., vermutlich noch nicht geboren. So stand das Teilreich vor der Aussicht, daß nach des Königs Tod sein Bruder Chlodwig II. seine Nachfolge antreten und das gesamte Königreich unter neustrische Herrschaft bringen könnte. Dies war natürlich in Austrasien nicht akzeptabel, wo es, wie wir gesehen haben, eine längere Tradition der Einheit und Autonomie gab als in Neustrien oder Burgund. Sowohl unter Chlothar II. als auch unter Dagobert hatte sich die austrasische Identität dadurch gefestigt, daß der König im Land aufgewachsen war und seinen eigenen Palast und seinen eigenen Hof besaß. Welche Motive der Inthronisierung des Childebert auch zugrunde lagen, das wichtigste war eindeutig die Ablehnung der neustrischen Oberherrschaft über Austrasien.

Diese Ablehnung gründete keineswegs in einer „ethnischen" Opposition zwischen Ost und West, Germanen und Römern. Im 7. Jahrhundert gehörten zu Austrasien nicht nur Regionen im Osten des fränkischen Reiches wie Metz und Trier, sondern auch so alte römische Städte wie Reims, Châlons und Laon. Keine Sprachgrenze teilte die Regionen, und die Adelsfamilien hatten Verbindungen zwischen beiden geschaffen. Die Magnaten betrachteten sich selbst als Franken. Die wichtigsten Motive für die austrasische Haltung waren Einflußsphären und lokale politische Traditionen.

Trotz der vermuteten Abstammung Grimoalds und der Erhebung seines Sohnes zum König war sein Sturz ein schwerer Rückschlag für die Bestrebungen seiner Familie, wenn auch die Tatsache, daß dieser Rückschlag die Zukunft der Sippe nicht vollständig ruinierte, einen Hinweis darauf gibt, wie mächtig diese war. Aber vorläufig waren die ehrgeizigen Ziele der Familie durchkreuzt und ihr Einfluß in Austrasien gebrochen. Nach Childeberts Tod setzten Balthild und Ebroin den minderjährigen neustrischen König Chlothar III. auf den Königsthron Austrasiens. Bei diesem Arrangement scheinen die von Sigiberts Witwe Chimnechild und dem austrasischen *dux* Wulfoald angeführten Gegner des Grimoald eine führende Rolle gespielt zu haben; sie brachten im folgenden Jahr einen Kompromiß zustande, wonach Childerich II., der jüngere Bruder Chlothars, seine Kusine, die Tochter Sigiberts III. und der Chimnechild und Schwester des verbannten Dagobert II., heiraten sollte. Chimnechild übernahm für den minderjährigen Childerich die Regentschaft und sicherte so den entscheidenden austrasischen Einfluß am Königshof.

In einer Gesellschaft, in der Verwandtschaftsbeziehungen sich ausschließlich oder vorwiegend an der männlichen Abstammung orientierten, hätte Grimoalds Tod das Ende der Familie bedeutet. Aufgrund der offenen Struktur der Adelssippe im Frühmittelalter konnte aber auch ein solch harter Rückschlag die Sippe Pippins nicht ausrotten. Grimoalds eigene Linie endete natürlich mit dem Tod seines Sohnes Childebert, aber die durch die Heirat von Grimoalds Schwester Begga und Arnulfs Sohn Ansegisel besiegelte Allianz zwischen seiner Familie und der des Arnulf von Metz sicherte den Fortbestand der Sippe. Von dieser Familie hört man die folgenden zwanzig Jahre lang nichts. Doch sollte die Tradition der Pippiniden in der Person Pippins II. wiederbelebt werden, und im frühen 8. Jahrhundert erinnerte der *maior domus* Grimoald II. an seinen Vorfahren gleichen Namens.

Einer der Gründe für das Überleben der Sippe war die religiöse Bedeutung, die einige ihrer Mitglieder erworben hatten, an erster Stelle Arnulf von Metz und Gertrud von Nivelles. Die Gebeine Arnulfs, der ursprünglich in Remiremont beigesetzt worden war, wurden von seinem Nachfolger in die Apostelkirche von Metz überführt, wo seine Nachkommen seine Verehrung förderten und vorantrieben. Die außerordentliche Bedeutung Arnulfs für die Entwicklung des Selbstverständnisses dieser Familie wird dadurch belegt, daß im Gegensatz zur hagiographischen Tradition, die Eltern des Heiligen zu benennen, die im 7. Jahrhundert entstandene Vita Arnulfs seine Eltern nicht erwähnt und daß auch alle späteren Versuche scheiterten, ihre Identität zu klären. Wie manche mythischen Heldengestalten ist Arnulf der Gründer der Familie, besitzt aber selbst keine identifizierbaren Vorfahren.

Gertrud war die Schwester des Grimoald und Äbtissin des von den Pippiniden gegründeten Klosters Nivelles. Obwohl frühe Versuche, sie als eine „germanische Isis" zu betrachten, sicherlich abwegig sind, wurde die Ausdehnung des Kults dieser Frau, die eine politische Heirat am Hof Dagoberts II. zugunsten eines Lebens im Familienkloster ausschlug, zu einem wichtigen Element der Heiligung der Nachkommen ihrer Schwester Begga, der Frau des Ansegisel. Diese beiden Heiligen verschafften der Familie eine Art von Legitimation, die in offenem Gegensatz zu dem anwachsenden, von Dagobert I. begonnenen und von Balthild fortgeführten und ausgedehnten Königskult stand. Am Ende des Jahrhunderts war die Verehrung Arnulfs und Gertruds weit über ihre Sippe und deren Gefolgschaft hinaus verbreitet. Der Kult beider Heiligen durchdrang ein Frankenreich, das bald von ihren Nachkommen regiert werden sollte.

Die Wiedervereinigung unter den Arnulfingern

Wie wir gesehen haben, führten der Tod Chlothars III. von Neustrien im Jahre 673 und der Widerstand des neustrisch-burgundischen Adels gegen Ebroin dazu, daß Childerich II. aufgefordert wurde, die Krone von Neustrien anzunehmen. Um sich jedoch vor austrischer Einflußnahme zu schützen, forderte der Adel die Garantie der Versprechungen, die Chlothar im Edikt von Paris abgegeben hatte, womit die Ernennung von *rectores* aus anderen Regionen in allen Teilen des vereinten Königreichs verboten bleiben sollte. Als der König versuchte, dieses Versprechen zu brechen und den austrasischen *dux* Wulfoald zum *maior domus* des gesamten Reiches zu machen, wurde er zusammen mit seiner schwangeren Frau ermordet.

Der sich anschließende Krieg ebnete die Rückkehr der Familie des Grimoald in der Person Pippins II. den Weg. Dieser verbündete sich als austrasischer *dux* offensichtlich mit Ebroin gegen Wulfoald und Dagobert II., der 676 aus Irland zurückgekehrt war und versucht hatte, die Herrschaft in Austrasien wieder zu übernehmen. 679 wurde Dagobert II. ermordet, vermutlich aus demselben Grund wie Childerich; der Hochadel beider Teilreiche hatte keine Verwendung für einen Merowinger, der nicht nur verwalten, sondern auch herrschen wollte. Daß auch Ebroin 680 getötet wurde, zeigte, daß Austrasien unter der Führung

Pippins – Wulfoald starb im selben Jahr – nicht von Neustrien beherrscht
werden wollte.

Sechs Jahre lang hielt Waratto, der neue *maior domus* von Neustrien,
Frieden mit Austrasien, wenn auch nur unter Schwierigkeiten. Nach
seinem Tod im Jahre 686 zog Pippin gegen Warattos Nachfolger und
Schwiegersohn Bercharius zu Felde und schlug die Neustrier in der
Schlacht von Tertry-sur-Somme (687). Pippin erlangte Zugang zu Theuderich III., der überlebt hatte, indem er Ebroin, Waratto und Bercharius
weit entgegengekommen war. Damit eröffnete sich für Pippin eine Gelegenheit, sich selbst nicht zum *dux* oder *maior domus*, sondern, um mit
den späten Annalisten zu sprechen, zum *princeps* oder Herrscher des
gesamten Frankenreiches zu erheben.

Nach der Schlacht von Tertry

Pippin hatte sich eine Chance verschafft, das Ziel aber noch nicht erreicht. Nach 687 unternahm er den unumgänglichen, aber höchst
schwierigen Versuch, seine Macht in Neustrien zu festigen. Weder
militärische Eroberung allein noch die brutale Unterdrückung des
Adels, wie sie Ebroin betrieben hatte, reichten dazu aus. Eine weitere
Adelsrebellion wäre ausgebrochen, ein weiterer Mörder hätte sich gefunden, und Pippin wäre den Weg so mancher anderer Prätendenten
gegangen. Statt dessen kehrte er 688 nach Austrasien zurück und ließ seinen Vertrauten Nordebertus und vermutlich auch seinen Sohn Drogo
zurück, um den Einfluß seiner Familie auf die Machtstrukturen Neustriens zu festigen – auf das Netz von Sippen, das die Machtbasis
Warattos gebildet hatte, den königlichen Hof und den Patronat über die
Kirche.

Das erste und einfachste Ziel war schnell erreicht. Bercharius starb
bald nach der Schlacht von Tertry auf Anstiftung seiner Schwiegermut-
ter, wie es hieß, obwohl auch Pippin diesen Tod nicht allzu tief betrauert
haben dürfte und die frisch verwitwete Adaltrudis (oder Anstrudis) Pippins ältesten Sohn Drogo heiratete. Wie oben dargelegt, besaß Warattos
Sippe möglicherweise Verbindungen zur Familie des Erchinoald und dadurch auch zur Mutter Dagoberts I. Durch die Heirat zwischen Drogo
und Anstrudis absorbierte Pippin den neustrischen Anteil der Erchi-
noald-Sippe. So hatte er sich die mächtige Adelsfamilie nicht zum Feind
gemacht, sondern sie an der Grundlegung der Macht der Arnulfinger
beteiligt.

Die Verwandtschaft mit der alten neustrischen Hausmeierfamilie verschaffte Pippin Zugang zum zweiten Grundpfeiler seiner Macht in Neustrien, dem merowingischen Königshof. Wie wir gesehen haben, war die Rechtsprechung seit Dagobert I. eine der wichtigsten Aufgaben der merowingischen Könige. Mit der den Königen lange Zeit verweigerten Ausübung politischer Führerschaft durch die Ernennung von Grafen und Bischöfen war der Gerichtshof der merowingischen Könige zu deren wichtigstem Machtinstrument im fränkischen Königreich geworden. Zum Königshof kamen Magnaten aus dem gesamten Frankenreich. Unter dem Vorsitz des Königs, des *maior domus* oder des Pfalzgrafen wurden Fälle von höchster Bedeutung, an denen Laien und mächtige Geistliche des Königreiches beteiligt waren, verhandelt und entschieden. Während der König wohl kaum in der Lage war, in jener furchterregenden Weise Recht zu sprechen, für die Dagobert berühmt gewesen war, und die späten Merowinger vermutlich den Versammlungen nicht einmal beiwohnten, verschafften diese den Adligen einen Rahmen, innerhalb dessen sie sich an gewaltlosen, aber lebenswichtigen Auseinandersetzungen beteiligen konnten.

Die Aneignung dieser Machtgrundlage verlief um so langsamer, als der Vorgang höchst heikel war. Zwischen den Magnaten mußte ein Konsens herbeigeführt werden; der Gegner mußte vor der öffentlichen Meinung und nach den Regeln des fränkischen Gewohnheitsrechts überwunden werden. Dies war nicht immer leicht, wie zwei Beispiele zeigen werden. Der erste Fall betraf die Konfiszierung des Eigentums eines gewissen Amalbert, der früher Ebroin unterstützt hatte. Amalbert wurde beschuldigt, sich unrechtmäßig den Besitz eines Waisen angeeignet zu haben. Der Beschuldigte erschien nicht vor Gericht. Als Amalberts Sohn Amalrich zur Verteidigung seines Vaters das Wort ergreifen wollte, wurde festgestellt, daß er dazu keine Vollmacht seines Vaters besaß. Das Verfahren wurde zugunsten des Waisen entschieden, der seinen Besitz zurückerhielt, und Amalbert gezwungen, ein Bußgeld zu zahlen. Die formale Beschreibung des Verfahrens sollte nicht zu der Vorstellung verleiten, der Fall sei von den anwesenden Magnaten als einfache Sachentscheidung beurteilt worden; die Sprache verschleiert die Manöver, mit denen die Pippiniden ihre Ziele verfolgten. Diese beginnt man zu ahnen, wenn man erfährt, daß der Vormund des Waisen niemand anders als Pippins Vertrauter Nordebertus war; dieses Urteil war der letzte Akt einer langen Reihe von Prozessen, mit denen die Pippiniden ihrem alten Feind zugesetzt hatten. Wie Paul Fouracre dargelegt hat, war es ein Ergebnis des außerordentlichen Geschicks, mit dem Pippin es verstanden hatte, die gesamte

Macht des Adels gegen einen einzelnen zu richten. An dem Verfahren hatten zwölf Bischöfe und vierzig hochrangige Laien teilgenommen.[7] Doch diente das Königsgericht nicht immer als politisches Instrument der Arnulfinger. Die anderen Magnaten am Königshof konnten ihnen gelegentlich immer noch eine Schlappe zufügen. Als eine solche Niederlage kann man die Entscheidung in dem zweiten Fall betrachten. Im Jahre 697 erschien Drogo, den der Abt des Klosters Tussonval wegen eines Landguts bei Noisy verklagt hatte, vor dem Gerichtshof des Königs Childebert III. (694/95–711) in der königlichen *villa* Compiègne, die anstelle von Paris zur bevorzugten Residenz der Merowinger geworden war. Der Abt legte eine Urkunde König Theuderichs III. vor, in der die Besitzrechte des Klosters an diesem Gut bestätigt wurden, und behauptete, Drogo habe es sich zu Unrecht angeeignet. Drogo erwiderte, das Landgut sei ihm durch seine Frau aufgrund eines Tauschvertrags zugefallen. Damit wird deutlich, daß er versuchte, sich den ehemaligen Besitz der Familie des Waratto einzuverleiben. Der Abt räumte ein, daß ein Tausch geplant worden war, versicherte aber, daß dieser nie zustande gekommen sei. Da Drogo keine Tauschurkunde vorlegen konnte, wurde der Streit zugunsten des Abtes entschieden.

Auch in diesem Fall schufen Verfahrensregeln und Sachverhalte den formalen Rahmen, innerhalb dessen tiefgreifende Interessengegensätze ausgefochten wurden. Unter den „Bischöfen und Magnaten", die zu Gericht versammelt waren, befanden sich Pippin selbst, Grimoald, Pippins Sohn und Nachfolger als designierter *maior domus*, sowie Bischof Konstantin von Beauvais, ein getreuer Anhänger Pippins. Anwesend waren aber auch Bischof Savarich von Auxerre und Agnerich, der *patricius* der Provence und von Niederburgund, die am Ende des 7. Jahrhunderts offensichtlich beide ihren jeweiligen Herrschaftsanspruch auf Kosten des Königstums ausweiteten. Das Verfahren stellte damit vermutlich eine Konfrontation zwischen Pippiniden und deren Gegnern dar, und diesmal gewannen letztere.

Der dritte Grundpfeiler der Macht Pippins in Neustrien war die Kirche. Wie wir gesehen haben, hatten neustrische Könige, Königinnen und Adlige beim Ausbau der kirchlichen Gründungen zu einem der wichtigsten Instrumente ihrer Macht eine führende Rolle übernommen, indem sie altes Königsgut in Kirchengut verwandelten. Pippin und seine Nachfolger verstanden es geschickt, sich als Schutzherren dieser Institutionen zu etablieren, und erwarben auf diesem Wege beträchtliche Machtfülle in der Region. Und auch hier war die Verschmelzung seiner Familie mit der des Waratto der Schlüssel zu seiner Politik. In den letzten Jahren des 7.

und zu Beginn des 8. Jahrhunderts festigte Pippin seinen Einfluß auf die Kirche der Region Rouen, wo der Großteil der Güter Erchinoalds und Warattos gelegen hatte. In diesem Prozeß nahmen die Klöster Saint-Wandrille und Jumièges sowie der Bischofssitz von Rouen die Schlüsselstellung ein. Schon früh hatte Pippin den Patronat über das kleine Kloster Fleury-en-Vexin inne, das er mit Hilfe der Mönche von Saint-Wandrille erweiterte und reformierte. Höchst bedeutsam ist, daß er das Kloster unter seinen und seiner Familie Schutz nahm, ihm damit eine Art Immunität verlieh, die nicht vom König ausging, und auf diese Weise das Kloster seiner unmittelbaren Aufsicht unterstellte. Schrittweise übernahmen er und seine Nachfolger die Schutzherrschaft und den Patronat von Saint-Wandrille und Jumièges. Da diese Klöster dem Bischof von Rouen unterstanden, mußte Bischof Ansbert, ein Parteigänger der älteren neustrischen Partei, in die Verbannung geschickt werden. Damit wurde der Weg frei, Godinus, vermutlich Bischof von Lyon und Parteigänger Pippins, zum Abt von Jumièges zu machen. Ferner erhob Pippin Bischof Bainus von Thérouanne, der zuvor mit Fleury-en-Vexin in Verbindung gestanden hatte, zum Abt von Saint-Wandrille.

Die Kontrolle über diese außerordentlich begüterten Institutionen schuf an der unteren Seine eine Machtbasis, von der aus der Einfluß der Familie in alle Teile des vereinten Frankenreiches ausstrahlen konnte. In den Diözesen Nantes, Châlons und Soissons wiederholte sich im wesentlichen jeweils derselbe Vorgang: Klöster wurden reformiert und erweitert und mit neuen Mönchen, häufig aus Saint-Wandrille, ausgestattet, Äbte und Bischöfe wurden eingesetzt, die aus Pippins Familie stammten oder ihr treu ergeben waren, und die wichtigsten Institutionen wurden der Schutzherrschaft der Familie unterstellt.

Diese drei Maßnahmen – die Absorbierung regionaler Adelsfamilien in den Sippenverband, die Manipulation des Königsgerichts und die Kontrolle von kirchlichen Einrichtungen – festigten Pippins Macht im gesamten Frankenreich. Da er sich jedoch vorwiegend in Austrasien und Neustrien bestätigte, nutzten die *duces* in den Randregionen des Reiches die Gelegenheit, ihren Einfluß in ihren jeweiligen Machtbereichen ebenfalls auszudehnen und abzusichern. Außerdem brach nach seinem Tod im Jahre 714 und nach dem Ableben seines Sohnes Grimoald II. innerhalb seiner Familie ein heftiger Kampf um die Nachfolge aus, der das gesamte Gebäude, das er über drei Jahrzehnte hinweg so sorgfältig errichtet hatte, zum Einsturz zu bringen drohte.

Zu Beginn des Jahres 714 sandte Pippin, der sein Ende nahen fühlte, nach Grimoald, seinem Sohn und designierten Nachfolger als *maior domus.* Auf dem Weg zu seinem Vater nach Jupille wurde Grimoald in der Basilika des heiligen Lambert in Lüttich ermordet. Pippin selbst starb einige Monate später und hinterließ eine ungelöste Nachfolgefrage, die der Opposition gegen die Pippiniden die letzte Gelegenheit bot, ihre Unabhängigkeit zu wahren. Es folgten drei Kriegsjahre und anschließend sechs Jahre verzweifelter politischer Manöver, in denen die von Pippin geschaffene, auf drei Pfeilern ruhende Machtbasis weitgehend zusammenbrach, bis sie von seinem Nachfolger Karl Martell neu aufgebaut wurde.

Pippin hinterließ drei potentielle Nachfolger. Pippins eigene Wahl fiel auf Theudoald, den minderjährigen Sohn Grimoalds, dem Pippin seine Witwe Plektrud anvertraute. An zweiter Stelle folgten die Söhne von Pippins Sohn Drogo, der 708 verstorben war; es waren Hugo, der um 714 Priester wurde, Arnulf, Pippin und Godefried, von denen die letzten beiden minderjährig waren. Schließlich war da noch Karl, der als Martell – „der Hammer" – in die Geschichte einging, der einzige erwachsene überlebende Sohn Pippins. Er war jedoch kein Sohn der Plektrud, sondern der Nachkomme einer Konkubine Pippins, vielleicht auch, was nach fränkischem Brauch möglich erscheint, einer zweiten Frau. Plektrud warf Karl jedenfalls ins Gefängnis, bestimmte Theudoald zum *maior domus* in Neustrien und setzte Arnulf zum *dux* von Metz ein.

Innerhalb kürzester Zeit ergriff der neustrische Adel die Gelegenheit zum Aufstand und sammelte sich um Dagobert III. (711–715), den Sohn Childeberts III. Er besiegte die Pippiniden bei Compiègne und schlug Theudoald in die Flucht. Dieser starb kurz nach der Schlacht, und die Neustrier wählten mit Ragamfred einen Mann aus ihren eigenen Reihen zum *maior domus.* Ragamfred verbündete sich mit den Friesen und dem aquitanischen Herzog Eudo, um die Pippiniden zu vernichten, und zog nach Metz. Karl entkam dem Gefängnis seiner Stiefmutter und mobilisierte seine austrasischen Anhänger zum Kampf gegen die Neustrier. Inzwischen verstarb Dagobert, und die Neustrier fanden einen Sohn Childerichs II. namens Daniel, den sie als Chilperich II. zu ihrem König erhoben. Karl hingegen fand in Chlothar IV. seinen eigenen Merowinger.

Aus allen Teilen des Frankenreiches erhielten die Neustrier Unterstützung, aus Rouen, Cambrai, der Region Paris, Oberburgund, Alemannien und aus so weit entfernten Regionen wie der Provence und Bayern. Der Hof Chilperichs II. wurde zum Sammelpunkt aller Gruppen, die die ehrgeizigen Ziele der Pippiniden bekämpfen wollten; diesen ging es allerdings eher um die Bewahrung ihrer eigenen Autonomie als um die Unterstützung der Merowingerdynastie.

Karl mußte sowohl gegen Plektrud als auch gegen die Neustrier kämpfen. 727 besiegte er jedoch seine Stiefmutter und im folgenden Jahr bei Soissons die Neustrier. Endlich konnte er nach Neustrien ziehen und die Festigung der Macht seiner Familie in Angriff nehmen.

Die Konsolidierung seiner Macht nahm etwa fünf Jahre in Anspruch und vollzog sich in einem mühsamen Prozeß, in dessen Verlauf in Neustrien und Burgund eine Stadt nach der anderen unter Kontrolle gebracht wurde. Als wichtigstes Instrument seiner Politik nutzte er die Besetzung königlicher und bischöflicher Ämter. Schließlich aber behauptete er sich nicht nur erfolgreich als *princeps* des Königreichs, das Ergebnis war auch eine neue kirchliche Struktur und eine neue Kultur. Mehr als alles andere markiert diese Entwicklung, die für die gesamte Karolingerzeit charakteristisch werden sollte, einen Bruch mit der spätantiken Tradition des Regionalismus. Bevor wir jedoch die unter Karl Martell erfolgten kulturellen und religiösen Neuerungen betrachten, müssen wir uns den Veränderungen zuwenden, die sich in dieser Periode politischer Unruhe in den anderen Teilen des Frankenreiches vollzogen.

Die Ausbildung territorialer Königreiche

„Nachdem der *maior domus* Bercharius getötet worden war, kam Pippin der Jüngere, der Sohn des Ansegisel, aus Austrasien und folgte ihm im Amt *[principatus]* des *maior domus*. Von dieser Zeit an trugen die Könige zwar den Namen, besaßen aber nicht die Würde [eines Königs]... Zu dieser Zeit weigerten sich Godafred, der Herzog der Alemannen, und andere Herzöge mit ihm, den fränkischen *duces* zu gehorchen, weil sie den merowingischen Königen nicht länger dienen konnten, wie sie es früher zu tun gewohnt waren, weshalb jeder sich an sich selbst hielt."[8]

Der Mann, der im 9. Jahrhundert diese Zeilen verfaßte, beschrieb die Beziehung zwischen den Pippiniden und den anderen *duces* des Frankenreiches vielleicht genauer, als er selbst wußte. Inzwischen war das Amt das *maior domus* tatsächlich zu einem Fürstenamt geworden. Vor dem 7. Jahrhundert wurde der Begriff *princeps* lediglich im Zusammenhang mit kaiserlichen oder königlichen Ämtern verwendet. Nun erhoben die *maiores* zunehmend Anspruch auf Souveränität. Aber die Schwächung des Königtums und die gleichzeitige Festigung der regionalen Macht, die den Hausmeiern von Neustrien und Austrasien einen nahezu königlichen Status verschaffte, wirkte sich auch auf die Herzöge in anderen Regionen aus. Die *duces* von Thüringen, Friesland, Aquitanien, Alemannien und Bayern wurden unabhängiger. Im frühen 8. Jahrhundert übten sogar die Bischöfe ein *principatum* über ihre Territorien aus. Als sich ihr gemeinsames Band, die Beziehung zu einem mächtigen Merowingerkönig, auflöste, empfanden solche unabhängigen Herren gegenüber den Pippiniden, die höchstens ihresgleichen, in vielen Fällen ihnen dem sozialen Rang nach aber unterlegen waren, keine vergleichbare Treueverpflichtung.

Jede Randregion des fränkischen Reiches besaß ihre eigene gesellschaftliche und politische Ordnung, und jede war mit dem Zentrum in anderer Weise verbunden. Drei der wichtigsten Regionen werden wir als Beispiele dafür untersuchen, wie sich dieser Prozeß im Frankenreich vollzog, Aquitanien, die Provence und Bayern.

Aquitanien

Aquitanien war die Region mit der stärksten römischen Kontinuität in Kultur und Gesellschaft. Außerdem war es die reichste Region des Frankenreiches und besaß durch die Nachbarschaft zu den Westgoten und Basken hohe strategische Bedeutung.

Die Bindungen an römische Gesellschaft und Kultur waren in Aquitanien außerordentlich stark; Sprache, gesellschaftliche Organisation und religiöser Kult hatten sich seit dem 6. Jahrhundert nur wenig verändert. Die großen, von Sklaven und *coloni* bewirtschafteten Landgüter, die die Agrar- und Gesellschaftsstruktur seit dem 5. Jahrhundert prägten, bestanden ohne gravierende Unterbrechungen fort. Man hat geschätzt, daß manche dieser *fundus* genannten Güter so groß wie heute ein französisches Département waren; kleinere konnten immerhin noch die Ausmaße einer heutigen Kommune haben. Im Laufe des 7. Jahrhunderts, als der Hochadel seinen Besitz durch Kauf, Tausch und Erbschaften ausdehnte, gewannen diese Latifundien noch weiter an Umfang.

Daneben existierten in Aquitanien kleinere freie Bauernstellen. Im 6. Jahrhundert hatte die über den Hafen von Marseille eingeschleppte Pest die Region bis nach Orléans im Norden verwüstet. Sie führte zu einem beträchtlichen Bevölkerungsschwund und wegen des Mangels an Arbeitskräften zum Verlust von bewirtschafteten Flächen. Im 7. Jahrhundert nahm die Bevölkerung allmählich wieder zu, und die Bauern wurden ermutigt, brachliegendes Land im Besitz des Fiskus, des Adels und der kirchlichen Einrichtungen zu bestellen. Mit diesen freien Bauern wurde vereinbart, daß sie das Land bearbeiten und dafür einen Teil als

Eigentum erhalten sollten. Dadurch stieg die landwirtschaftliche Produktion der Region allmählich an und schuf einen Wohlstand, der Autonomiebestrebungen förderte und Aquitanien zu einem erstrebenswerten Besitz machte, um den es sich zu kämpfen lohnte.

Die Reichtümer Aquitaniens, nicht nur die landwirtschaftlichen Produkte, sondern auch Salz, Holz, Pelze, Marmor, Blei, Eisen und Silberminen, hatten die Region schon lange zu einem wertvollen fränkischen Besitz gemacht. Wie wir gesehen haben, erhielt bei jeder Reichsteilung jeder König einen Teil Aquitaniens. Andererseits statteten diese Könige die großen Klöster und Kirchen des Nordens außerordentlich großzügig mit Grundbesitz, Einnahmequellen und Abgabenbefreiungen aus. Unter anderem besaßen die nordfränkischen Bistümer Le Mans, Metz, Köln, Reims, Paris und Châlons in Aquitanien umfangreiche Güter, ebenso die Klöster Saint-Wandrille, Saint-Denis, Corbie und Stavelot. Diese Präsenz des Nordens im Süden führte zu ständigen Interaktionen zwischen den Laien und den Kirchenfürsten beider Regionen.

Dem nördlichen Einfluß im Süden stand eine starke aquitanische Präsenz im Norden gegenüber. Seit Chlodwig hatte die senatorische Aristokratie aus dem Süden an den Höfen der Merowinger Schlüsselpositionen besetzt, dem Norden wichtige Bischöfe gestellt und im gesamten Frankenreich politische Allianzen und Heiratsverbindungen geschlossen. So kann man zwar den besonderen Charakter der Region und ihr römisches Gepräge nicht verleugnen, sollte aber andererseits den römischen Charakter des Provinzadels auch nicht überbetonen. Während die kleinen und mittleren Grundbesitzer zweifellos ihre lokalen Traditionen bewahrten, gehörte der Hochadel zu beiden Welten, bewegte sich frei von einer in die andere und war in der Lage, seine weitreichenden Verbindungen zu nutzen, um an den politischen und kulturellen Entwicklungen des gesamten fränkischen Königreichs teilzuhaben. Gewiß, diese Aristokraten waren „Römer", aber vorwiegend in demselben Sinne, wie die Menschen nördlich der Loire ungeachtet ihrer „ethnischen" Abstammung sich selbst als „Franken" betrachteten. Der Begriff „Franke" bedeutete nun eine geographische Zuordnung, und „Römer" bezeichnete immer öfter lediglich einen Bewohner des Südens. Vom ersten Drittel des 7. Jahrhunderts an bemühten sich diese „Römer" zunehmend um die gleiche Art von Autonomie, wie sie die anderen Regionen des Frankenreiches anstrebten.

Dieser Wunsch nach Autonomie wurde um so größer, als die Bedrohung durch Basken und Gascogner anhielt. Wie wir gesehen haben, machte Dagobert seinen Halbbruder Charibert II. zum König eines kleinen aquitanischen Reiches und errichtete damit einen Außenposten zur Kontrolle der Basken. Im wesentlichen dasselbe tat Ebroin um 650, als er offensichtlich einen Adligen aus Toulouse namens Felix zum *patricius* ernannte und ihm das *principatum* „über alle die Städte bis zu den Pyrenäen und über dieses äußerst üble Volk der Basken" anvertraute.[9] In Wirklichkeit griff er damit auf das Grenzkönigtum des Charibert zurück und stellte an die Spitze des nun als *principatum* bezeichneten Gebietes einen nichtköniglichen Amtsträger. Nachdem Felix gestorben war, beanspruchte sein Nachfolger Lupus im Verlauf der Wirren nach dem Tod Childerichs II. die Souveränität und sogar den Königsthron.

Obwohl Lupus im folgenden Jahr starb, blieb die faktische Autonomie Aquitaniens bis weit ins 8. Jahrhundert hinein erhalten. Der nächste aquitanische Herzog, von dem wir etwas wissen, ist Eudo, der als „*princeps* der Aquitanier" bezeichnet wird. Seine Herkunft und Abstammung sind unbekannt. Sein Name weist jedoch auf Neustrien hin, und wahrscheinlich besaß er sowohl zu Aquitanien als auch zu Neustrien Beziehungen, auf deren Basis er seine Position ausbauen und stabilisieren konnte. Dies ist für die unabhängigen fränkischen *principes* dieser Zeit typisch. Während der allmählichen Konsolidierung der Pippiniden im Norden und der nach Pippins Tod im Jahre 714 folgenden Kämpfe gelang es Eudo, sein Prinzipat nach Norden und Osten auszudehnen. Neustrische Gegner der Pippiniden unter der Führung des *maior domus* Ragamfred und „seines" Merowingers Chilperich II. fanden in Eudo einen Verbündeten. Solange er es nur im Südwesten mit den Basken, einem uneinigen gotischen Königreich im Südosten und einem in Aufruhr befindlichen fränkischen Norden zu tun hatte, konnte er seine Unabhängigkeit tatsächlich bewahren. Dieses Gleichgewicht wurde jedoch durch den von der islamischen Invasion ausgelösten Zusammenbruch des westgotischen Spanien zerstört.

Der Zusammenbruch Spaniens vollzog sich rasch und war vollständig. Nach der vernichtenden Niederlage des Königs Roderich in der Schlacht bei Guadaleta im Jahre 711 löste sich der Widerstand im gesamten Lande auf. Bis 719 war Septimanien gefallen, und 721 belagerte eine islamische Armee Toulouse. Hier wurde sie von Eudo und seinem durch baskische Einheiten verstärkten aquitanischen Herr aufgehalten und erlitt eine schwere Niederlage. Für diesen Sieg scheint Eudo die Anerkennung durch Papst Gregor II. erhalten zu haben, der nach mächtigen Bundesgenossen außerhalb Italiens Ausschau hielt, um sowohl den Westen vor dem Islam zu schützen, als auch – was ihm vielleicht noch wichtiger war – Verbündete gegen die Langobarden zu finden. Es folgte eine Periode

der Konsolidierung und des Friedens, in der Eudo offensichtlich einen
Vertrag mit dem rebellischen Berberkommandeur der strategisch wichtigen
Region Cerdagne abschloß und ihm seine Tochter zur Frau gab.
Vermutlich war ihm klar geworden, daß die stärkste Bedrohung in Zukunft
aus dem Norden kommen würde, weshalb er die Neutralität oder
gar die Unterstützung der Moslems benötigte.

Zehn Jahre später hatte Karl Martell, der Sohn und Nachfolger Pippins II.,
seine Stellung im Norden soweit gefestigt, daß er sich den anderen
Teilreichen und unabhängigen Territorien des Frankenreiches zuwenden
konnte. 731 fiel er in Aquitanien ein und machte reiche Beute.
Eudo geriet dadurch in eine unmögliche Lage. Sein Verbündeter in der
Cerdagne war zuvor vom Gouverneur des islamischen Spanien besiegt
worden, so daß Eudo schutzlos dastand. Im folgenden Jahr nutzte der
Gouverneur Abd ar-Rahman diese ungeschützte Lage aus, drang in der
Gascogne und in Aquitanien ein und unternahm Plünderungszüge bis
Bordeaux und Poitiers. Als Eudo versuchte, ihn aufzuhalten, wurde die
aquitanische Armee vernichtet, und er sah sich gezwungen, Karl Martell
um Hilfe zu bitten. Der Sieg der Franken bei Tours und Poitiers hinderte
nicht nur die Moslems daran, nördlich der Pyrenäen weiter vorzudringen,
sondern bedeutete auch das Ende der Unabhängigkeit Aquitaniens.
Eudo sank zum Gefolgsmann Karl Martells herab, und spätere Versuche
seiner Söhne und Nachfolger, nach Karls Tod im Jahre 741 und dem Tod
seines Sohnes Pippin im Jahre 768 die Unabhängigkeit wieder zu erlangen,
wurden brutal niedergeschlagen.

Die Provence

Im gesamten Frankenreich wiederholte sich die aquitanische Entwicklung
nach demselben Grundmuster: Adlige mit lokalen und reichsweiten
Verbindungen nutzten die Schwächung der Zentralgewalt, um unabhängige
Herrschaftsbereiche zu errichten, sammelten sich als „treue" Anhängerschaft
um irgendeinen Merowinger und schlossen Bündnisse zum
Schutz vor den Pippiniden mit Machthabern außerhalb des fränkischen
Reiches. In der Provence geschah dies im letzten Drittel des 7. Jahrhunderts.

Hier gelang es den *patricii* Antenor und Maurontus, letzterer möglicherweise
ein entfernter Verwandter des neustrischen *maior domus* Waratto,
die Situation auszunutzen und sich von den Pippiniden unabhängig
zu machen. Diese Politik richtete sich aber offensichtlich nicht gegen

die Merowinger selbst und insbesondere nicht gegen Childebert III.; denn Antenor war einer der Magnaten, die 697 dem Gerichtsverfahren beiwohnten, bei dem Drogo gehindert wurde, durch seine Heiratsverbindung seinen Familienbesitz auszudehnen. Vielmehr scheint Childebert ein Kristallisationspunkt der antipippinidischen Opposition im gesamten Frankenreich gewesen zu sein. Wie wir sehen werden, nahm der Rebell aus der Provence nicht nur am Königsgericht teil, wo er zur Niederlage der Pippiniden beitrug, sondern Mitglieder seines Hofes sollten sich später auch in Regionen wiederfinden, die Pippin und seinen Nachfolgern feindlich gesinnt waren.

Diese offene Unterstützung der Merowinger scheint unter Childeberts Nachfolger Chilperich II. in begrenztem Umfang fortgeführt worden zu sein, der für kurze Zeit eine Opposition gegen Karl Martell zustande brachte. Auch in den Zeiten unverhüllter Rebellion konnte Chilperich offensichtlich einen gewissen Einfluß auf die Zolleinnehmer in Marseille und Fos ausüben und die traditionellen Immunitäten, die Saint-Denis dort genoß, garantieren. Die provenzalischen *patricii* strebten wohl unabhängige Herrschaftsgebiete nach dem Vorbild an, das ihnen die Pippiniden selbst gegeben hatten – sie schworen dem rechtmäßigen Merowingerkönig Treue, besuchten seinen Hof und erkannten seine Verfügungsgewalt über einige wichtige Teile des Fiskus an. Andererseits waren sie ebensowenig wie Pippin oder später Karl Martell bereit, eine merowingische Oberherrschaft anzuerkennen.

Herren wie Antenor und Maurontus gründeten ihre Macht auf lokale Gesellschaftsbeziehungen und die Kontrolle der kirchlichen und weltlichen Ämter. Über Jahrzehnte hinweg hatten Heiraten, Erbschaften und Landtransaktionen diese Männer in den Besitz riesiger Ländereien in den Regionen, in denen sie tätig waren, gebracht. Die Güter, die im Rhônetal oft aus relativ isolierten Höfen oder aus größeren Latifundien bestanden, wurden von Sklaven unter der Aufsicht und Leitung von *coloni* bewirtschaftet, die ihrerseits oft Freigelassene waren, das heißt frühere Sklaven oder deren Nachkommen, die von ihren Herren freigelassen worden waren. Solche Freigelassenen scheinen der Schlüssel zur lokalen Kontrolle gewesen zu sein. Während der Status eines Freigelassenen in der Antike ein Zwischenstadium darstellte und erst die Kinder von Freigelassenen als Freie galten, wurde er bis zum 7. Jahrhundert erblich. Die Nachkommen freigelassener Sklaven, die meist auf einem Stück Land angesiedelt wurden oder auch mehrere Landstücke erhielten, die sie mit Hilfe von Sklaven bearbeiteten, hatten der Familie ihres früheren Herrn weiterhin beträchtliche finanzielle Abgaben zu leisten und waren ihr auch moralisch verpflichtet. Obwohl sie rechtlich frei waren, konnten sie in die Unfreiheit zurückfallen, wenn sie ihren besonderen Verpflichtungen gegenüber ihren früheren Herren nicht nachkamen. Sie waren daher für die Verwaltung der Güter von Großgrundbesitzern, die Führung ihrer Geschäfte und damit insgesamt für die unmittelbaren Kontakte ihrer Herren mit der übrigen Gesellschaft besonders geeignet.

Am anderen Ende des sozialen Spektrums kontrollierten die Magnaten die Ämter des *comes, dux* oder *patricius* sowie auf lokaler Ebene die Ämter, die aus der traditionellen Provinzverwaltung erwachsen waren. Sie besetzten auch die Bischofsämter; in allen Städten kämpften rivalisierende Familien um das Bischofsamt und scheuten dabei nicht davor zurück, Prätendenten zu ermorden, wenn es ihnen zur Erreichung ihres Zieles notwendig erschien. Kirchen und Klöster waren besonders ergiebige Quellen des Reichtums, den man unter den Parteigängern aufteilte, um sich ihrer Loyalität zu versichern. In Marseille konfiszierte Antenor die Güter des Klosters Saint-Victor und befahl dem Abt, alle Besitzurkunden auf den Hochaltar zu legen, um sie dann zu verbrennen und so allen Versuchen künftiger Äbte vorzubeugen, ihre Rechte geltend zu machen. Karl Martells viel diskutierte Politik, Kirchengut zur Entlohnung seiner Anhänger zu konfiszieren, war lediglich die Fortsetzung einer Strategie, die bereits die *principes* des frühen 8. Jahrhunderts verfolgt hatten.

Diese Auseinandersetzungen innerhalb der Provence und in anderen Regionen wirkten sich schließlich zum Vorteil Pippins und Karl Martells aus. Wenn Antenor und Marontus sich als *principes* durchzusetzen versuchten, so geschah das auf Kosten anderer lokaler Magnaten; damit kämpften sie nicht nur gegen die Pippiniden, sondern auch gegen lokale Rivalen, die oft über ebenso gute Verbindungen in der Region wie weit darüber hinaus verfügten. In der Provence kam der Hauptwiderstand von der oben erwähnten, in Burgund und im Jura etablierten Sippe des Waldelenus, die aus der Region Besançon stammte. Im späten 7. Jahrhundert hatte diese Familie, die enge Beziehungen zu Austrasien unterhielt, in die Familie eingeheiratet, die um Susa, Gap und Embrun die wichtigsten Alpenpässe nach Italien kontrollierte. Im ersten Drittel des 8. Jahrhunderts führte Abbo, das Oberhaupt der Sippe, die lokale Opposition gegen Maurontus an.

Diese lokalen Rivalitäten mündeten in Fehden, die über Generationen hin geführt wurden, und im Laufe der Zeit hielten alle Parteien außerhalb der Region nach Verbündeten Ausschau, die ihnen helfen konnten, die Waage zu ihren Gunsten zu senken. Zwischen 720 und 740 setzte

Maurontus auf die Moslems in Septimanien und forderte Wali von Narbonne auf, ihm in der Provence zu Hilfe zu kommen, während Abbo mit Karl Martell kooperierte, der eine Reihe von Feldzügen zur unteren Rhône unternahm. Wie in Spanien und Aquitanien versuchten die Moslems, ihre ursprünglichen Verbündeten zu entmachten und die Region zu besetzen. Karl nutzte die Lage, um sich als Retter der Christenheit zu profilieren, vertrieb die Moslems aus Septimanien, übernahm die Kontrolle der Region, setzte den mit ihm verbündeten Abbo als *patricius* ein und stärkte dessen Position mit Besitztümern, die er von seinen Gegnern konfiszierte, welche in den prokarolingischen Quellen als Rebellen bezeichnet werden.

Aber Karl begnügte sich nicht damit, einen Verbündeten zu belohnen und ihm anschließend die Möglichkeit zu lassen, erneut eine separatistische Bewegung in Gang zu setzen. Vielleicht durfte Abbo, der sich relativ spät mit Karl verbündet hatte, nur deshalb *patricius* werden, weil er keine legitimen Erben besaß. Vor seinem Tod vermachte er seinen gesamten Besitz, den durch Generationen von Familienstrategen angehäuften Reichtum sowie den Lohn, den er von Karl für seine treuen Dienste erhalten hatte, seinem Familienkloster Novalesa in der Region des heutigen italienischen Piemont. Mit Abbos Tod ging das Kloster wie später die großen neustrischen Klöster in den Besitz der Karolinger über, womit diese zum stärksten Machtfaktor der Region wurden.

Bayern

Die einzige größere Region, die im frühen 8. Jahrhundert nicht in den Einflußberich der Pippiniden geriet, war Bayern. Am Schnittpunkt der fränkischen, langobardischen, slawischen und awarischen Welten gelegen, hatte sich Bayern unter seinen agilolfingischen Herzögen lange zuvor zur autonomen Region entwickelt. Daß die Agilolfinger ihr Territorium ausdehnen und unabhängig handeln konnten, verdankten sie zum großen Teil ihrer Fähigkeit, sich ihren Nachbarn gegenüber flexibel zu verhalten und die unterschiedlichen Völkerschaften ihres Reiches zu einen. In den Zeiten starker fränkischer Zentralgewalt wie unter Dagobert I. blieb Bayern keine andere Wahl, als sich der Oberherrschaft der Merowinger zu unterwerfen, nicht zuletzt auch wegen der Bedrohung, die vom slawischen Königreich des Samo und von den Awaren, den Nachfolgern der Hunnen in Pannonien, ausging. Wenn diese Nachbarn gechwächt waren wie nach dem Tod Samos (um 660), nutzten die Bayern

die Lage rasch aus und bauten ihre Stellung aus. Waren die Nachbarn
aber stark, wie zwanzig Jahre später der langobardische Herzog von
Trient, mußten sie sich zurückziehen, in diesem Falle aus der Region
Bozen in Südtirol. Die Awaren, die das Königreich des Samo nun nicht
mehr zu fürchten brauchten, behaupteten das Gebiet bis nach Lorch an
der Enns.

Die Agilolfinger gründeten ihre wachsende Autonomie unter anderem
auf das in Teilen Bayerns aus der Spätantike erhaltene Fiskalland und auf
die Überreste der römischen Verwaltungsorganisation. Am deutlichsten
zeigt sich dies daran, daß sie ihren Regensburger Hof im ehemaligen
pretorium, der Residenz des römischen Statthalters, errichteten.

Die territoriale Expansion und die politische Einigung der ethnisch
gemischten Bevölkerung war mit der religiösen Einigung eng verknüpft;
die Kämpfe um die Führungsrolle bei der Missionierung und um die
politische Vorherrschaft gingen Hand in Hand. Zu Beginn des 7. Jahrhunderts gehörten zu den Einwohnern Bayerns nicht nur Remanen in
den Alpenregionen, die christlich orthodox geblieben waren, sondern
auch Alpenbewohner unterschiedlichen Bekenntnisses, Slawen und aria-
nische Germanen. Die Strategien zur Bekehrung dieser Völker waren so
vielfältig wie die Völker selbst.

Zunächst sicherten einzelne christliche Gemeinden wie in Salzburg die
Kontinuität des spätantiken Christentums. Das Ausmaß dieser Kontinuität ist schwer zu bestimmen, aber die Christianisierung Bayerns war –
anders als in anderen germanischen Gebieten – kein ausschließlich im-
portiertes Phänomen, sondern vollzog sich eher von innen.

Der zweite einzigartige Aspekt des bayerischen Christentums waren
seine alten Verbindungen zu Norditalien, besonders zu Verona. Auch
diese gingen auf die Spätantike zurück, wurden durch die frühfränkischen Eroberungen in Norditalien zusätzlich gestärkt und mit der Errichtung eines bayerischen Herzogtums unter fränkischer Oberhoheit
keineswegs unterbrochen. Unter den Agilolfingern stellte die enge Verwandtschaft des Herzogs mit der langobardischen Königsfamilie sicher,
daß diese Verbindungen erhalten blieben.

Das irisch-fränkische Mönchtum kam über Luxueil nach Bayern.
Seine ersten Vertreter waren der Abt Eustasius und der Mönch Agre-
stius, die im ersten Drittel des 7. Jahrhunderts in Bayern missionierten.
Ihre Tätigkeit war wie die anderer Missionare, etwa des heiligen Emme-
ram, und wie im Westen Teil der fränkischen Bemühungen, nicht nur das
Christentum zu verbreiten, sondern auch eine fest an das Frankenreich
gebundene Gesellschaft zu formen. Diese Art des Christentums benötig-

ten die bayerischen Herzöge für ihre eigene Konsolidierung. Andererseits fürchteten sie sich davor und betrachteten es – zu Recht – als „fünfte Kolonne" und Bedrohung ihrer Autonomie, da diese Kleriker und die von ihnen gegründeten Institutionen weiterhin enge Verbindungen mit dem Westen und besonders mit Austrasien pflegten.

So überrascht es nicht, daß der Bayernherzog Theodo nicht nach Westen, sondern nach Süden Ausschau hielt, um Unterstützung bei der Kirchenorganisation zu finden, als er im frühen 8. Jahrhundert das Machtvakuum im Frankenreich nutzte, um sein Herzogtum zu einer zentralisierten Monarchie auszubauen. Er reiste 716 nach Rom und bat Papst Gregor II., ihm beim Aufbau einer regulären Kirchenhierarchie behilflich zu sein. Diese bayerisch-päpstliche Allianz war eine Vorwegnahme der Bündnisse, die sowohl Eudo von Aquitanien als auch Karl Martell mit dem Papst eingingen.

Bayern entwickelte sich nicht nur zu einem immer eigenständigeren Reich, sondern im späten 7. Jahrhundert auch zunehmend zum Zufluchtsort der Gegner der Pippiniden. Deren prominentester Vertreter war Bischof Rupert von Worms, der um 694 offensichtlich freiwillig vom merowingischen Hof ins Exil ging und nach Regensburg kam, wo er von Theodo aufgenommen wurde und die Erlaubnis erhielt, die alte Römerstadt Salzburg zu seinem Sitz zu machen. Später kehrte Rupert in den Westen zurück, vermutlich um sich an der um Chilperich II. entstandenen, kurzlebigen Opposition zu beteiligen.

Anders als die anderen mehr oder weniger unabhängigen Reiche des späten 7. und frühen 8. Jahrhunderts bewahrte Bayern seine Unabhängigkeit im wesentlichen bis in die Regierungszeit Karls des Großen. Die Gründe dafür lagen in der Entfernung Bayerns vom Zentrum der karolingischen Macht, der erfolgreichen Art, in der die Herzöge ihre Allianzen mit den Langobarden und gelegentlich auch mit den Awaren pflegten, sowie in der Tatsache, daß Pippin und seine Nachfolger mit anderen, wichtigeren Problemen zu kämpfen hatten.

Die anderen Regionen des Frankenreiches verhielten sich eher wie Aquitanien und die Provence, nicht so sehr wie Bayern. Friesen, Alemannen und Thüringer kamen alle unter die Oberherrschaft Karl Martells, allerdings in einem aufwendigen und zerstörerischen Prozeß. Aquitanien, Burgund und die Provence hatten noch Generationen lang unter den materiellen Schäden der Eroberungen Karl Martells zu leiden. Aber die kulturellen Auswirkungen auf die europäische Gesellschaft machten sich noch weit langfristiger bemerkbar.

Die gesellschaftlichen Veränderungen

Der Westen hatte die Bischofsherrschaft seit der Antike gekannt, als Bischöfe wie Germanus von Auxerre im 5. Jahrhundert ihre Gemeinden weit effektiver als lokale Bagauden vor einer oft feindlichen und indifferenten Umwelt zu schützen verstanden. Zwischen 700 und 730 hatte sich die Bischofsherrschaft jedoch radikal verändert. Betrachten wir den kurzen Bericht über das Leben des Bischofs Savarich, des Nachfolgers des Germanus, aus der nahezu zeitgenössischen Geschichte der Bischöfe von Auxerre:

„Savarich... war, wie berichtet wird, von sehr hoher Geburt. Er begann, ein wenig von den Pflichten seines Standes abzuweichen und sich mehr um weltliche Angelegenheiten zu kümmern, als es einem Bischof angemessen war, und das in einem solchem Ausmaß, daß er sich mit Waffengewalt die Gebiete von Orléans, Nevers, Tonnerre und das Avallonais aneignete... Unter Mißachtung der Würde eines Bischofs stellte er eine große Armee auf; als er aber auf Lyon marschierte, um es mit Waffengewalt zu erobern, wurde er durch einen göttlichen Blitz getroffen und starb sofort."[10]

Immerhin war Savarich Bischof gewesen. Sein Nachfolger Hainmar, der als *vocatus episcopus* bezeichnet wird, war offensichtlich weder ordiniert noch geweiht worden. Er habe sein *principatum* fünfzehn Jahre lang gehalten, heißt es, bevor er zum „Märtyrer" geworden sei, als er vor Karl Martell fliehen mußte, den er – zusammen mit Eudo von Aquitanien – verraten haben soll. Diese Kriegerbischöfe oder genauer, diese Krieger, die Bistümer innehatten, waren weit entfernt von den politischen Bischöfen des 6. Jahrhunderts und sogar von solchen wie Arnulf von Metz und Leodegar von Autun.

Der radikale Wandel des Episkopats bestand nicht darin, daß Bischöfe zu Schlüsselfiguren im Kampf um die politische Vorherrschaft wurden oder daß Bischofssitze als Privatbesitz und Bollwerke der territorialen Organisation großer Adelsfamilien galten. Auch ihre Bereitschaft, sich aktiv an den blutigen Auseinandersetzungen des 8. Jahrhunderts zu beteiligen, war nicht neu. Dies alles gehörte zur langen Tradition des Episkopats und wurde erst in den anachronistischen Wahrnehmungen späterer kirchlicher Propagandisten als verwerflich verdammt. Im 5. und 6. Jahrhundert gab es sogar Bischofsdynastien, und bereits vor den Franken waren Bischöfe tief in die Politik verstrickt gewesen.

Das Neue bestand darin, daß im Gegensatz zur früheren bischöflichen Macht, die nicht nur auf weltlichen Verbindungen, sondern auch stets auf der Stellung des Bischofs als Repräsentant und Wächter der göttlichen Macht beruhte, der neue Bischofstyp vorwiegend und sogar ausschließlich ein weltlicher Magnat war. Die Macht der früheren Bischöfe gründete auf der Kontrolle des Zugangs zu heiligen Orten oder Gegenständen, auf dem Reichtum und den Verbindungen ihrer Familie sowie auf der Übernahme spätrömischer kultureller Traditionen, wozu so langeingeführte Bürgerpflichten wie die Armenhilfe und die Bewahrung des Friedens in den Gemeinden gehörten. Die Macht und das Ansehen des neuen Bischofs beruhten hingegen ausschließlich auf der Kontrolle über die materiellen Ressourcen einer oder mehrerer Diözesen.

Savarich und Hainmar waren keine Ausnahmen. Im ersten Drittel des 8. Jahrhunderts veränderte sich das Amt des Bischofs, die wichtigste Institution der Spätantike und der wichtigste Repräsentant der *Romanitas*, sehr schnell fast bis zur Unkenntlichkeit. Und niemand zog größeren Nutzen daraus als Karl Martell. Sein Vetter Hugo war gleichzeitig Bischof von Rouen, Bayeux und Paris und wahrscheinlich auch von Lisieux, Avranches und Evreux; zugleich war er Abt von Saint-Wandrille, Saint-Denis und Jumièges. Diese Ämterhäufung wurde immer gebräuchlicher. In Trier trat ein Mann die Nachfolge seines Vaters nicht nur als Bischof dieser Stadt an, sondern auch als Bischof von Laon und Reims, wobei unklar ist, ob überhaupt einer von beiden ordiniert war. Nach Hugos Tod ging die Säkularisation bischöflicher und klösterlicher Ämter noch weiter. Seine Nachfolger in Rouen und Saint-Wandrille konnten nicht einmal lesen.

Karls Umgang mit den Bischofssitzen und den Klöstern war das Kennzeichen seines Konsolidierungsprozesses in Neustrien. Die Methoden, mit denen sein Vater seine Position gefestigt hatte – Absorbierung anderer Sippen, Manipulation des Königsgerichts und Übernahme der Schutzherrschaft über die Klöster –, hatten sich als ungenügend erwiesen. Versuche, die Familie des neustrischen *maior domus* und ihre Verbündeten zu absorbieren, waren langfristig erfolglos geblieben. Das Königsgericht war unberechenbar geworden, da die Merowinger sich immer noch als fähig erwiesen, unabhängig zu handeln und mit der Opposition gemeinsame Sache zu machen; ihre Gerichte konnten daher nicht mehr länger als Bühne für politische Manöver genutzt werden. So sollte die Kirche zum Brennpunkt der Konsolidierungsbemühungen Karl Martells werden, aber nicht in der von seinem Vater betriebenen Weise. Es sollte eine neue Kirche sein, die von seinen Verwandten und treuesten Gefolgsleuten ohne Rücksicht auf deren geistliche Ausbildung oder weltliche Erziehung, auf lokale Kulturtraditionen und solche Nebensächlichkeiten wie Bischofswahl und Konsekration beherrscht wurde. Die einzige Einrichtung, die Karl mit Vorsicht und Respekt behandelte, war Saint-Denis. Die riesigen Besitztümer der Basilika waren, wie er sehr wohl wußte, der Schlüssel zur Macht in Neustrien. Saint-Denis hatte Ragamfred gegen Karl unterstützt; nach 717 wagte er erste vorsichtige Schritte, um die Kontrolle zu übernehmen und ernannte seinen Neffen Hugo zum Abt; gleichzeitig schützte er aber die umfangreichen Besitzrechte des Klosters gegen Ansprüche anderer und steigerte dessen Reichtum durch die Schenkung der übrigen Teile der großen merowingischen *villa* Clichy-Ruvray, ein Besitz von schätzungsweise mehr als 2000 Hektar. Mit dieser Schenkung wurde Saint-Denis zum weitaus größten Grundbesitzer in der Region Paris. Natürlich gehörte das Land zu dieser Zeit im selben Maße Karl wie Saint-Denis – so eng war die Verbindung zwischen ihm und dem Kloster, daß er seinen Sohn Pippin III. dort erziehen ließ und bei seinem Tod 741 in der Vorhalle der Basilika beigesetzt wurde.

Diese neue Situation der Kirche, die Karl zwar nicht initiiert, aber gefördert hatte, war für das kulturelle und religiöse Leben des Frankenreiches von entscheidender Bedeutung. Die zerstörerischen Kriege zur Befriedung des Landes und der Wandel des Bischofsamtes verdrängten die Pflege der Wissenschaften, die so lange mit der Bischofskultur verbunden gewesen war. Verwüstet von den Armeen Karl Martells und seines Sohnes Pippin III., blieben weder Aquitanien noch die Provence jene Zentren der Bildung, die sie lange Zeit gewesen waren. Die Tradition des gebildeten Laien starb ganz aus, ebenso die Rolle von Laien in den Kanzleien der Könige und der Hausmeier. Schreiben konnte nur noch der Klerus, und entsprechend ging die in der gesamten Merowingerzeit so wichtige Schriftlichkeit insgesamt zurück.

Im Hinblick auf die römische Kulturtradition und das gallorömische Selbstverständnis waren diese Konsequenzen zweifellos katastrophal. Karl Martell vollendete jedoch insgesamt, was keine weltliche Macht in den vorangegangenen Jahrhunderten zustande gebracht hatte. Durch die Manipulation der Kirchenämter, die Konfiszierung des Kirchenbesitzes und die Ernennung ungebildeter, rein weltlicher Gefolgsleute gelang es ihm schließlich, die religiöse Grundlage zu zerstören, auf der die unabhängige Macht des fränkischen Episkopats lange Zeit beruht hatte. In Zukunft wurden mittelalterliche Bischöfe zu mächtigen Herren, die später mit Herzögen, Grafen und selbst Königen um die Macht konkurrierten. Niemals mehr sollten sie wie in den vorangegangenen Jahrhunderten ein Monopol über das Heilige besitzen. Diese Rolle, einhergehend mit einer Führungsposition im kulturellen Leben, übernahmen die Klöster.

Auf diesem Kahlschlag der religiösen Kultur im frühen 8. Jahrhundert errichteten Karl und seine Nachfolger eine neue Form des Episkopats sowie ein neues System der Klöster. Darüber hinaus schufen sie gleichzeitig eine neue religiöse Grundlage ihrer eigenen Herrschaft. Die Säulen dieses Gebäudes waren die angelsächsischen Missionare und der römische Papst.

Die angelsächsische Mission

Das frühe 7. Jahrhundert war die große Zeit des irischen Einflusses auf dem Kontinent gewesen; damals hatten Columban und viele weniger berühmte Wandermönche nach ihm das irisch-fränkische Christentum in enger Zusammenarbeit mit dem Adel auf dem Kontinent verbreitet. Unter Pippin II. traten zunehmend Angelsachsen als die aktivsten Missionare und Reformer im Frankenreich an die Stelle der Iren. Diese beiden Gruppen unterschieden Welten voneinander. Erstens besaß England im späten 7. Jahrhundert eine von päpstlichen Beauftragten fest etablierte Bischofshierarche, ganz anders als die stärker monastisch geprägte dezentralisierte Kirchenstruktur in Irland, die zu dieser Zeit bereits geschwächt war, oder das traditionelle System der fränkischen Lokalkirchen. Zweitens war die angelsächsische Kirche in enger Zusammenarbeit mit den Königen errichtet worden. Die Bischöfe und Äbte waren es gewöhnt, von den Königen, auf deren Territorien sie arbeiteten, kontrolliert zu werden und mit ihnen zusammenzuarbeiten. Schließlich war das angelsächsische Mönchtum benediktinisch geprägt. Augustin von Canterbury und viele seiner Mitstreiter waren Mönche gewesen, und die Ausbreitung des römisch-episkopalen Christentums auf der Insel verlief in engem Zusammenhang mit der Ausdehnung der benediktinischen Klöster, die Benedict Biscop in seinen großen Klöstern Wearmouth und Jarrow noch verstärkte. Diese römische und benediktinische Form des Christentums brachten die angelsächsischen Missionare auf den Kontinent.

Die ersten angelsächsischen Missionare, Wilfrid und Willibrord, konzentrierten sich auf Friesland, wo der politische Charakter ihrer wie der folgenden Missionierung deutlich wurde. Wilfrid war von Erzbischof Theodor von Canterbury als Bischof von York abgesetzt worden, weil er sich der Aufteilung seiner großen Diözese widersetzt hatte, und auf seinem Weg über das Rheinland nach Rom – in Neustrien war er *persona non grata*, weil er die Rückkehr Dagoberts II. unterstützt hatte – stieß er zuerst auf die Friesen. 690 kam sein Nachfolger Willibrord und begann in den von den Franken zurückeroberten Gebieten unter dem Schutz Pippins II. seine Missionstätigkeit. Als erstes unternahm er eine Reise nach Rom, um vom Papst die Billigung seiner Tätigkeit zu erhalten. Für einen fränkischen Kleriker wäre das unvorstellbar gewesen, für einen angelsächsischen aber war es selbstverständlich. Christianisierung und Unterwerfung der Friesen gingen Hand in Hand. Bekehrung bedeutete die Übernahme des fränkischen Christentums und damit den radikalen Bruch mit der gesellschaftlichen und politischen Vergangenheit. Die Friesen erkannten dies genau. Nach der Legende nahm Herzog Radbod Unterricht in der neuen Lehre und stand kurz vor der Taufe, als er Willibrord fragte, ob seine Vorfahren im Himmel oder in der Hölle seien. Die orthodoxe Antwort lautete, als Heiden seien sie sicher in der Hölle, er selbst werde aber als Getaufter gewiß in den Himmel kommen. Als Radbod dies hörte, lehnte er die Taufe mit der Begründung ab, er könne im nächsten Leben nicht ohne seine Vorfahren auskommen.[11]

Willibrord wurde mehr als 80 Jahre alt und starb 739. Theoretisch war er Oberhaupt eines autonomen Erzbistums unter direkter Weisungsbefugnis des Papstes geworden. Pippin hatte ihn nach Rom geschickt, damit er zum Erzbischof der Friesen geweiht würde, und gründete damit nach dem Vorbild der englischen Kirche einen neuen Metropolitansitz. Willibrord hatte umfangreiche Missionspläne für ganz Friesland und bis Dänemark und Sachsen entwickelt. Erfolgreich war er aber nur dort, wo Pippin und später Karl das Territorium kontrollierten, in allen anderen Gebieten erlitt er nur Mißerfolge. Darüber hinaus wurde seine Kirchenprovinz nach seinem Tode der fränkischen Kirche einverleibt.

Willibrords berühmterer Nachfolger und Landsmann Winfrid, dem der Papst den Namen Bonifatius gab, unter dem er allgemein bekannt ist, stieß bei seiner Missionsarbeit auf dieselben Schwierigkeiten. Zunächst konzentrierte er sich auf Friesland, aber bald begab er sich in rechtsrheinisches Gebiet. Wie Willibrord reiste er nach Rom, um seiner Mission den päpstlichen Segen zu sichern; 719 erhielt er den Auftrag, den *„gentiles“* den wahren Glauben zu predigen, womit vermutlich die Thüringer gemeint waren. Nach Anfangserfolgen in dieser Region kehrte er 722 nach Rom zurück, um die Bischofsweihe zu empfangen, und ein weiteres Mal 738, um den Auftrag einzuholen, die Kirche in Bayern und Alemannien zu organisieren. Bonifatius wird zwar als Apostel der Deutschen bezeichnet, aber einen Großteil seiner Missionsarbeit leistete er in Gegenden, die bereits seit Generationen christlich waren. Irisch-fränkische Missionare, Wanderbischöfe und Adlige aus rechtsrheinischen Regionen hatten in weiten Teilen Alemanniens, Thüringens und besonders Bayerns christliche Gemeinden aufgebaut, aber diese waren nicht in einer gemeinsamen Kirche zusammengefaßt, und nicht alle befolgten die römischen Traditionen. Dies wollte Bonifatius ändern. Außerdem waren diese Kirchen keine politischen Machtinstrumente der Karolinger. Das war zwar für Bonifatius selbst nicht von allzu großer Bedeutung, wohl aber für seine karolingischen Förderer.

Diese Veränderungen stießen keineswegs auf allgemeine Zustimmung, besonders nicht bei völlig orthodoxen, wenn auch nichtrömischen Kirchenmännern wie Bischof Virgil von Salzburg, einem brillanten Iren, der dem römischen Konformitätszwang hartnäckigen Widerstand entgegensetzte. Bonifatius war stets eifrig darauf bedacht, in seinen Mandatsgebieten eine strikte Einhaltung der römischen Kirchenstrukturen und römischer Vorstellungen von Moral und religiöser Tradition durchzusetzen. Wo dies durch Karl Martell oder nach seinem Tod durch Pippin III. und Karlmann erzwungen werden konnte, waren die Ergebnisse beachtlich, wenn diese weltliche Unterstützung sich auch häufiger gegen autonome Opponenten als gegen unmoralische, unqualifizierte oder unwürdige Bischöfe richtete, die von den Karolingern selbst ernannt worden waren.

Die Missionsarbeit und das außerordentliche Organisationstalent des Bonifatius trugen reiche Früchte. In Hessen, Thüringen und Franken errichtete er benediktinische Klöster als Stätten der Kulturvermittlung und Bistümer als kirchliche Kontrollzentren. Den Wert seiner Form der zentralisierten Kirche schätzte auch der immer noch unabhängige Herzog Odilo von Bayern, der ihn einlud, die bayerische Kirche zu organisieren. Als Willibrord starb, wurde dessen Provinz ebenfalls der Jurisdiktion des Bonifatius unterstellt. 732 wurde er vom Papst zum Erzbischof ernannt und stand damit an der Spitze eines riesigen, gut organisierten und zunehmend reformwilligen hierarchischen Systems.

Karl und seine Nachfolger profitierten in beträchtlichem Umfang von dieser Organisationstätigkeit. 743 war es möglich, ein Konzil aller Bischöfe Austrasiens unter dem Vorsitz von Karls Sohn Karlmann einzuberufen. Dieses Konzil, das eine strenge hierarchische Ordnung in der Kirche festlegen sollte, setzte den Maßstab für künftige Synoden. Es wurde im Frühjahr einberufen, und fiel mit der jährlichen Musterung auf dem Maifeld zusammen, wodurch nicht nur Bischöfe, sondern auch weltliche Große an der Versammlung teilnahmen. Außerdem wurden die Konzilsbeschlüsse nicht im Namen der Bischöfe verkündet, wie es seit der Antike der Brauch gewesen war, sondern im Namen Karlmanns. Diesem Vorbild folgte bald eine 744 im Westen abgehaltene Synode, die ähnliche Beschlüsse faßte, womit auch dort die Grundlage für den Aufbau einer Kirche nach austrasischem Vorbild gelegt wurde. 745 und 747 fanden unter diesen Vorzeichen Konzile der gesamten fränkischen Kirche statt. Durch ihre Unterstützung des Missionsbischofs hatten die Karolinger die Kontrolle über ein gut diszipliniertes und effektives Instrument der zentralen Kontrolle erlangt.

Neben der Reformierung der Bischofskirche gründete Bonifatius, der dem benediktinischen Mönchtum ein Leben lang verbunden blieb, Klöster und reformierte andere, die der benediktinischen Tradition näher als der irisch-fränkischen oder der gallorömischen standen. Auch hierin wurde er von Karl und seinen Söhnen kräftig unterstützt. Die Ausdehnung des benediktinischen Mönchtums auf Kosten der älteren Formen monastischen Lebens ist bezeichnend für den wachsenden Einfluß der Karolinger in der fränkischen Welt.

Bei allen Diensten, die er den Karolingern leistete, war Bonifatius dennoch nicht ihre Kreatur. Wäre er das gewesen, hätte er nicht solche Erfolge erzielt. Um 742 wurde er, über den Erzbischoftitel hinaus, auch zum *missus Sancti Petri*, zum Botschafter des heiligen Petrus, ernannt.[12] Seine Legitimation erhielt er von Rom, und diese römische Legitimation versuchte er auch seiner Kirche zu verleihen.

Anders als der merowingische gründete der neue fränkische Episkopat nicht auf den lokalen Traditionen adliger Macht oder in der Schutzherrschaft über die lokalen Heiligen. Für die politischen Bischöfe Karl Martells stand fest, daß sie lediglich die Unterstützung des *maior domus* benötigten. Aber Bonifatius und seine Bischöfe waren immer noch Außenseiter, die vom Papst ernannt oder von einem angelsächsischen Missionsmönch erwählt worden waren; sie konnten sich nicht auf vor Ort gewachsene religiöse Traditionen stützen, sie mußten ihre Legitimation importieren, und zwar vorwiegend aus Rom.

Daher kam es im 8. Jahrhundert im gesamten Frankenreich nicht nur zum Aufbau eines Episkopats und von Klöstern, die sich an Rom orientierten, sondern auch in großem Umfang zum Import von Heiligenreli-

quien aus Rom für die neuen Kirchen. Der Anstoß dazu kam zum
großen Teil aus Rom. 739 sandte Papst Gregor III. Karl Martell die
Schlüssel zum Grab des heiligen Petrus und ein Glied aus der Kette des
Heiligen. Diese Geschenke, „wie sie noch nie zuvor gehört und gesehen
worden waren"[13], machten, wie der Fortsetzer der Fredegar-Chronik
berichtet, im Frankenreich tiefen Eindruck. Darin irrte er. Schon viel
früher hatte der Papst Schlüssel und Fesseln vom Grab des heiligen
Petrus verschenkt, und zwar an England, das er fest an die römische
Kirche zu binden versuchte. Nun sollte mit diesen Symbolen auch die
fränkische Kirche an Rom gebunden werden. Im Verlauf dieses Prozesses veränderte sich die Heiligengeographie Westeuropas. Die wichtigsten
Berührungspunkte zwischen Himmel und Erde waren nun nicht mehr
die Gräber gallischer Heiliger, heiliger Bischöfe oder gar heiliger adliger
Vorfahren. Solche Stellen konnten nun überall sein, sie konnten verlegt
werden, und wohin, bestimmte Rom.

Das neue Königtum

Die neu konstituierte fränkische Kirche wurde daher auf einem ganz
anderen Fundament der Heiligkeit als die ihrer merowingischen Vorgän-
gerin errichtet. Der Wandel der Heiligkeit des Königtums stellte dabei
fast ein Nebenprodukt dar. Seit 718/19 war die Macht Karls und seiner
Nachfolger unangefochten. Das 739 verfaßte Testament des Abbo war
sogar datiert „im 21. Jahr der Herrschaft des berühmten Karl über die
fränkischen Königreiche".[14] Inzwischen hatte es längere Perioden hindurch nicht einmal Merowinger gegeben, die als Galionsfiguren hätten
dienen können. Früher waren solche Bezugspersonen notwendig oder
zumindest nützlich gewesen, um das fränkische Königreich zu erhalten,
denn sie verkörperten die Einheit des Reiches und die Legitimität der
fränkischen Tradition im historischen Zusammenhang der Spätantike.
    Um die Mitte des Jahrhunderts war diese Art der Identität und Legiti-
mität ein Anachronismus geworden, wenn sich auch Magnaten aus den
Randregionen gelegentlich zur Rechtfertigung ihrer Opposition gegen
die Karolinger wie zum Beispiel unter Pippin II. darauf beriefen. Aber
diese Tradition hatten die Römer und Angelsachsen, die das Frankenreich umgestalteten, nie recht verstanden, und ihre fremdartige Auffassung von Königtum, besonders der Grundsatz, daß Könige nicht nur
herrschen, sondern auch regieren müssen, wurde auch von der fränkischen Elite übernommen. Das karolingische Kirchensystem gründete auf

der importierten römischen Heiligkeit; damit war es nur noch eine Frage der Zeit, bis sich auch die politische Macht darauf berief.

Die Entwicklung vollzog sich allmählich und gleichsam natürlich und erwies sich sowohl für den Papst als auch für den *princeps* als vorteilhaft. Die Päpste hatten seit dem frühen 8. Jahrhundert außerhalb Italiens nach Unterstützung ihrer zunehmend unabhängigen, aber gegenüber den Langobarden prekären Position in Mittelitalien gesucht. Das Byzantinische Reich konnte keinen wirksamen Schutz mehr bieten, auch waren die Päpste nicht an einer Bevormundung durch Konstantinopel interessiert. Sie hatten sich an die Bayern und die Aquitanier gewandt, aber beide hatten sich nicht als so hilfreich wie erhofft erwiesen. So bat Gregor III. 739 Karl Martell um Hilfe und sandte ihm die oben erwähnten Reliquien. Vielleicht plante Gregor die Errichtung einer unabhängigen römischen Herrschaft in Mittelitalien unter dem Schutz eines entfernten fränkischen Königs. Zwar wurde aus diesen ersten Kontakten nicht viel, aber mit ihnen begann die lange und vielschichtige Beziehung zwischen den Päpsten und den Karolingern.

Etwas mehr als zehn Jahre später benötigte Karls Sohn Pippin seinerseits die Hilfe des Papstes. Nachdem sein Vater gestorben war und sein Bruder sich 747 entschlossen hatte, Mönch zunächst in Montecassino, dann in Rom zu werden, war Pippin zwar der alleinige Herrscher im Frankenreich, aber nicht der einzige, der diese Herrschaft beanspruchte. Sein Halbbruder Grifo, der von der Nachfolge ausgeschlossen worden war, war nicht weniger mächtig als Pippin und bildete in den Randzonen des Königreichs einen beständigen Kristallisationspunkt der Opposition. Auch hatte Karlmann bei seinem Eintritt ins Kloster Söhne hinterlassen, die eine zukünftige Bedrohung für Pippins eigene Erben darstellen konnten. Pippin benötigte daher eine Legitimation, die sich von der rein politischen Macht unterschied und die anderer fränkischer Großer und selbst die seiner eigenen Sippe übertraf. Diese fand er an demselben Ort, an dem seine Kirche ihre Heiligkeit gefunden hatte, in Rom.

So sandte er 749 oder 750 Bischof Burchard von Würzburg und Fulrad, den späteren Abt von Saint-Denis, wo Pippin erzogen worden war, zu Papst Zacharias, „um wegen der Könige in Francien zu fragen, die damals keine Macht als Könige hatten, ob das gut sei oder nicht".[15] Dies war keine fränkische Fragestellung, sondern eine römische, und die Antwort eine Selbstverständlichkeit. So wurde Pippin 751 „auf Geheiß" des Papstes Zacharias „gemäß der fränkischen Sitte" zum König gewählt und entweder von Bonifatius oder den fränkischen Bischöfen gesalbt. Dieser Ritus mit seinen biblischen, gotischen, irischen und angelsächsischen

Reminiszenzen war eine Neuerung im Frankenreich – niemals zuvor war ein König durch einen kirchlichen Ritus in seinem Amt bestätigt worden. Früher hatten das Blut und die langen Haare der Merowinger genügt. Der letzte Merowinger Chilperich III. taugte nun nicht einmal mehr als anachronistisches Symbol, weshalb man ihm die Haare abschnitt und ihn in ein Kloster steckte, wo er den Rest seines Lebens verbrachte.

VII. Das Vermächtnis des merowingischen Europa

„Die Nachkommen Chlodwigs hatten das Erbtheil seines kriegerischen und grimmigen Geistes verloren, und Unglück oder Mangel an Verdienst hat dem letzten Könige des merowingischen Geschlechtes den Beinamen *der Faule* verschafft. Sie bestiegen den Thron ohne Macht und sanken ohne Namen in das Grab. Ein ländlicher Palast in der Nähe von Compiègne war ihnen zur Residenz oder zum Gefängnisse angewiesen, aber jedes Jahr im Monate März oder Mai wurden sie in einem von Ochsen gezogenen Wagen nach der Versammlung der Franken gefahren, um den fremden Gesandten Audienz zu ertheilen und die Handlungen des Major Domus zu genehmigen."

So beschrieb Edward Gibbon die letzten Merowinger in seiner großartigen *Geschichte des Verfalls und Untergangs des Römischen Reiches*.[1] Sein Urteil fällt noch milde aus; die meisten Historiker führten nämlich den Niedergang der Merowinger auf deren persönliche Verderbtheit, ihre ererbte Degeneration oder auf beides zurück. Auf die selbstherrliche Brutalität und treulose Grausamkeit Chlodwigs und seiner Nachfolger seien Impotenz, Passivität und Inkompetenz ihrer letzten Erben gefolgt. Die gesamte Familie wurde in den letzten 1200 Jahren nicht sehr hochgeschätzt. Die Erben der europäischen Tradition haben sich mit der ganzen Epoche vom Sieg bei Soissons bis zur Salbung Pippins außerordentlich schwergetan.

Während alle westeuropäischen Länder Karl den Großen gerne als einen der Ihren beanspruchen und Paneuropäer ihn als „Vater Europas" bezeichnen, erhebt kaum jemand Anspruch auf Chlodwig und nicht einmal auf Dagobert. In Deutschland versuchten ganze Forschergenerationen in ihren Untersuchungen der Stammesherzogtümer und ihrer Ursprünge, eine Kontinuität zwischen der Wanderungszeit und den bei der Auflösung des Karolingerreiches entstandenen Herzogtümern nachzuweisen. Sie vergaßen dabei häufig, daß diese Stammesherzogtümer künstliche, von den Merowingern und ihren Protagonisten geschaffene Gebilde waren.

In Frankreich geht die nationale Erinnerung in einem kühnen Sprung von der gallorömischen Zeit des Syagrius – wenn nicht gar von den Zeiten des Asterix – direkt zur glorreichen Epoche Karls des Großen über. Eine von drei zerstörerischen deutsch-französischen Kriegen geprägte Tradition ließ die Franzosen vergessen, daß es vor der „douce France" ein „Frankono lant" gegeben hatte und daß das Zentrum dieses fränkischen Landes an der unteren Seine gelegen hatte. „Les Francs sontils nos ancêtres?" („Sind die Franken unsere Vorfahren?"), lautet der Leitartikel der populären französischen Zeitschrift *Histoire et Archéologie* aus dem Jahre 1981.[2] In den meisten Epochen der europäischen Geschichte bevorzugte man es im allgemeinen zu beiden Seiten des Rheins, diese Frage mit „Nein" zu beantworten.

Diese Abneigung, die Kontinuität zwischen der Merowingerzeit und der späteren Geschichte Europas anzuerkennen, hat eine Reihe von Gründen. Der erste und offensichtlichste ist die Neigung, die antimerowingische Propaganda der Karolinger und ihrer Anhänger unkritisch zu übernehmen, die das Ansehen der merowingischen Königsfamilie untergraben sollte. Allzu häufig wurde diese negative Beurteilung der Merowinger für bare Münze genommen und als sachlich zutreffende Einschätzung der Dynastie und besonders ihres unrühmlichen Endes aufgefaßt.

Dieses Bild der Merowingerfamilie erklärt zwar, weshalb die nachfolgenden Dynastien nicht mit ihr assoziiert werden wollten, nicht aber, warum die gesamte Epoche im historischen Urteil so schlecht weggekommen ist. Ein Grund liegt vielleicht in der besonderen Natur der Gesellschaft, der Kultur und der Institutionen der Merowingerzeit. Die Welt, die wir untersucht haben, war stets tief in der Spätantike verwurzelt und wurde im Vergleich zu früheren oder späteren Perioden nie recht verstanden. Um das negative Image der Merowingerzeit zu verstehen, müssen wir beide Faktoren näher betrachten.

Die „Rois Fainéants"

Gibbon stützt sich bei seiner Beschreibung der letzten Merowinger vorwiegend auf Einhard, der die Biographie Karls des Großen mit einer abwertenden Beschreibung der Merowinger beginnt und diese insgesamt als bedeutungslos darstellt. Nach Einhard hatte die Familie schon lange vor der Absetzung Childerichs III. jegliche Macht verloren und besaß außer dem Königstitel nichts Hervorhebenswertes mehr. Childerichs Pflichten bestanden darin, „mit langem Haupthaar und ungeschorenem Bart auf dem Throne zu sitzen und den Herrscher zu spielen, die von überall her kommenden Gesandten anzuhören und ihnen bei ihrem Ab

gange die ihm eingelernten oder anbefohlenen Antworten wie aus eigener Machtvollkommenheit zu erteilen... Überall, wohin er sich begeben mußte, fuhr er auf einem Wagen, den ein Joch Ochsen zog und ein Hirte nach Bauernweise lenkte. So fuhr er nach dem Palast, so zu der öffentlichen Volksgemeinde, die jährlich zum Nutzen des Reiches tagte, und so kehrte er dann wieder nach Hause zurück."[3]
In der Forschung über das frühe 8. Jahrhundert wurde dieses die aufstrebenden Karolinger begünstigende Bild lange Zeit übernommen. Schon der erste Fortsetzer der Chronik des Fredegar bemühte sich, den *Liber Historiae Francorum*, eine 727 vollendete neustrische Chronik, im austrasischen und in der Folge karolingischen Sinne zu überarbeiten. Die zweite Fortsetzung, die Karl Martells Halbbruder Childebrand veranlaßte, lehnt sich noch enger an die karolingische Tradition an. In diesen Texten tauchen erstmals jene Beschreibungen der Merowinger auf, wie sie jahrhundertelang weitertransportiert wurden. Childerich II. zum Beispiel war „haltlos und sehr jähzornig" und brachte so „das Volk der Franken dazu, daß es sich gegen ihn auflehnte, ihn verspottete und verachtete...".[4] Dies ist nicht das Bild eines besonders gefährlichen Königs oder eines Tyrannen, sondern das eines Königs, der Verachtung verdient. Seine Frivolität steht im Gegensatz zur Beschreibung von Männern wie Grimoald, „ein Mann von großer Milde, voll Güte und Freundlichkeit, freigebig mit seinen Almosen und eifrig im Gebet"[5]. Karl Martell wird als „der überaus umsichtige dux" bezeichnet.[6]
Diese Überlieferung, die mit Einhard ihren Höhepunkt erreicht, qualifiziert die Merowinger als lächerliche Anachronismen ab. Sie erscheinen weniger störend als nutzlos. Natürlich kann man dieses Urteil anfechten, ohne zu bestreiten, daß das Bild im wesentlichen zutrifft. Der König mit seiner archaischen Haartracht und seinem rituellen Ochsenkarren, der Gesandte empfängt und als Symbol der Reichseinheit zu den jährlichen Versammlungen der Franken zieht, muß den neuzeitlichen Leser an den britischen Monarchen erinnern, der in einer goldenen Kutsche vorfährt, Botschafter empfängt und jedes Jahr die von der Regierungspartei verfaßte Rede zur Parlamentseröffnung vorträgt. Die symbolische Personifizierung des Königreiches kann für Gesellschaften außerordentlich nützlich und wichtig sein, auch wenn die Personen nicht regieren, sondern gerade weil ihre Bedeutung außerhalb der Tagespolitik liegt. Childerich repräsentierte die fränkische Tradition vor den Franken und den anderen Menschen sowohl in seiner Erscheinung als auch zweifellos in der Weise, wie er die jährlichen Versammlungen leitete. Sogar der Ochsenkarren war keineswegs ein Beweis seiner Primitivität, son-

dern ein altes Symbol fränkischer Identität; seit den Zeiten unseres Vieh-
händlers Stelus aus dem 1. Jahrhundert war das religiöse und politische
Leben der Germanen immer eng mit dem Viehbestand verbunden gewesen. Die richtige Einschätzung einer solchen Bedeutung erforderte
jedoch ein subtileres Verständnis der Tradition und ihrer Funktion für
die Herrschaft, als es die Karolinger und ihre zunehmend stärker romanisierten Ratgeber aufzubringen vermochten.

Sie ersetzten die Merowinger auf der Grundlage einer neuen und langfristig außerordentlich wirksamen Legitimation. Childerich wurde nicht
wegen Tyrannei, Verbrechen, Ungerechtigkeit oder irgendeines Lasters
abgesetzt, sondern schlicht und einfach wegen seiner Inkompetenz. Wie
Edward Peters herausgearbeitet hat, wurde in die traditionelle Dichoto-
mie zwischen dem gerechten König und dem Tyrannen eine neue und
folgenreiche Kategorie eingeführt, die des nutzlosen Königs, des *rex
inutilis*.[7] Als Inbegriff des nutzlosen Königs gingen die Merowinger in
die Geschichte ein, und die gesamte Geschichtsschreibung blickte auf sie
nicht mit Furcht oder Abscheu, was eine Königsdynastie ertragen kann,
sondern mit Spott und Hohn. Diese Verachtung für die letzten Merowinger wurde auf ihre Vorgänger zurückprojiziert, sogar auf den großen
König Dagobert. Das französische Kinderlied „Le bon roi Dagobert"
vermittelt das Bild eines dummen und unfähigen Mannes, und hinter-
hältigerweise auch das eines Königs, dessen treuer Berater Saint Eloi, der
heilige Eligius von Noyon, auf ihn aufpassen muß:

Le bon roi Dagobert
Avait sa culotte à l'envers.
Le grand Saint Eloi lui dit: „O mon roi!
Votre Majesté est mal culottée."
„C'est vrai", lui dit le roi,
„Je vais la remettre à l'endroit."

Le bon roi Dagobert
Chassait dans la plaine d'Anvers.
Le grand Saint Eloi lui dit: „O mon roi!
Votre Majesté est bien essoufflée!"
„C'est vrai", lui dit le roi,
„Un lapin courait après moi."[8]

Einem König, der ohne Hilfe nicht einmal seine Hose anziehen kann
und entsetzt vor einem Hasen flüchtet, wird die Geschichte kaum mit
Respekt begegnen.

Den karolingischen Geschichtsschreibern gelang es vorzüglich, dieses Bild der Merowingerdynastie so plastisch zu gestalten, daß es über Jahrhunderte hinweg erhalten blieb. Auch konnten spätere politische Apologeten das Bild von einer Dynastie, die wegen Inkompetenz ihre Macht verloren hatte, sehr gut gebrauchen. Wenn ein Merowinger abgesetzt, ins Kloster geschickt und an seiner Stelle ein neuer König gewählt und gesalbt werden konnte, dann konnte das auch einem Karolinger widerfahren. Weniger als ein Jahrhundert später geschah dies mit Ludwig dem Frommen, dem Sohn Karls des Großen. Und was noch wichtiger ist, im 10. Jahrhundert wurde die Ablösung der Karolinger durch die Sachsen und später durch die Kapetingerdynastie mit denselben Argumenten gerechtfertigt, wie sie gegen die Merowinger vorgebracht worden waren. Auch sie wurden als Taugenichtse, als *fainéants*, betrachtet und konnten daher um ihren Thron gebracht werden. In Frankreich und später auch in England sollte die Tradition des Widerstands gegen Könige, die sich nicht auf deren Tyrannei, sondern auf ihre Unfähigkeit berief, bis weit ins 17. und 18. Jahrhundert hinein fortleben, wenn auch am Ende des 18. Jahrhunderts Ludwig XVI., der Inbegriff des *fainéant*, nicht ins Kloster, sondern auf die Guillotine geschickt wurde.

Das negative, von den Karolingern geschaffene und aus politischen Motiven ständig wiederholte Bild der Merowinger erklärt, warum die Dynastie in einem so schlechten Licht dargestellt wurde, genügt aber nicht zur Erklärung dafür, warum das 6. und 7. Jahrhundert, dieses für die westeuropäische Geschichte konstitutive Zeitalter, genauso wenig geschätzt wird wie Dagobert und Childerich. Das läßt sich am besten mit dem fremdartigen Charakter dieser Welt und der Spätantike erklären, die sie hervorbrachte. Zum Abschluß werden wir deshalb einige der hervorstechendsten Merkmale der fränkischen Gesellschaft betrachten.

Die Einzigartigkeit der frühfränkischen Gesellschaft

Die merowingische Kultur entstand im Rahmen der Spätantike und ging mit ihr unter. Ihre charakteristische politische Struktur blieb das Königreich des reichsgermanischen Armeekommandanten, der durch die Vereinnahmung der Mechanismen der römischen Provinzverwaltung seine königliche Familie als legitime Herrscher über die weströmischen Provinzen nördlich der Pyrenäen und der Alpen etablieren konnte. Seine Herrschaft bestand vorwiegend im Kommando über die fränkische Armee und in der Rechtsprechung, das heißt in der Durchsetzung römi-

schen Rechts oder romanisierten Barbarenrechts, soweit dies vor dem
Hintergrund der Tradition seines eigenen Volkes möglich oder ange-
bracht war. Die wirtschaftliche Grundlage seiner Macht bildeten einerseits das umfangreiche römische Fiskalland und andererseits die fortdau-
ernden Mechanismen des römischen Besteuerungssystems. Insgesamt
beruhte die Gesellschaft auf kleinen Einheiten, auf den spätantiken Städten und ihren weitgehend intakten lokalen Machtstrukturen. Wo immer
es möglich war, ob in Nordgallien um Soissons, in Trier oder im rheinischen Köln, im entfernten Regensburg oder Salzburg, integrierten sich
die Merowinger und ihre Protagonisten in diese erhaltenen römischen
Strukturen und bezogen von ihnen ihre Macht und ihre Legitimation. In
relativ kurzer Zeit wurden die Kriegerbanden, welche die mobilen Streit-
kräfte der reichsgermanischen Armeekommandanten gebildet hatten,
seßhaft und verschmolzen mit der jeweiligen Einwohnerschaft. Der entscheidende Unterschied zwischen dieser Gesellschaft und den Goten in
Italien und Spanien bestand darin, daß sie das orthodoxe Christentum
der Einheimischen übernahm und so eine rasche Assimilation der verschiedenen Gemeinschaften in Europa ermöglichte. Bis zum 8. Jahrhundert war dieser Prozeß so weit vollendet, daß er nicht nur eine neue Welt
hervorgebracht hatte, sondern zugleich die Vergangenheit für die nachfolgenden Generationen geradezu undurchsichtig geworden war.

Ein wesentliches Merkmal des Frankenreiches war die oszillierende
politische und kulturelle Identität seiner Einwohner. Für viele neuzeitliche Franzosen, die sich mit der römischen Kulturtradition und ihrem
Gegensatz zur germanischen Eroberung und Besetzung identifizieren,
war die gallorömische Aristokratie der Merowingerzeit ein enttäuschen-
der Haufen. Die Gallorömer waren bereit, ihre römische Kulturtradition
gegen jeden Versuch der römischen Kaiser, in ihre lokalen Angelegenheiten einzugreifen, zu verteidigen. Sie machten daher schnell und bereitwillig gemeinsame Sache mit jedem Barbarenherrscher, der ihre Bedingungen akzeptierte. Von Caesarius von Arles und Remigius von Reims
über Eligius von Noyon und weit darüber hinaus hatte römisches Selbstverständnis nichts mit politischer Autonomie von den Franken zu tun.
Im politischen Bereich verhielten sich die Eliten in Aquitanien und der
Provence genauso wie ihre Gegenspieler im Norden; sie weigerten sich
hartnäckig, die modernen Kategorien regionaler politischer Strukturen
auf der Grundlage kultureller und ethnischer Identität anzuerkennen,
und heirateten ohne Zögern in andere Eliten ein. Wenn auch gelegentlich
versucht wurde, den Süden als Hort heroischen Widerstandes gegen die
germanisch-fränkische Barbarei zu porträtieren, erscheinen die Eliten

der Region dem neuzeitlichen Franzosen überwiegend als eine Gesellschaft von Kollaborateuren.

Noch ratloser stand die Forschung vor den Franken des Nordens, einer seltsamen Spezies von deutschsprachigen Kriegern, die sich der Einrichtungen der spätantiken römischen Verwaltung bedienten und deren hervorstechendste Merkmale, einschließlich des Königtums, ein Produkt der römischen militärischen und zivilen Tradition waren. So stolz sie auf ihr Frankentum waren, bemühten sie sich doch eifrig, die römische Staatsreligion, das orthodoxe Christentum, zu fördern und die Anerkennung ihrer Legitimität durch den römischen Kaiser in Konstantinopel zu gewinnen. Das politische Schicksal des Byzantinischen Reiches füllt fast ebenso viele Seiten der merowingischen Chroniken wie das des Frankenreiches. Die Leichtigkeit, mit der die Franken sich innerhalb einer Welt von römischen Städten, des internationalen Fernhandels, der gebildeten Herrschaft, des geschriebenen Rechts und der lateinischen Literatur etablierten, ohne ihre traditionellen Fehden, Sippenstrukturen und persönlichen Allianzen aufzugeben, verwirrt diejenigen zutiefst, die erwarten, daß die Franken sich wie die von Tacitus beschriebenen germanischen Stämme verhielten. Es verwundert daher kaum, daß deutsche Gelehrte, die im 19. und frühen 20. Jahrhundert auf der Suche nach ihrer Frühgeschichte zurückblickten, diese römischen Franken zum großen Teil übergingen und dem Mythos eines authentischen germanischen Volkes östlich des Rheins den Vorzug gaben.

In Wirklichkeit waren sowohl die romanisierten Königreiche Galliens und im westlichen Deutschland als auch die sogenannten Stammesherzogtümer östlich des Rheins Schöpfungen der merowingischen Welt. In beiden Regionen führten am Ende des 5. Jahrhunderts eindeutig lokale Interessen zunächst zu Personenverbänden um einzelne Fürsten oder einflußreiche Familien; später, im Laufe des 7. Jahrhunderts, gingen aus diesen vorwiegend zu militärischen Zwecken gebildeten Gruppierungen – etwa zur Abwehr der Basken in Aquitanien oder der Slawen in Thüringen – territoriale Einheiten hervor, die das Vokabular der ethnischen und kulturellen Solidarität zu politischen Zwecken einsetzten. Die politischen Organisationseinheiten, die Europa im 10. und 11. Jahrhundert prägen sollten – im Westen Aquitanien, Burgund, die Provence und „Frankreich", im Osten Bayern, Alemannien, Thüringen und Sachsen –, haben ihren Ursprung in der Merowingerzeit. Zwar bezogen diese Gebiete ihre Namen von älteren geographischen Einheiten oder Personenverbänden, aber ihre Institutionen, ihre geographischen Grenzen und ihre Führungsrolle entstanden im 7. Jahrhundert. Die Karolingerzeit

sollte lediglich eine Atempause im regional orientierten Ausbau der spät-
merowingischen Welt bilden.

Dieser tief verwurzelte Regionalismus war deshalb charakteristisch für
die Merowingerzeit, weil die wichtigsten Protagonisten der Zeit, die
„Franken" ebenso wie die „Römer", aus den Strukturen der gallorömischen Spätantike und vorwiegend der römischen Provinzstädte hervorgegangen waren. Die Verlagerung des kulturellen und politischen
Machtzentrums von der Stadt aufs Land fiel mit dem Untergang der
merowingischen Welt zusammen. In weitem Umfang bedeutete dies
gleichzeitig eine Verlagerung der religiösen Macht von der städtischen
Welt der Bischöfe auf die ländlichen Klöster, ein Prozeß, der bereits im
6. Jahrhundert eingesetzt hatte, im 7. und 8. Jahrhundert aber von irischen und angelsächsischen Mönchen vollendet wurde. Mit der Verländ-
lichung der westeuropäischen Kirche ging der Niedergang der Stadt als
wirtschaftliches und politisches Zentrum einher. Mit dem Rückgang des
internationalen Fernhandels und der steigenden Bedeutung der Klöster
im Wirtschaftsleben des Westens traten die Städte ihre Funktion als Han-
delszentren an die Klöster ab, wofür Saint-Denis mit seiner großen
Messe das eindrucksvollste Beispiel bietet. Ferner wurden die großen
Klöster wie Corbie, St. Bavo in Gent und das Bonifatius-Kloster Fulda
zu Zentren der handwerklichen Produktion und zu wichtigen Handels-
plätzen sowohl für Nahrungsmittel als auch für handwerkliche Erzeugnisse. Als die politische Bedeutung der Städte schwand, errichteten die
Könige und ihre Großen ihre Hauptresidenzen eher in ländlichen Villen
als in den von Chlodwig und seinen Nachfolgern bevorzugten Städten.
Die letzten Merowinger residierten meist in Compiègne, während die
Karolinger den größten Teil ihrer Zeit auf ihren Lieblingsgütern verbrachten, bis Karl der Große mit Aachen einen unbedeutenden Badeort
auf dem Land zu seiner Hauptresidenz erkor.

Die Machtzentren des Römischen Reiches hatten den Westen zunehmend vernachlässigt, eine Situation, die der Bevölkerung sehr entgegen-
kam. Die Sprache und die Riten der internationalen römischen Kultur
wurden benutzt, um lokale Interessen zu betonen. Dies galt besonders
für die wesentlichen Elemente der merowingischen Macht – die Heiligen, die Bischöfe, die Könige und den Adel. In der Spätantike und in der
Merowingerzeit bezog jedes einzelne dieser Elemente seine Autorität aus
lokalen, indigenen Wurzeln. Sobald sie von einer komplexen Ordnung
abhängig wurden, entstand eine neue Welt.

Im 6. Jahrhundert beruhte die religiöse Macht auf dem Lokalheiligen
oder besser auf seinen Reliquien. Als ein Mädchen aus Toulouse, das vom

Teufel besessen war, zum Exorzismus nach Sankt Peter in Rom gebracht wurde, weigerte sich der Dämon, aus ihr auszufahren; er bestand darauf, daß er nur von Remigius von Reims ausgetrieben werden könne.⁹ Wie Raymond Van Dam gezeigt hat, betrachtete man Gallien, was die Kraft seiner Heiligen und die seiner speziellen Schutzheiligen betraf, als unmittelbaren Rivalen Roms.¹⁰ Der Westen war bestrebt, sowohl im religiösen als auch im politischen Bereich seinen eigenen Weg zu gehen. Im frühen 9. Jahrhundert kam ein taubstummes Mädchen aus Aquitanien in das von Einhard im Rheinland gegründete Kloster Seligenstadt, nachdem der Vater erfolglos in mehreren anderen Heiligtümern die Heilung seiner Tochter gesucht hatte. Als sie die Basilika betrat, wurde sie von heftigen Krämpfen geschüttelt, Blut floß ihr aus Mund und Ohren, und sie fiel zu Boden. Als man sie aufhob, konnte sie sprechen und hören, und sie verkündete, sie sei von den in dieser Kirche verehrten Heiligen, Marcellinus und Peter, geheilt worden, römischen Märtyrern, deren Reliquien kurz zuvor aus Rom ins Frankenreich gebracht worden waren.¹¹

Diese beiden Wunder belegen die Verlagerung der religiösen Macht von den Merowingern auf die Karolinger. In beiden Fällen manifestiert sich die religiöse Macht in Heiligen, und jedesmal spielt die Handlung nördlich der Alpen. Seit dem Ende der Merowingerzeit wird diese Macht jedoch von Rom vermittelt. Marcellinus und Peter waren in den Norden verbracht worden, und zwar nicht in eine Stadt, sondern in ein auf dem Lande gelegenes Kloster, das paradoxerweise den Namen „Stadt der Seligen" erhalten hatte.

Parallel zu diesem Wandel vollzog sich, wie oben dargelegt, die von Rom autorisierte Ernennung und Kontrolle fränkischer Bischöfe durch Bonifatius und die Karolinger. Die Wiedererrichtung von Metropolitansitzen und die Einführung römischer Bräuche und Normen anstelle der gallorömischen und irisch-fränkischen band die Macht der Bischöfe stärker an zentrale als an lokale Quellen.

Die Merowinger waren ganz vorwiegend die Verkörperung der lokalen Autorität gewesen. Trotz Wahl und Weihe waren sie Könige aus eigener Kraft, die von keiner äußeren religiösen oder weltlichen Macht abhingen. Die Wahl und die Salbung Pippins mit päpstlicher Billigung oder nach manchen Überlieferungen auch auf päpstliches Geheiß änderte das Wesen dieses Königtums zutiefst und verknüpfte es mit einer religiösen und institutionellen Tradition, die sich von der alten gallorömischen und fränkischen Welt tiefgreifend unterschied.

Schließlich erwuchs zusammen mit den Karolingern ein neuer Reichsadel, der sich aus Adligen der unterschiedlichsten Herkunft zusammensetzte. Viele stammten aus alten austrasischen Familien, andere aus regionalen Eliten, die die Karolinger in den verschiedenen Reichsteilen unterstützt hatten; wieder andere waren im Dienst der Karolinger oder gar ihrer Vorgänger aufgestiegen, hatten sich aber rechtzeitig auf die Seite der Sieger geschlagen. Aus dieser relativ kleinen Gruppe rekrutierten die Karolinger ihre Bischöfe und Grafen, die sie in das gesamte Reich aussandten. Die Familien, die ihre Macht der Königsgunst und nicht ihren lokalen Beziehungen verdankten, waren nicht weniger als die römischen Heiligen, die angelsächsischen Bischöfe oder die karolingischen Könige darauf angewiesen, Macht und Ansehen aus externen Quellen zu beziehen. Erst einige Zeit später sollten sie untereinander Heiratsverbindungen eingehen, in den Gebieten, in die sie entsandt worden waren, Wurzeln schlagen und die regionalen Adelshäuser des Hochmittelalters errichten.

Obwohl diese Veränderungen im Namen der römischen Tradition vollzogen worden waren, blieb am Ende des 8. Jahrhunderts, als sich diese neuen Kräfte durchgesetzt hatten, vom authentischen spätrömischen Westen nicht mehr viel übrig. Jenes Rom, das Bonifatius gefördert hatte, war selbst eine neue, künstliche Schöpfung, ebenso wie die in karolingischen Kreisen gepflegte lateinische Literatur und das karolingische Herrscherbild. Und dennoch benötigte diese transformierte barbarische Welt so dringend eine römische imperiale Tradition, dringender sogar als im 6. Jahrhundert, daß Karl Martells Enkel an einem Weihnachtstag des Jahres 800 den Titel eines Imperator und Augustus erhielt. Die barbarische Welt, jene Schöpfung Roms, war zu dessen Schöpfer geworden.

Anmerkungen

Vorwort

1 Florus Diaconus, Opusculus adversus Amalarium, in: Migne, PL, Bd. 119, S. 82 (A).

I. Das Weströmische Reich am Ende des 5. Jahrhunderts

1 P.C.J.A. Boeles, Friesland tot de elfde eeuw, s'Gravenhage 1951, S. 130, Tafel 16.
2 Das Leben des heiligen Severin. Lateinisch und deutsch, hg. v. Rudolf Noll, Passau 1981, 22, S. 87.
3 Walter Goffart, Barbarians and Romans A.D. 418–584: The Techniques of Accommodation, Princeton 1980.
4 Walter Goffart, Caput and Colonate: Towards a History of Late Roman Taxation, Toronto 1974.
5 Vita patrum Iurensium Romani, Lupicini, Eugendi, II, 10, in: MGH, Scriptores rerum Merovingicarum (in der Folge SSRM), Bd. 3, S. 149.
6 Martin Heinzelmann, Bischofsherrschaft in Gallien. Zur Kontinuität römischer Führungsschichten vom 4. bis zum 7. Jahrhundert. Soziale, prosopographische und bildungsgeschichtliche Aspekte (= Beihefte der Francia 5), München 1976.
7 Raymond Van Dam, Leadership and Community in Late Antique Gaul, Berkeley 1985, S. 51–56.

II. Die barbarische Welt bis zum 6. Jahrhundert

1 P. Cornelius Tacitus, Germania. Bericht über Germanien. Lateinisch und deutsch, übersetzt von Josef Lindauer, München 1983, S. 68.
2 Hier und an anderen Stellen dieses Kapitels stützt sich der Verfasser auf Bruno Krüger (Hg.), Die Germanen. Geschichte und Kultur der germanischen Stämme in Mitteleuropa, Bd. 1: Von den Anfängen bis zum 2. Jahrhundert unserer Zeitrechnung, 2. Auflage, Berlin 1978.
3 Plinius Maior, Naturalis historia, hg. v. C. Mayhoff, Leipzig 1892, 18, 44.
4 C. Julius Caesar, Der Gallische Krieg, übersetzt von Otto Schönberger, Zürich–München 1990, 22, S. 143.
5 Horst Wolfgang Böhme, Germanische Grabfunde des 4. bis 5. Jahrhunderts zwischen unterer Elbe und Loire. Studien zur Chronologie und Bevölkerungsgeschichte, 2 Bde. (= Münchner Beiträge zur Vor- und Frühgeschichte 19), München 1974.
6 Im folgenden stütze ich mich weitgehend auf Herwig Wolfram, Die Goten. Von den Anfängen bis zur Mitte des 6. Jahrhunderts. Entwurf einer historischen Ethnographie, 3. neubearb. Aufl., München 1990.

7 Hans Zeiss, Fürstengrab und Reihengräbersitte, in: Forschungen und Fortschritte 12, 1936, S. 302f.; Neudruck in: Siedlung, Sprache und Bevölkerungsstruktur im Frankenreich, hg. v. Franz Petri (= Wege der Forschung 49), Darmstadt 1973, S. 282.

III. Römer und Franken im Königreich Chlodwigs

1 Gregor von Tours, Historiarum libri decem. Zehn Bücher Geschichten, Bd. 1.2, Darmstadt 1964 (= Freiherr vom Stein-Gedächtnisausgabe 2, 3), II, 9, S. 89.
2 Chronicarum quae dicuntur Fredegarii libri quattuor. Die vier Bücher der Chroniken des sogenannten Fredegar, in: Quellen zur Geschichte des 7. und 8. Jahrhunderts (= Freiherr vom Stein-Gedächtnisausgabe 4a), Darmstadt 1982, III, 2, S. 85.
3 Zitiert bei Joachim Werner, Zur Entstehung der Reihengräberzivilisation. Ein Beitrag zur Methode der frühgeschichtlichen Archäologie, in: Siedlung, Sprache und Bevölkerungsstruktur, hg. v. Franz Petri (= Wege der Forschung 49), Darmstadt 1973, S. 294.
4 MGH, Epp., Bd. 3, S. 113.
5 Ian Wood, Gregory of Tours and Clovis, in: Revue belge de philologie et d'histoire 63, 1985, S. 249–272; Friedrich Prinz, Grundlagen und Anfänge. Deutschland bis 1056 (= Neue Deutsche Geschichte, hg. v. Peter Moraw, Volker Press und Wolfgang Schieder, Bd. 1), München 1985, S. 63f.
6 Gregor von Tours, Zehn Bücher Geschichten, II, 37, S. 129.
7 Ibid., II, 38, S. 135.
8 Ibid., II, 42, S. 141.
9 Lex Salica, Prolog 2, in: MGH, LL nat. Germ., Bd. 4 (2), S. 2f.
10 Lex Salica 82, 2, S. 142. Herrn Professor Poly danke ich für die freundlicherweise gewährte Einsichtnahme in das Manuskript seiner Untersuchung der Lex Salica.
11 Hier stütze ich mich auf Ian Wood, Kings, Kingdoms and Consent, in: P. H. Sawyer und Ian Wood (Hgg.), Early Medieval Kingship, Leeds 1977, S. 6–29.
12 Carl Joseph von Hefele, Conciliengeschichte. 2. Auflage, Bd. 2, Freiburg 1875, S. 683; MGH, Conc. S. 21.
13 Gregor von Tours, Zehn Bücher Geschichten, III, 34, S. 187.
14 Ibid., X, 26, S. 389.
15 René Joffroy, Le cimetière de Lavoye: Nécropole mérovingienne, Paris 1974.
16 Jean Chapelot und Robert Fossier, The Village and House in the Middle Ages, Berkeley 1985, S. 54f.
17 H. Ament, Fränkische Adelsgräber von Flonheim in Rheinhessen (= Germanische Denkmäler der Völkerwanderungszeit 5), Berlin 1970, S. 157.
18 Heike Grahn-Hoek, Die fränkische Oberschicht im 6. Jahrhundert. Studien zu ihrer rechtlichen und politischen Stellung (= Vorträge und Forschungen, Sonderband 21), Sigmaringen 1976.
19 Franz Irsigler, Untersuchungen zur Geschichte des frühfränkischen Adels (= Rheinisches Archiv. Veröffentlichungen des Instituts für geschichtliche Landeskunde der Rheinlande an der Universität Bonn 70), Bonn 1969.
20 Karl Bosl, Freiheit und Unfreiheit. Zur Entwicklung der Unterschichten in Deutschland und Frankreich während des Mittelalters, in: Vierteljahrsschrift für Sozial- und Wirtschaftsgeschichte 44, 1957, S. 193–219; Neudruck in: Frühformen der Gesellschaft im mittelalterlichen Europa, München 1964, S. 180–203.

IV. Das Frankenreich im 6. Jahrhundert

1 Gregor von Tours, Zehn Bücher Geschichten, IV, 28, S. 233.
2 Ibid., VI, 46, S. 85.
3 Martin Heinzelmann, L'aristocratie et les évéchés entre Loire et Rhin jusqu'à la fin du VIIᵉ siècle, in: Revue d'histoire de l'église de France 62, 1975, S. 75–90.
4 Venantius Fortunatus, Carmina, Lib. IV, 10, in: MGH, Auct. ant., Bd. 4 (1).
5 Gregor von Tours, Zehn Bücher Geschichten, V, 5, S. 287.
6 Ibid., VI, 15, S. 35.
7 Ibid., IV, 6, S. 201.
8 Gregor von Tours, Liber vitae Patrum, in: MGH, Scriptores rerum Merovingicarum, Bd. 1 (2), S. 687.
9 Gregor von Tours, Zehn Bücher Geschichten, VI, 7, S. 21.
10 Ibid., II, 17, S. 99.
11 Ibid., II, 22, S. 103 f.
12 Ibid., IV, 36, S. 247.
13 Ibid., V, 48, S. 47–48, S. 367 ff.
14 Ibid., VI, 11, S. 27.
15 Ibid., V, 36, S. 347.
16 Ibid., VI, 36, S. 65.
17 Ibid., V, 42, S. 357.
18 Ibid., IV, 36, S. 245.
19 Ibid., VIII, 20, S. 187 f.
20 Ibid., VIII, 22, S. 191.
21 Concilium Aurelianense, anno 533, canon 20 und Concilium Aurelianense, anno 541, canon 15, MGH, Conc., Bd. 1, S. 64 und 90.
22 Besonders Relics and Social Status in the Age of Gregory of Tours, in: Peter Brown, Society and the Holy in Late Antiquity, Berkeley 1982, S. 222–250.
23 Gregor von Tours, Zehn Bücher Geschichten, VIII, 15, S. 181 f.
24 Ibid., IV, 34, S. 241 f.
25 Gregor von Tours, Liber vitae patrum, S. 705–709.
26 Jacques Le Goff, Time, Work and Culture in the Middle Ages, Chicago 1980, S. 153–158.
27 MGH, Capit., Bd. 1 (1), S. 164.
28 Vinzenz von Lérins, Commonitorium 2, 3, hg. v. R. S. Moxon, Cambridge 1915, S. 10.
29 Carl Joseph von Hefele, Conciliengeschichte, 2. Aufl., Freiburg 1875, Bd. 2, S. 664; MGH, Conc., Bd. 1, S. 7.
30 Gregor von Tours, Zehn Bücher Geschichten, IX, 39, S. 297 f.
31 Liber in gloria confessorum, 85, in: MGH, SSRM, Bd. 1, S. 802–803.

V. Das Frankenreich unter Chlothar II. und Dagobert I.

1 Chroniken des Fredegar, IV, 42, S. 201.
2 Childeberti secundi decretio, in: MGH, Capit., Bd. 1, S. 15–23.
3 Chroniken des Fredegar, IV, 58, S. 223.
4 Chroniken des Fredegar, IV, 87, S. 263.

5 Vita Desiderii Cadurcae urbis episcopi, in: MGH, SSRM, Bd. 4, S. 569.
6 Ibid., S. 571 f.
7 Chroniken des Fredegar, IV, 60, S. 227.
8 Vita Eligii episcopi Noviomagensis liber II, 20, in: MGH, SSRM, Bd. 4, S. 712.
9 J. Guerout, Le testament de Sainte Fare: matériaux pour l'étude et l'édition criti-
que de ce document, in: Revue d'histoire ecclésiastique 60, 1965, S. 761–821.
10 Bailey K. Young, Exemple aristocratique et mode funéraire dans la Gaule mérovingienne, in: Annales ESC 41, 1986, S. 396–401.
11 Vita Audoini episcopi Rotomagensis, in: MGH, SSRM, Bd. 5, S. 555.
12 Stéphane Lebecq, Dans l'Europe du nord des VIIᵉ–IXᵉ siècles: Commerce frison
ou commerce franco-frison?, in: Annales ESC 41, 1986, S. 361–377.

VI. Der Niedergang der Merowinger

1 Gesta Dagoberti I. regis Francorum, in: MGH, SSRM, Bd. 2, S. 408.
2 Chroniken des Fredegar, IV, 58, S. 223 f.
3 Virtutes Fursei abbatis Latiniacensis, in: MGH, SSRM, Bd. 4, S. 444.
4 Chroniken des Fredegar, IV, 90, S. 267 f. J. M. Wallace-Hadrill, The Long-Haired
Kings and Other Studies in Frankish History, New York 1962, S. 142 f.
5 Vita Sanctae Balthildis, in: MGH, SSRM, Bd. 2, S. 493 f.
6 Liber historiae Francorum. Das Buch von der Geschichte der Franken, in: Quellen zur Geschichte des 7. und 8. Jahrhunderts (= Freiherr vom Stein-Gedächtnisausgabe 4a), Darmstadt 1982, 43, S. 365 f.
7 Paul J. Fouracre, Observations on the Outgrowth of Pippinid Influence in the
,Regnum Francorum' after the Battle of Tertry (687–715), in: Medieval Prosopography 5, 1984, S. 1–31.
8 Erchanbertus, Breviarum regnum Francorum, in: MGH, Scriptores, Bd. 6, S. 328.
9 Ex miraculis S. Martialis, in: MGH, Scriptores, Bd. 15, S. 281.
10 Ex Gestis episcoporum Autisiodorensium, in: MGH, Scriptores, Bd. 13, S. 394.
11 Vita Vulframni, in: MGH, SSRM, Bd. 5, S. 668.
12 Concilium in Austria habitum q. d. Germanicum, 742, in: MGH, Conc., Bd. 2 (1),
S. 3.
13 Chronicarum quae dicuntur Fredegarii continuationes. Die Fortsetzungen der
Chroniken des sogenannten Fredegar, in: Quellen zur Geschichte des 7. und 8.
Jahrhunderts (= Freiherr vom Stein-Gedächtnisausgabe 4a), Darmstadt 1982, 22,
S. 293.
14 Testamentum, hg. v. Patrick J. Geary, in: ders., Aristocracy in Provence: The
Rhône Basin at the Dawn of the Carolingian Age, Philadelphia 1985, S. 40 f.
15 Annales regni Francorum. Die Reichsannalen, in: Quellen zur karolingischen
Reichsgeschichte. Erster Teil (= Freiherr vom Stein-Gedächtnisausgabe 5), Darm-
stadt 1955, S. 15.

VII. Das Vermächtnis des merowingischen Europa

1 Gibbon's Geschichte des allmäligen Sinkens und endlichen Unterganges des römischen Weltreiches. Deutsch von Johann Sporschil. In 12 Bänden. Vierte Auflage, Leipzig 1863, Bd. 10, Kap. 52, S. 113.
2 Nr. 56, September 1981.
3 Einhard, Vita Karoli. Leben Karls des Großen, in: Quellen zur karolingischen Reichsgeschichte. Erster Teil (= Freiherr vom Stein-Gedächtnisausgabe 5), 1, Darmstadt 1955, S. 167f.
4 Fortsetzungen des Fredegar, 2, S. 273.
5 Ibid., 6, S. 281.
6 Ibid., 18, S. 289.
7 Edward Peters, The Shadow King: ,Rex Inutilis' in Medieval Law and Literature 751–1327, New Haven 1970.
8 Jean-Edel Berthier, 1000 Chants 2, Paris 1975, S. 50.
9 Venantius Fortunatus, Vita Sancti Remedii, MGH, Auct. ant., Bd. 4 (2), S. 64–67.
10 Raymond Van Dam, Leadership and Community, S. 171.
11 Einhard, Translatio et miracula SS Marcellini et Petri, 3, 5, in: MGH, Scriptores, Bd. 15 (1), S. 249f.

Literaturhinweise

1. Quellen

Die maßgebliche Quellenkunde zur merowingischen Geschichte ist Wattenbach-Levison, *Deutschlands Geschichtsquellen im Mittelalter*, 1. Heft, Weimar 1952; Beiheft: Die Rechtsquellen, hg. v. Rudolf Buchner, Weimar 1953. Deutsche Übersetzungen mittelalterlicher Quellen sind in der Sammlung der Freiherr vom Stein-Gedächtnisausgabe (FSGA) der Wissenschaftlichen Buchgesellschaft Darmstadt, Abteilung A, erschienen: *Ausgewählte Quellen zur deutschen Geschichte des Mittelalters*. Folgende Titel betreffen unser Thema: Gregor von Tours, *Zehn Bücher Geschichten* (Fränkische Geschichte), hg. v. Rudolf Buchner, 2 Bde. (= FSGA 2 und 3), 7./8. Aufl., Darmstadt 1990; *Quellen zur Geschichte des 7. und 8. Jahrhunderts*, hg. v. Herwig Wolfram (= FSGA 4a), 2. Aufl., Darmstadt 1994. Darin *Die vier Bücher der Chroniken des sogenannten Fredegar, Die Fortsetzung der Chroniken des sogenannten Fredegar, Das Buch von der Geschichte der Franken* und *Jonas' erstes Buch vom Leben Columbans*. Ferner *Quellen zur karolingischen Reichsgeschichte*, 3 Teile (= FSGA 5–7), Darmstadt 1955–1960. Im Ersten Teil (= FSGA): *Die Reichsannalen* und *Einhard, Leben Karls des Großen*.

2. Allgemeine Literatur

Die Geschichte der Franken insgesamt und die Merowingerzeit im besonderen behandeln: Edward James, *The Origins of France: From Clovis to the Capetians, 500–1000*, London 1982 (dort findet sich auch eine ausführliche Bibliographie); Friedrich Prinz, *Grundlagen und Anfänge: Deutschland bis 1056* (= *Neue deutsche Geschichte*, hg. v. Peter Moraw, Volker Press und Wolfgang Schieder, Bd. 1), München 1985; Karl Ferdinand Werner, *Die Ursprünge Frankreichs bis zum Jahr 1000* (= *Geschichte Frankreichs*, hg. v. Jean Favier, Bd. 1), Stuttgart 1989; Patrick Périn und Laure-Charlotte Feffer, *Les Francs*, Bd. 1: *A la conquête de la Gaule*, Bd. 2: *A l'origine de la France*, Paris 1987; Bruno Gebhardt, *Handbuch der deutschen Geschichte*, Bd. 1, Stuttgart 1970. Neuerdings siehe auch Reinhold Kaiser, *Das römische Erbe und das Merowingerreich* (= Enzyklopädie deutscher Geschichte 26), München 1993, sowie Ian Wood, *The Merovingian Kingdoms 450–751*, London 1994.

I. Das Weströmische Reich am Ende des 5. Jahrhunderts

Arnold Hugh Martin Jones, *The Later Roman Empire*, 3 Bde., Oxford 1964, bleibt immer noch das wichtigste englische Standardwerk. Weitere wichtige Abhandlungen sind Peter Brown, *Religion and Society in the Age of Saint Augustine*, Berkeley 1969; ders., *The World of Late Anitquity A.D. 150–750*, New York 1971; ders., *The Cult of* the Saints: Its Rise and Function in Latin Christianity, Chicago 1981; ders., Society and the Holy in Late Antiquity, Berkeley 1982, sowie Ramsay MacMullen, Soldier and Civilian in the Later Roman Empire, Cambridge, Mass. 1963. Standardwerk zum Thema der gallorömischen Adelsfamilien bleibt Karl Friedrich Stroheker, Der senatorische Adel im spätantiken Gallien, Reutlingen 1948. Eine wichtige Untersuchung ist auch Raymond Van Dam, Leadership and Community in Late Antique Gaul, Berkeley 1985. Die Kontinuität der römischen politischen Ideologie in Ost und West verfolgt Michael McCormick, Eternal Victory: Triumphal Rulership in Late Antiquity, Byzantium and the Early Medieval West, Cambridge 1986.

II. Die barbarische Welt bis zum 6. Jahrhundert

E. A. Thompson veröffentlichte zahlreiche Arbeiten über die Barbaren, besonders erwähnenswert ist Romans and Barbarians: The Decline of the Western Empire, Madison 1982. Immer noch nützlich ist der Überblick von J. M. Wallace-Hadrill, The Barbarian West: The Early Middle Ages A. D. 400–1000, London 1962. Weitere wichtige Arbeiten veröffentlichten: Walter Goffart, Barbarians and Romans, A. D. 418–584: The Techniques of Accommodation, Princeton 1980; Lucien Musset, Les Invasions. 1. Les Vagues germaniques, 2ième ed. mise à jour, Paris 1969; Alexander C. Murray, Germanic Kingship Structure. Studies in Law and Society in Antiquity and the Early Middle Ages, Toronto 1983. Die grundlegende methodische Untersuchung verfaßte Reinhard Wenskus, Stammesbildung und Verfassung. Das Werden der frühmittelalterlichen gentes, Wien–Köln. 2. Aufl. 1977. Inhaltlich und methodisch überaus erhellend zum Thema Goten ist Herwig Wolfram, Die Goten. Von den Anfängen bis zur Mitte des 6. Jahrhunderts. Entwurf einer historischen Ethnographie, 3. neubearb. Aufl., München 1990; ferner ders., The Shaping of the Early Medieval Principality as a Type of Non-Royal Rulership, in: Viator 2, 1971, S. 33–51. Zur Spätzeit der Ostgoten vgl. Thomas Burns, The Ostrogoths, Bloomington 1984. Die archäologischen Forschungsergebnisse sind zusammengefaßt in: Bruno Krüger (Hg.), Die Germanen. Geschichte und Kultur der germanischen Stämme in Mitteleuropa, Bd. 1: Von den Anfängen bis zum 2. Jahrhundert unserer Zeitrechnung, 2. Aufl., Berlin 1978. Weitere wichtige Arbeiten sind: Joachim Werner, Zur Entstehung der Reihengräberzivilisation, in: Siedlung, Sprache und Bevölkerungsstruktur im Frankenreich (= Wege der Forschung 49), hg. v. Franz Petri, Darmstadt 1973, S. 285–325; Horst Wolfgang Böhme, Germanische Grabfunde des 4. bis 5. Jahrhunderts zwischen unterer Elbe und Loire. Studien zur Chronologie und Bevölkerungsgeschichte, 2 Bde. (= Münchner Beiträge zur Vor- und Frühgeschichte 19), München 1974; ders., Archäologische Zeugnisse zur Geschichte der Markomannenkriege (166–180 n. Chr.), in: Jahrbuch des Römisch-germanischen Zentralmuseums 22, 1975, S. 153–217. Zu den Völkerschaften der Donauregion vgl. Herwig Wolfram und Falko Daim (Hgg.), Die Völker an der mittleren und unteren Donau im fünften und sechsten Jahrhundert, Wien 1980.

III. Römer und Franken im Königreich Chlodwigs

Grundlegend für die frühfränkische Zeit ist Erich Zöllner, *Geschichte der Franken bis zur Mitte des 6. Jahrhunderts*, München 1970. Die Arbeiten von Eugen Ewig umfassen die gesamte Merowingerzeit. Wichtige Beiträge enthält die Sammlung *Spätantikes und fränkisches Gallien. Gesammelte Schriften (1952–1973)* (= Beihefte der Francia 3), hg. v. Hartmut Atsma, 2 Bde., München 1976-1979; vgl. auch ders., *Die Merowinger und das Frankenreich*, 2. Aufl., Stuttgart–Berlin–Köln 1993. Siehe auch die Untersuchungen von J. M. Wallace-Hadrill, *The Long-Haired Kings and Other Studies in Frankish History*, New York 1962; Ian Wood, *The Merovingian Kingdoms 450–751*, London 1994. Zur merowingischen Archäologie vgl. Patrick Périn, *La datation des tombes mérovingiennes. Historique – Méthodes – Applications*, Genf 1980. Auch Schüler von Wallace-Hadrill lieferten wichtige Beiträge zur Geschichte der Merowinger. Vgl. insbesondere: Wendy Davies und Paul Fouracre (Hgg.), *The Settlement of Disputes in Early Medieval Europe*, Cambridge 1986; P. H. Sawyer und I. N. Wood (Hgg.), *Early Medieval Kingship*, Leeds 1977; Patrick Wormald, Donald Bullough und Roger Collins (Hgg.), *Ideal and Reality in Frankish and Anglo-Saxon Society. Studies presented to J. M. Wallace-Hadrill*, Oxford 1983.

Zur Familien- und Gesellschaftsstruktur vgl. David Herlihy, *Medieval Households*, Cambridge 1985; Suzanne Fonay Wemple, *Women in Frankish Society: Marriage and the Cloister 500–900*, Philadelphia 1981. Zur Wirtschaft der Merowingerzeit vgl. Renée Doehaerd, *Le Haut Moyen âge occidental, économies et sociétés*, Paris 1971; Robert Latouche, *Les Origines de l'économie occidentale, IV–XIe siècle*, Paris 1956; Georges Duby, *Krieger und Bauern: die Entwicklung von Wirtschaft und Gesellschaft im frühen Mittelalter*, Frankfurt/M. 1977.

IV. Das Frankenreich im 6. Jahrhundert

Zur Geschichte der Politik und der Institutionen vgl. Herwig Wolfram, *Intitulatio I, Lateinische Königs- und Fürstentitel bis zum Ende des 8. Jahrhunderts* (= Mitteilungen des Instituts für österreichische Geschichtsforschung, Ergänzungsband 21), Wien 1967; Eugen Ewig, *Die fränkischen Teilungen und Teilreiche (511–613)*, in: *Spätantikes und fränkisches Gallien*, S. 114–170; J. M. Wallace-Hadrill, *The Long-Haired Kings*, S. 148–206. Nützlich auch Bernard Bachrach, *Merovingian Military Organization 481–751*, Minneapolis 1972; Archibald R. Lewis, *The Dukes in the „Regnum Francorum" A. D. 550–751*, in: Speculum 51, 1976, S. 381–410. Zu den Beziehungen zwischen Byzanz und den Franken vgl. Walter Goffart, *Byzantine Policy in the West under Tiberius II and Maurice: The Pretenders Hermenegild and Gundovald (579–585)*, in: Traditio 13, 1957, S. 73–118.

Wichtige Beiträge zur Kirchengeschichte liefern: J. M. Wallace-Hadrill, *The Frankish Church*, Oxford 1983; Hubert Jedin (Hg.), *Handbuch der Kirchengeschichte, Band II: Die Reichskirche nach Konstantin dem Großen. Erster Halbband: Karl Baus und Eugen Ewig, Die Kirche von Nikaia bis Chalkedon*, Freiburg u. a. 1973. Zweiter Halbband: Karl Baus, Hans-Georg Beck, Eugen Ewig und Hermann Josef Vogt, *Die Kirche in Ost und West von Chalkedon bis zum Frühmittelalter (451–700)*, Freiburg u. a. 1975; Martin Heinzelmann, *Bischofsherrschaft in Gallien. Zur Konti-

nuität römischer Führungsschichten vom 4. bis zum 7. Jahrhundert. Soziale, prosopographische und bildungsgeschichtliche Aspekte (= Beihefte der Francia 5), München
1976; Georg Scheibelreiter, *Der Bischof in merowingischer Zeit* (= Veröffentlichungen
des Instituts für österreichische Geschichtsforschung 27), Wien 1983. Zu Martin von
Tours vgl. Clare Stancliffe, *St. Martin and His Hagiographer: History and Miracle in
Sulpicius Severus,* Oxford 1983. Die klassische Untersuchung des merowingischen
Mönchtums verfaßte Friedrich Prinz, *Frühes Mönchtum im Frankenreich,* 2. Aufl.,
München 1988. Vgl. auch ders. (Hg.), *Mönchtum und Gesellschaft im Frühmittelalter,*
Darmstadt 1976. Die umfangreichste Untersuchung der merowingischen Hagiogra-
phie und Gesellschaft hat František Graus, *Volk, Herrscher und Heiliger im Reich der
Merowinger. Studien zur Hagiographie der Merowingerzeit,* Prag 1965, vorgelegt.

V. Das Frankenreich unter Chlothar II. und Dagobert I.

Zur dynastischen Geschichte des späten 6. und frühen 7. Jahrhunderts vgl. Eugen
Ewig, *Die fränkischen Teilreiche im 7. Jahrhundert (613–714),* in: *Spätantikes und
fränkisches Gallien,* S. 172–201; J. M. Wallace-Hadrill, *The Long-Haired Kings,*
S. 206–231. Das Standardwerk über die weltlichen Ämter der Merowingerzeit ist
Horst Ebling, *Prosopographie der Amtsträger des Merowingerreiches von Chlothar II. (613) bis Karl Martell (741)* (= Beihefte der Francia 2), München 1974. Über
die Landgüter und deren Bewirtschaftung vgl. besonders John Percival, *Seigneurial
Aspects of Late Roman Estate Management,* in: The English Historical Review 332,
1969, S. 449–473; Walter Goffart, *From Roman Taxation to Medieval Seigneurie:
Three Notes,* in: Speculum 47, 1972, S. 165–187 und S. 373–394; ders., *Old and New
in Merovingian Taxation,* in: Past and Present 96, 1982, S. 3–21; Adriaan Verhulst, *La
genèse du régime domanial classique en France au haut moyen âge,* in: *Agricoltura e
mondo rurale in occidente nell'alto medioevo* (= Settimane di studio del centro italiano
di studi sull'alto medioevo 13), Spoleto 1966, S. 135–160.
Zu Columban und dem fränkischen Mönchtum vgl. H. B. Clarke und M. Brennan
(Hgg.), *Columbanus and Merovingian Monasticism* (= British Archaeological Reports
113), Oxford 1981; Friedrich Prinz, *Frühes Mönchtum,* sowie ders., *Heiligenkult und
Adelsherrschaft im Spiegel merowingischer Hagiographie,* in: Historische Zeitschrift
204, 1967, S. 529–544; R. Sprandel, *Der merowingische Adel und die Gebiete östlich des
Rheines,* Freiburg 1957; ders., *Struktur und Geschichte des merowingischen Adels,* in:
Historische Zeitschrift 193, 1961, S. 33–71. Zur Kulturgeschichte vgl. Pierre Riché,
Éducation et culture dans l'occident barbare du VIᵉ au VIIIᵉ siècle (= Patristica Sorbo-
nensia 4), Paris 1967; M. L. W. Laistner, *Thought and Letters in Western Europe A. D.
500–900,* Ithaca 1957; Franz Irsigler, *Untersuchungen zur Geschichte des frühfränki-
schen Adels* (= Rheinisches Archiv. Veröffentlichungen des Instituts für geschichtliche
Landeskunde der Rheinlande an der Universität Bonn 70), Bonn 1969. Zur Missionierung vgl. Karl Ferdinand Werner, *Le rôle de l'aristocratie dans la christianisation du
nord-est de la Gaule,* in: Revue d'histoire de l'église de France 62, 1976, S. 45–73; C. E.
Stancliffe, *From Town to Country: The Christianisation of the Touraine, 370–600,* in:
Studies in Church History 16, 1979, S. 43–59; Ian N. Wood, *Early Merovingian
Devotion in Town and Country,* ibid., S. 61–76; Paul Fouracre, *The work of Audoenus
of Rouen and Eligius of Noyon in Extending Episcopal Influence from the Town to the
Country in Seventh-Century Neustria,* ibid., S. 77–91.

VI. Der Niedergang der Merowinger

Zu den fränkischen Regionen des späten 7. und des 8. Jahrhunderts vgl. neben den oben zitierten Arbeiten Eugen Ewigs dessen Aufsatz *Volkstum und Volksbewußtsein im Frankenreich des 7. Jahrhunderts,* in: *Spätantikes und fränkisches Gallien* 1, S. 231–273. Allerdings stimme ich nicht mit allen dort vertretenen Thesen überein. Ferner Erich Zöllner, *Die politische Stellung der Völker im Frankenreich,* Wien 1950; Karl Ferdinand Werner, *Les principautés périphériques dans le monde franc du VIIIᵉ siècle,* in: *I problemi dell'Occidente nel secolo VIII* (= Settimane di studio del Centro italiano di studi sull'alto medioevo 20), Spoleto 1973, S. 483–532. Zu einzelnen Regionen vgl. Edward James, *The Merovingian Archaeology of South-West Gaul,* 2 Bde. (= British Archaeological Reports, Supplementary Series 251), Oxford 1977; Michel Rouche, *L'Aquitaine des Wisigoths aux Arabes 418–781: Naissance d'une région,* Paris 1979; Patrick J. Geary, *Aristocracy in Provence: The Rhône Basin at the Dawn of the Carolingian Age,* Philadelphia 1985; A. Joris, *On the Edge of Two Worlds in the Heart of the New Empire: The Romance Regions of Northern Gaul during the Merovingian Period,* in: Studies in Medieval and Renaissance History 3, 1966, S. 3–52; Matthias Werner, *Der Lütticher Raum in frühkarolingischer Zeit,* Göttingen 1980; Herwig Wolfram, *Der heilige Rupert und die antikarolingische Adelsopposition,* in: Mitteilungen des Instituts für österreichische Geschichtsforschung 80, 1972, S. 4–34; Otto Gerhard Oexle, *Die Karolinger und die Stadt des heiligen Arnulf,* in: Frühmittelalterliche Studien 1, 1967, S. 250–364; Herwig Wolfram, *Die Geburt Mitteleuropas: Geschichte Österreichs vor seiner Entstehung 378–907,* Wien 1987. Zu den merowingischen Königinnen vgl. Janet E. Nelson, *Queens as Jezebels: The Careers of Brunhild and Balthild in Merovingian History,* in: *Medieval Women,* hg. v. Derek Baker, Oxford 1978, S. 31–77; Pauline Stafford, *Queens, Concubines and Dowagers: The King's Wife in the Early Middle Ages,* London 1983. Zur verwirrenden Geschichte von Grimoald und Childebert vgl. Eugen Ewig, *Noch einmal zum ,Staatsstreich' Grimoalds,* in: *Spätantikes und fränkisches Gallien* 1, S. 573–577; Heinz Thomas, *Die Namensliste des Diptychon Barberini und der Sturz des Hausmeiers Grimoald,* in: Deutsches Archiv 25, 1969, S. 17–63. Zum Aufstieg der Karolinger vgl. Paul J. Fouracre, *Observations on the Outgrowth of Pippinid Influence in the ,Regnum Francorum' after the Battle of Tertry (687–715),* in: Medieval Prosopography 5, 1984, S. 1–31; Josef Semmler, *Zur pippinidisch-karolingischen Sukzessionskrise 714–723,* in: Deutsches Archiv 33, 1977, S. 1–36. Die grundlegende Arbeit über die angelsächsische Missionierung des Kontinents bleibt Wilhelm Levison, *England and the Continent in the Eighth Century,* Oxford 1946. Zum Papsttum des 8. Jahrhunderts vgl. Thomas F. X. Noble, *The Republic of St. Peter: The Birth of the Papal State, 680–825,* Philadelphia 1984. Zu Karl Martell und den frühen Karolingern vgl. Josef Semmler (wie oben); Rosamond McKitterick, *The Frankish Kingdoms under the Carolingians 751–987,* London 1983. Die Literatur zur Krönung Pippins ist sehr umfangreich. Vgl. Michael J. Enright, *Iona, Tara and Soissons: The Origin of the Royal Anointing Ritual* (= Arbeiten zur Frühmittelalterforschung 17), Berlin 1985.

VII. Das Vermächtnis des merowingischen Europa

Die wichtigste Untersuchung über die Entstehung der traditionellen Einschätzung der Merowinger bleibt Edward Peters, *The Shadow King: Rex Inutilis in Medieval Law and Literature 751–1327*, New Haven 1970. Zu Einhards Beurteilung der Merowinger vgl. Adolf Grauert, *Noch einmal Einhard und die letzten Merowinger*, in: Lutz Frenske u. a. (Hgg.), *Institutionen, Kultur und Gesellschaft im Mittelalter. Festschrift für Josef Fleckenstein zum 65. Geburtstag*, Sigmaringen 1984, S. 59–72. Karl Ferdinand Werner bemühte sich jahrelang in Deutschland und Frankreich um eine neue Beurteilung der fränkischen Geschichte. Vgl. besonders seinen Sammelband *Vom Frankenreich zur Entfaltung Deutschlands und Frankreichs: Ursprünge – Strukturen – Beziehungen. Ausgewählte Beiträge*, Sigmaringen 1984, und darin S. 1–11 seinen Artikel *En guise d'introduction: Conquête franque de la Gaule ou changement de régime?*

Vereinfachte Stammtafel der Merowinger

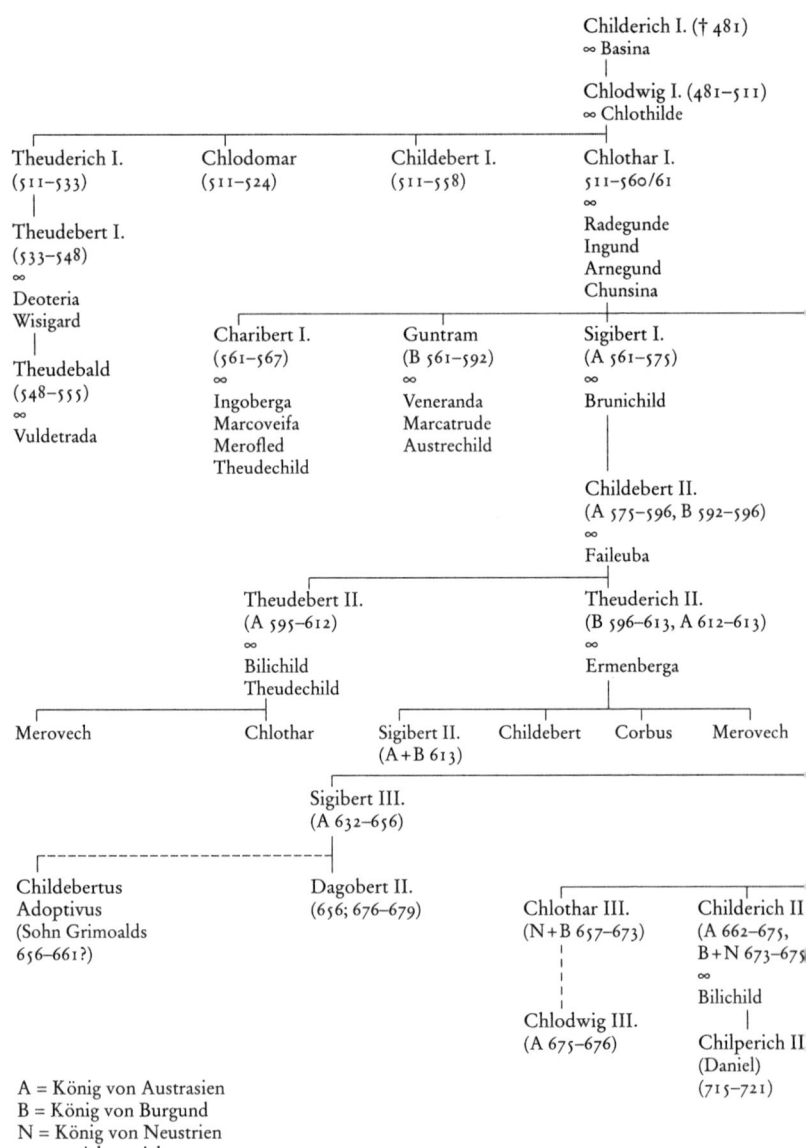

Childerich I. († 481)
∞ Basina

Chlodwig I. (481–511)
∞ Chlothilde

Theuderich I. (511–533)	Chlodomar (511–524)	Childebert I. (511–558)	Chlothar I. 511–560/61

Theudebert I. (533–548)
∞
Deoteria
Wisigard

Theudebald (548–555)
∞
Vuldetrada

Chlothar I. 511–560/61
∞
Radegunde
Ingund
Arnegund
Chunsina

Charibert I. (561–567)
∞
Ingoberga
Marcoveifa
Merofled
Theudechild

Guntram (B 561–592)
∞
Veneranda
Marcatrude
Austrechild

Sigibert I. (A 561–575)
∞
Brunichild

Childebert II. (A 575–596, B 592–596)
∞
Faileuba

Theudebert II. (A 595–612)
∞
Bilichild
Theudechild

Theuderich II. (B 596–613, A 612–613)
∞
Ermenberga

Merovech   Chlothar   Sigibert II. (A+B 613)   Childebert   Corbus   Merovech

Sigibert III. (A 632–656)

Childebertus Adoptivus (Sohn Grimoalds 656–661?)

Dagobert II. (656; 676–679)

Chlothar III. (N+B 657–673)

Chlodwig III. (A 675–676)

Childerich II (A 662–675, B+N 673–675)
∞
Bilichild

Chilperich II. (Daniel) (715–721)

A = König von Austrasien
B = König von Burgund
N = König von Neustrien
– – – – nicht gesichert

Chilperich I.   Gundovald
(N 561–584)
∞
Audovera
Galswintha
Fredegund
┌─────────┴─────────┐
Merovech   Chlothar II.
∞   (N 584–629, B 613–629, A 613–623)
Brunichild
          ┌──────────────────┴──────────────────┐
          Dagobert I.   Charibert II.
          (A 623–632, B+N 629–639)   (Aquitanien 629/30–632)
          ∞
          Gomatrud
          Nanthild   Chilperich
          Ragnetrud
          Vulfegundis
          Berchild
┌─────────────────┴
          Chlodwig II.
          (N+B 639–657, A 656–657)
          ∞
┌──────────────────Balthild
               ┌───────────┴
               Theuderich III.
               (N+B 673, A 687–690/91)
               ∞
               Chrodechild
┌───────────────────┬───────────────────┴────────────────────┐
Chlodwig IV.   Childebert III.   Chlothar IV.
(N+B+A 690/91–694/95)   (N+B+A 694/95–711)   (um 717–719/20)
               Dagobert III.
               (N+B+A 711–715)
               Theuderich IV.
               (N+B+A 721–737)
               Childerich III.
               (N+B+A 743–751)
               Theuderich

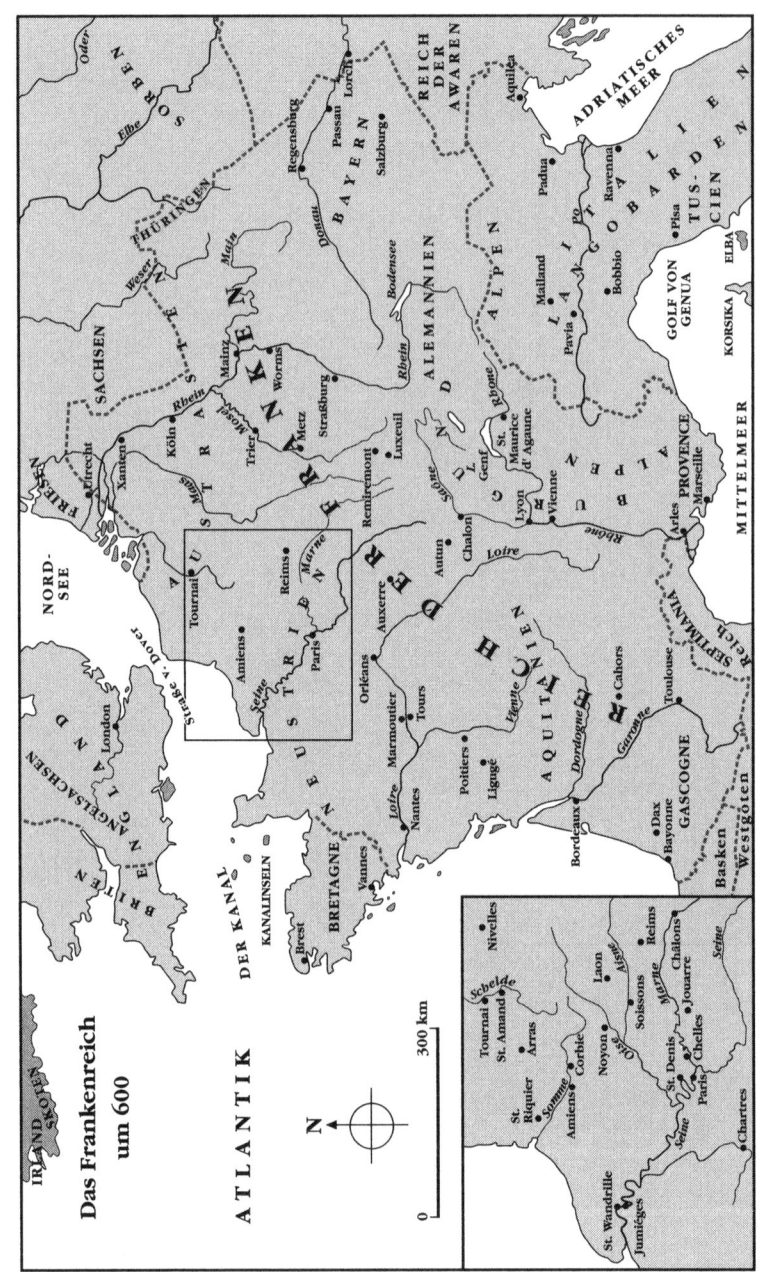

Das Frankenreich um 600

Kartographie Huber, München

Personenregister

Anzeigen

Mittelalter

Hartmut Boockmann
Fürsten, Bürger, Edelleute
Lebensbilder aus dem späten Mittelalter
1994. 239 Seiten mit 9 Abbildungen. Leinen

Horst Fuhrmann
Überall ist Mittelalter
Von der Gegenwart einer vergangenen Zeit
1996. Etwa 320 Seiten mit 37 Abbildungen. Leinen

Aaron J. Gurjewitsch
Das Individuum im europäischen Mittelalter
Aus dem Russischen von Erhard Glier
1994. 341 Seiten. Leinen
Europa bauen

Werner Rösener
Bauern im Mittelalter
4., unveränderte Auflage. 1991. 335 Seiten mit 42 Abbildungen.
Leinen

Herwig Wolfram
Die Goten
Von den Anfängen bis zur Mitte des sechsten Jahrhunderts
Entwurf einer historischen Ethnographie
3., neubearbeitete Auflage. 1990. 596 Seiten mit 9 Karten und
2 Stammtafeln im Anhang. Leinen

Wilhelm Volkert
Adel bis Zunft
Ein Lexikon des Mittelalters
1991. 307 Seiten. Leinen

Verlag C. H. Beck München

Beck's Historische Bibliothek

Georg Ostrogorsky
Byzantinische Geschichte 324–1453
Unveränderter Nachdruck 1996 der zuerst 1965 erschienenen
Sonderausgabe. XI, 569 Seiten mit 2 Karten im Text und
6 zweifarbigen Karten auf Beiblättern. Leinen

Hans-Werner Goetz
Leben im Mittelalter

Vom 7. bis zum 13. Jahrhundert
5., unveränderte Auflage. 1994. 302 Seiten mit 34 Abbildungen.
Leinen

Steven Runciman
Geschichte der Kreuzzüge
Aus dem Englischen übertragen von Peter de Mendelssohn
32. Tausend. 1995. XX, 1355 Seiten mit 16 Karten. Leinen

Hartmut Boockmann
Der Deutsche Orden

Zwölf Kapitel aus seiner Geschichte
4., durchgesehene Auflage. 1994. 319 Seiten mit 41 Abbildungen
auf Tafeln sowie 2 Karten. Leinen

Alain Demurger
Die Templer

Aufstieg und Untergang 1120–1314
Aus dem Französischen von Wolfgang Kaiser
19.–23. Tausend. 1995. 345 Seiten mit 9 Abbildungen und
5 Karten. Leinen

Edith Ennen
Frauen im Mittelalter

5., überarbeitete und erweiterte Auflage. 1994. 320 Seiten mit
24 Abbildungen auf Tafeln und einer Karte im Text. Leinen

Verlag C.H.Beck München